Eckstein · Wie sag ich's meiner Katze

ISBN 3-275-01098-0

1. Auflage 1994
Copyright © by Müller Rüschlikon Verlags AG,
Gewerbestraße 10, CH-6330 Cham

Umschlagfoto: Tetsu Yamazaki, Tokio

Satz: Vaihinger Satz+Druck, 71665 Vaihingen
Druck: Studio-Druck, 72622 Nürtingen-Raidwangen
Bindung: Schumacher AG, CH-3185 Schmitten/FR
Printed in Germany

Warren und Fay Eckstein

Wie sag ich's meiner Katze

Müller Rüschlikon Verlags AG, CH-6330 Cham

WIDMUNG

Für S.C. und M.C., die uns den Weg gezeigt haben; für D. Dee, der uns so oft zum Lachen brachte, und für unsere Familien, Charles und Ruth Eckstein, Arzie, Linda und Sharon Schwartz für all ihre Liebe und Unterstützung damals wie heute.

DANK

Wir bedanken uns ganz herzlich bei unseren über 40 000 vierbeinigen Klienten und ihren Besitzern.

Ein ganz besonderer Dank geht an Sharon Ann Schwartz für ihren unermüdlichen Einsatz beim Korrekturlesen des Manuskriptes.

»Am Anfang schuf Gott den Menschen, und als er ihn so unvollkommen sah, gab er ihm die Katze zur Begleitung.«

Warren Eckstein und Fay Eckstein

ANMERKUNGEN

Wenn in diesem Buch von »der Katze« die Rede ist, sind damit – wo nicht ausdrücklich anders formuliert – sowohl weibliche wie männliche Vertreter ihrer Art gemeint. Dasselbe gilt, wenn ich von »Mizzi« spreche: Mizzi können Sie sich je nach Vorliebe als Kater oder Kätzin vorstellen, oder, um beiden gerecht zu werden, abwechslungsweise als männlich oder weiblich. Ich hoffe, auf diese Weise beiden Geschlechtern gerecht zu werden.

Wir gönnen unseren Tieren viel Lob, Liebe und auch hautnahe Liebkosungen, deshalb sollten Sie dafür besorgt sein, daß Ihre Katze vom Tierarzt als vollkommen gesund erklärt worden ist. Außerdem ist Vorsicht geboten bei Tieren, die auf nahen Körperkontakt verängstigt oder aggressiv reagieren und sich mit Kratzen oder Beißen vor überschwenglichen Liebkosungen zu schützen versuchen. Es gibt nun mal Katzen, die allzu nahen Körperkontakt nicht ertragen.

Wir glauben, daß Sie den größten Nutzen aus unserem Buch ziehen, wenn Sie es erst einmal ganz durchlesen, bevor Sie sich an die Arbeit mit Ihrer Katze machen.

Warren und Fay Eckstein

Inhaltsverzeichnis

1. Ein paar revolutionäre Gedanken über Katzen   19

Verstaubte Ansichten gehören über Bord geworfen   19
»Katzen sind so klug, daß sie die Menschen davon
überzeugt haben, sie seien unerziehbar.«   21
Von der Katzenrechtskonvention und der kätzischen
Befreiungsbewegung   22
Katzen wollen gefordert werden   24

Auch Katzen haben ein Selbstwertgefühl   27
Wie wir Mizzis Selbstvertrauen zerstören – Fehler Nr. 1   29
Wie wir Mizzis Selbstvertrauen zerstören – Fehler Nr. 2   30
Wie wir Mizzis Selbstvertrauen zerstören – Fehler Nr. 3   31
Das »Nein«-Syndrom   33
Mit positiver Verstärkung Mizzis Selbstwertgefühl
aufbauen   34

Kann Mizzi auch denken?   36

2. Über das Reden mit Katzen   43

Ein bißchen Klönen mit der Katz'   44
Wie Sie auf Mizzis Sprache eingehen können   46
Katzen verstehen sehr vieles   46

Katzensprachkurs Teil 1: So spricht Mizzi   48

Katzensprachkurs Teil 2: Das Schnurren   52

Katzensprachkurs Teil 3: Andere Lautäußerungen 57
Die hohe Kunst des Katzenschwatzes 57
»Miau« und »Miu« in Menschensprache übersetzt 58

Körpersprache 62
»Wie konnte ich wissen, daß Mizzi Zahnschmerzen hat?« 64
Lernen Sie, Mizzi genau zu beobachten 71

Sanfte Hände 72
Bitte sorgfältig behandeln! 73

Direkter Blickkontakt gehört zu einer intensiven
Beziehung 73
Warum Augenkontakt wichtig ist 74

Um Ihre Katze zu verstehen, brauchen Sie keine
übernatürlichen Fähigkeiten 75

3. »Weshalb tut sie das?« 78

Weshalb Mizzi Räuber und Gendarm mit Ihnen spielt 78

Weshalb Mizzi sich an Ihnen reibt 79

Weshalb Mizzi tretelt 80

Telefonitis 80

4. Mizzis Seelenleben 82

So erkennen Sie Mizzis Gemütszustand 82

Auch Mizzi kennt Streß 83

Mizzis seelische Ausgeglichenheit –
was Sie dafür tun können 84

Auch Katzen können depressiv werden 86
Wie erkennen Sie eine depressive Verstimmung? 90
Wie Sie Mizzis Gemütszustand verbessern können 91

Schlüsselkinder – Schlüsselkatzen 93
Ist eine »Schlüsselkatze« mit dem Alleinsein überfordert? 94
So machen Sie Ihrer »Schlüsselkatze« das Alleinsein
leichter 95

Katzen und Midlife-Krise 98

Können Katzen echte Tränen weinen? 101

Katzenpsychologie: So machen Sie Mizzi mit einem
zweiten Haustier bekannt, ohne daß die Fetzen fliegen 101

Katze und Sexualleben 113
Es gibt zu viele Katzen! 114
Gibt es bei Katzen Homosexualität? 114
Gibt es bei Katzen Nymphomaninnen? 116

Die konsequenteste Form der Geburtenkontrolle:
das Kastrieren 119
Mißverständnisse betreffend Kastration und Sterilisation 120

5. Mizzi im Kindergarten 123

Beginnen Sie früh genug mit der Erziehung 123

Probleme rund ums Katzenklo 123
Das Hänsel- und Gretel-Syndrom 125
Katzenstreu – die Qual der Wahl 127

Ein paar Tricks gegen Katzenklo-Probleme 140

Kratzen, Krallenwetzen und andere Gefahren
fürs Mobiliar 146
Weshalb überhaupt Kratzen und Krallenwetzen? 148
Langeweile wirkt wie eine Zeitbombe 149
Bitte keine harschen Strafmaßnahmen! 149
Sanftere Methoden 150
Halten Sie Mizzi bei Laune! 151
Verwandeln Sie Mizzis Heim in ein Katzenparadies! 154

Krallen operativ entfernen – ein heiß umstrittenes Thema 159

So lernt Mizzi an der Katzenleine gehen 161
Weshalb jede Katze an die Leine gewöhnt werden sollte 165

Schritt-für-Schritt-Training für die ersten Schritte
im Freien 168
Lösen Sie sich von der
»Katzen-sind-unerziehbar-Mentalität« 172

Nicht nur Hunde kommen, wenn man sie ruft -
auch Katzen können das 177

Mizzi lernt, sich hinzusetzen 179

Mizzi lernt, stillzustehen 181

So verhindern Sie, daß Mizzi bei der erstbesten
Gelegenheit zur Tür hinauswetzt 185

6. Katzen-Aerobics 189

Auch Katzen wollen körperlich fit sein 189
Nicht nur dicke Katzen brauchen Bewegung 189

Übergewicht muß ernst genommen werden 189

Wir basteln ein Katzen-Fitneßcenter 192

Für sportlich Ambitionierte 193
Beschaffen Sie Mizzi einen tierischen Sporttrainer! 194
Phantasie gefragt! 194

Mizzi massieren 195
Weshalb überhaupt eine Massage? 195
So wird es gemacht 196

7. Unterwegs mit und ohne Mizzi 198

Reisen mit Mizzi 198
Überlassen Sie Mizzi nicht einfach zuhause
ihrem Schicksal 198
Eine Möglichkeit: Sie nehmen sie mit 199

Gesundheitsvorkehrungen 199

Wo kann Mizzi auf der Reise in Ruhe schlafen? 201
Autotraining 205

Katzen als Flugpassagiere 205

Katzen im Zug und Bus 208

Reisepillen 208

Mizzis seelische Vorbereitung auf die Reise 209
Ein paar Tips im Umgang mit reiseungewohnten Katzen 209

Katze und Wassersport 210
Ungetrübtes Fahrvergnügen – so machen Sie Mizzi
mit dem Auto vertraut und verhindern Übelkeit 211

Anschnallen bitte!   214

Der richtige Transportkorb   215
So machen Sie es Mizzi im Korb bequem   217

Reisen im Geländewagen oder Wohnmobil   219

So nehmen Sie Mizzi die Angst vor dem Auto   219

Katzenferienheime   222
Die richtige Wahl, die nötigen Vorkehrungen   222

8. Mizzi und die Gesundheit   226

Zahnpflege   226
So putzen Sie Mizzis Zähne zuhause   226
Muß nach jeder Mahlzeit geputzt werden?   228
Zahnprobleme im Alter   228

Der katzensichere Haushalt   229

Ernährungsberatung   233
Eine gesunde Ernährung ist wichtig   233

Machen Sie das beste aus Mizzis Typ   237
Wenn Mizzi mal ein Bad nötig hat   238

Die Tricks der Berufsfriseure   240

Mizzis Maniküre   240

Auch Mizzis Ohren sollten Sie Ihre Aufmerksamkeit schenken   241

Flohbefall   242

Der natürliche Weg   243

Erste Hilfe,
wenn Mizzi einen Fremdkörper verschluckt hat   243

Der Heimlich-Griff: Wiederbelebungsversuche
bei Erstickunsgefahr   244

Konsultieren Sie bei ernsthaften Gesundheitsproblemen
immer einen zweiten Tierarzt   245
Die Hilfe eines Spezialisten   246

Alternativmedizin: Akupunktur, Chiropraktik und andere
ganzheitliche Methoden   247

Katzen-Senioren: Wie können Sie Mizzi zu einem
schönen Lebensabend verhelfen?   249

Das seelische Gleichgewicht der alternden Katze
aufrechterhalten   256

9. Der endgültige Abschied   260

Wenn es Zeit ist   260

10. Ein neues Willkommen   263

Wer kommt denn da hereinspaziert?   263

Einführung

Mit einer Katze zusammenzuleben heißt, sich mit einem Wesen höherer Intelligenz zusammenzutun. Unbehelligt von täglichem Kleinkram wie Telefonanrufen und Rechnungen in der Post haben Katzen den lieben langen Tag Zeit und Muße, über mögliche Verbesserungen ihres Lebensstandards zu sinnieren.

Es ist nicht etwa so, daß der Mensch sich seine Katze aussucht – nein, die Katze sucht sich ihren Menschen aus. Sagt mir jemand: »Ich hasse Katzen!«, dann reagiere ich nicht mit Ablehnung diesem Menschen gegenüber, sondern stelle einfach fest, daß dieser Mensch noch nicht die Gelegenheit hatte, von einer Katze auserwählt und adoptiert zu werden.

Und *wie* weiß jemand, daß er der Auserwählte ist? Ganz einfach: die Katze läßt es den Menschen unmißverständlich wissen.

So jedenfalls mein Kater Mowdy. Ich möchte sogar sagen, daß Mowdy unserer Gesprächskultur einen ganz neuen Impuls gab und mir zeigte, daß ein bißchen small talk nicht genügte. Sie müssen wissen, lieber Leser, liebe Leserin, daß Katzen durchaus zu sinnvollen Gesprächen (und Handlungen) fähig sind, diese Fähigkeit aber nur mit bestimmten menschlichen Partnern anwenden. Mit anderen Worten: Katzen sind viel klüger als wir denken.

Weil ich öfter mal in Radio und Fernsehen auftrete, schicken mir die Hersteller von Haustierfutter und -Spielzeug dauernd ihre neuesten Kreationen ins Haus, in der Hoffnung, daß ich sie an meinen vierbeinigen Hausgenossen ausprobieren und in der nächsten Sendung beiläufig erwähnen werde. Ja, und Mowdy wußte eben ganz genau, daß er in unserem Haus ein Leben wie im Schlaraffenland führen würde, und so wählte er aus den 30000 Einwohnern unserer Stadt zielstrebig unser Haus aus.

Gesagt, getan. Eines schönen Tages kam Mowdy also aus heiterhellem Himmel in mein Leben geschneit. Nun – hereinschneien ist wohl nicht das richtige Wort; Mowdy führte ein lautstarkes Spektakel vor meiner Haustür auf und ließ mir gar keine andere Wahl, als ihn aufzunehmen. Was er tat, ist folgendes: Vor meinem Arbeitsraum postierte sich Mowdy – damals noch namen- und herrenlos – äußerst geschickt auf dem Dach des nachbarlichen Wagens, von welchem er direkt in mein Zimmer sehen konnte, und starrte mich von dort aus während eines längeren Telefongespräches unentwegt an. Er starrte mir geradewegs in die Augen und kombinierte dies nach einer Weile zusätzlich mit penetranten Miaus. Nicht einfach ein simples Miau, sondern geschickt moduliert in verschiedenen Oktaven, kurz und lang gedehnt... Ich wette, daß sein Konzert in der ganzen Nachbarschaft hörbar war, wenn nicht gar an der ganzen Ostküste...Eins war klar: Mowdy wollte ein längeres Gespräch mit mir halten. Das ging aus seiner Stimme hervor, und das zeigte auch deutlich sein Gesichtsausdruck.

Fast ist es mir peinlich zu gestehen, daß ich Mowdy zuerst nicht ernst nahm. Schließlich war ich bereits stolzer Besitzer nur zu vieler Haustiere. Soeben hatte ich mich verschuldet, um eine Farm oben im Staat New York zu kaufen, nicht etwa für mich, sondern für eben diese Haustiere, denn ewig kann man ein Hausschwein nicht vor seinen Nachbarn verbergen, schon gar nicht in einem gutbürgerlichen Long-Island-Örtchen und wenn das Kleine mittlerweilen über 1000 Pfund wiegt. Eine Weile lang glaubten mir die Nachbarn ja noch, daß es sich um eine sehr seltene Hunderasse handle, weil Spotty noch klein und niedlich war und wie alle meine Haustiere gesittet an der Leine spazieren ging, aber eines Tages kommt doch die Stunde der Wahrheit, wenn man den Leuten ein Schwein nicht mehr länger als Hund aufbinden kann. So kam es, daß ich für meinen geliebten Spotty, die zweiundzwanzig Kaninchen, die Enten und Hühner (jedes eine geschätzte Persönlichkeit mit Namen) und die ganze Meute von zugelaufenen Hunden und Katzen schließlich ein »Eigenheim« auf dem Land suchen musste.

Aber die beschränkten Platzverhältnisse in unserem Haus waren nicht der einzige Grund, weshalb ich Mowdys Redeschwall da draußen erst einmal ignorierte. Da er einen gepflegten und gut genährten Eindruck machte, nahm ich an, daß er jemandem gehöre und nicht in Not sei, außerdem kommt wie gesagt auch für den unverbesserlichsten Tiernarr einmal der Tag, wo er sich sagen muß »Jetzt ist es genug!«. So versuchte ich also, Mowdy zu übersehen und überhören – *versuchte*.

»Nicht mit mir!«, schien Mowdy zu sagen, und beschloß, als nächstes eine Attacke gegen die Haustür zu reiten. Man hätte meinen können, Mowdy sei bei Rambo in der Lehre gewesen: Jedenfalls gelang es ihm, die Fliegengittertür aufzukriegen und sich zwischen das Gitter und die Eingangstür zu zwängen, wo er prompt eingeklemmt wurde – oder jedenfalls so tat, als ob (persönlich bin ich der Meinung, daß dieses Schlitzohr von einem Kater sich aus jeder noch so unmöglichen Situation selbst befreien könnte). Jedenfalls tönten jetzt herzerweichende Miaus durch das ganze Haus – und bald darauf ein ohrenbetäubendes Schreien und Kreischen.

Aufgeschreckt hastete ich zu der Eingangstür, in Gedanken einen zertrümmerten Katzenkörper vor Augen. Ich öffnete die Tür einen Spalt breit und *Plop!* landete Mowdy mit lässiger Eleganz vor meinen Füßen. Hoch erhobenen Schwanzes spazierte er sodann an mir vorbei direkt ins Wohnzimmer. Seine Mission war erfüllt.

Er hatte ja versucht, mit mir zu reden, aber ich Ignorant hatte ihm nicht zugehört. So hatte er mir eben gezeigt, was er wollte. Und er hatte bekommen, was er wollte.

Ich bin sicher, daß Sie Ihre Katze als vollwertiges Familienmitglied betrachten. Wenn Sie das nie vergessen und auch wirklich danach handeln, wird Ihre Katze auch entsprechend kooperativ sein. Dies ist der Grundgedanke dieses Buches, denn es ist die wichtigste Voraussetzung dafür, daß Ihre Katze sich gut integriert und wunschgemäß verhält.

Wenn Sie diese Voraussetzung akzeptiert haben, müssen wir uns jetzt nur noch darauf einigen, wie genau man denn das neue Familienmitglied behandeln sollte.

Nun denn, das ist ganz einfach: Wenn Sie ihrer Katze mit Liebe und Achtung begegnen und sie als intelligentes, lern- und kombinierfähiges Wesen behandeln, das zielsicher artspezifische Probleme angehen kann, dann wird die Katze diese Wertschätzung mit erstaunlich viel Kooperation ihrerseits danken.

Heißt das, daß Sie mit Ihrer Katze regelrecht Gespräche führen können? Genau. Daß Sie ihr beibringen können, sitzenzubleiben oder herzukommen und vieles andere zu tun, was man einer Katze normalerweise abspricht? Genau.

Zuerst aber müssen Sie lernen, *wie* und *was* eine Katze denkt. Erst dann können Sie ihr beibringen, was Sie von ihr möchten.

Und das beste an all dem: Wenn Sie einmal so weit sind und ein solches Verhältnis zu Ihrer Katze haben, werden sich Ihre Wünsche und die Ihrer Katze nahezu decken. Nicht zu hundert Prozent natürlich, und sicher nicht die ganze Zeit, aber immerhin.

Und vergessen Sie nicht: ein Großteil der Freude an einer Katze kommt daher, daß man einen Freiheitsgeist zum Genossen hat. Schließlich wollen wir ja aus unseren Katzen keine willenlosen Roboter machen, sondern einfach liebenswerte, »mitdenkende« Familienmitglieder.

(Ewing Galloway)

1. Ein paar revolutionäre Gedanken über Katzen

Verstaubte Ansichten gehören über Bord geworfen

Johnny Carson verkündet seinem Publikum seit Jahren, Katzen täten ihr Leben lang nichts anderes, als auf dem Fernseher zusammengerollt zu schlafen, weil es dort schön warm und gemütlich ist, in der Sonne zu faulenzen und darauf zu warten, gefüttert zu werden. Johnny Carson ist Hundeliebhaber, und da liegt auch schon das ganze Mißverständnis begraben, denn Hunde *tun* immer etwas! Sie kommen hergerannt, wenn man sie ruft, apportieren auf Geheiß alle möglichen Dinge und zeigen ganz deutlich ihre Freude, wenn Herrchen oder Frauchen nach Hause kommt. Wirft man jedoch einer Katze einen Gegenstand und fordert sie auf, das Ding zu apportieren, guckt sie einen – immer laut Johnny Carson – schief an und scheint zu sagen: »Was soll der Quatsch?« Und an Hundeausstellungen kursiert der Witz vom Unterschied zwischen Hunden und Katzen: »Hunde kommen, wenn man sie ruft; Katzen nehmen die Aufforderung zur Kenntnis und delegieren sie an dich zurück.«

Und so haben Katzen seit jeher einen schlechten Ruf – aber ob der wirklich gerechtfertigt ist? Da offenbar diese Meinung über Katzen unausrottbar ist, muß doch ein Quentchen Wahrheit daran sein, oder nicht? Man muß nur einmal die Gespräche unter Hundeliebhabern mithören, um über alle Vorteile des Hundes gegenüber der Katze informiert zu sein. Kommt es gar zu einer Diskussion zwischen Hunde- und Katzenliebhabern, können schon mal die Fetzen fliegen; ich habe schon heiße Debatten über das Thema miterlebt, die handgreiflich endeten...

Sie glauben mir nicht? Nun, machen Sie mal folgendes Experiment im Büro: Versammeln Sie ein paar Hunde- und Katzenliebhaber und werfen Sie dann kühn die Frage nach den jeweiligen Vorteilen in die Runde. Zuerst werden Sie ein paar Bemerkungen wie diese hören:»Katzen würden einen nächtlichen Einbrecher anblinzeln und darum betteln, daß er ihnen eine Dose Futter aufmacht!« Als nächstes folgen dann sicher ein paar Weisheiten über Katzen- respektive Hundeverhalten:»Ein Hund liegt neben dir, weil er deine Gesellschaft schätzt; eine Katze liegt vielleicht zufällig neben dir, weil es dort gerade schön warm ist.« Und sehr wahrscheinlich dauert es nicht lang, bis der eine Hunde- oder der andere Katzenliebhaber sich persönlich angegriffen fühlt und aufgebracht eine flammende Rede für sein bevorzugtes Haustier hält. Ein Boxkampf mit Muhammed Ali könnte nicht spannender sein. Passen Sie bloß auf, daß sich die Kontrahenten nicht zu sehr in die Wolle kriegen!

Mißverständnisse aufräumen
«Hunde sind intelligenter als Katzen.« – »Hunde sind die besseren Haustiere als Katzen.« – «Hunde sind anhänglicher als Katzen.« – »Katzen sind zurückhaltend und eigensinnig.« Ich kann diesen und ähnlichen Unsinn über Hunde und Katzen schon gar nicht mehr hören, und ich hoffe, daß auch Sie genug davon haben.

Denn lassen Sie es mich ein für allemal so formulieren: Jedes Haustier ist das Produkt von uns Menschen. Genau zwei Faktoren – und nur diese zwei – bestimmen nämlich den Charakter, die Intelligenz und das allgemeine Wesen eines Haustieres: 1. die erblichen Faktoren, d. h. die Frage, ob die Eltern des Tieres zusammenpassten und gesunden, kräftigen Nachwuchs erzeugten oder, im Fall einer unkontrollierten Vermehrung, ob die Elterntiere wiederum gesunden, von Inzucht und anderen erblichen Schäden freien Nachwuchs hervorbrachten, und 2. die Umweltbedingungen, d.h. wie das Tier gehalten wird und was der Halter mit ihm macht oder eben nicht macht.

Diese beiden Faktoren betreffen Hunde und Katzen gleichermaßen – und dennoch verhalten sich Katzen anders als Hunde. Weshalb zum Beispiel reagieren so viele Katzen verängstigt, wenn fremder Besuch kommt, weshalb kommen die meisten nicht her, wenn man sie ruft, weshalb gucken einen viele nur schief an, wenn man mit ihnen spricht, fragen mit ihrem Blick »Meinst du mich?« und spazieren dann ungerührt in der anderen Richtung davon?

Viele Katzenhalter begehen einen großen Fehler im Umgang mit ihrer Katze, und dies wirkt sich auf das Verhalten der Katze sehr negativ aus: Weil wir die ganze Zeit hören, Katzen seien unnahbar, eigensinnig, oftmals wenig anhänglich und auf jeden Fall unerziehbar, sind viele Katzenhalter zum Vornherein im Umgang mit ihrer Katze negativ beeinflußt.

Schließlich haben wir diese Vorurteile gegenüber Katzen so oft gehört, daß wir uns fast nicht davon befreien können. Wenn unsere Katze nicht gleich wie gewünscht auf unsere Verbote und Gebote reagiert, geben wir sofort auf oder – noch schlimmer – wir versuchen es gar nicht erst. Schließlich ist es ja eine Katze und Katzen kann man nun mal nicht erziehen. Weit gefehlt.

Katzen sind so klug, daß sie die Menschen davon überzeugt haben, sie seien unerziehbar!

Ich erinnere mich gut daran, wie Mowdy sich zufrieden in meinem Wohnzimmer niederließ, nachdem er sich geschickt zwischen Fliegengitter- und Haupttüre manövriert hatte. Er benahm sich, als ob er keine Ahnung von nichts hätte, außer natürlich der Frage, wo er sein hübsches Köpfchen auszuruhen gedenke und wie er kleine Extrasnacks von mir erpreßen könnte. Aber mich konnte Mowdy mit dieser Nummer nicht narren! Er hatte mir ja bereits deutlich gezeigt, daß er zu Gottes gescheiten Geschöpfen gehörte, denn eine Katze, die unsere Fliegengittertür selbständig öffnet, kann nicht auf den Kopf gefallen sein. Es ist mir peinlich, aber ich muß gestehen, daß ich selbst über ein Jahr lang vergeblich versuchte, ebendiese Fliegengittertür auszuhängen... Wie Sie daraus leicht folgern können, habe ich leider zwei linke Daumen, wenn es um Handwerkliches geht, und so froren wir einen langen, kalten Winter hindurch mit eingehängtem Fliegengitter. Mowdy aber kam, sah und öffnete.

Dank ihrer Intelligenz und zielsicheren Intuition war schon manch eine Katze schlauer als ihr Besitzer. Eine eigenständige Katze weiß ganz genau, daß wir ihr sehr wahrscheinlich ihren Willen lassen und uns damit einverstanden erklären, daß sie nur tut, was sie will. Aber eigentlich sehe ich darin nichts Besonderes; jedes schlaue Kind verhält sich genauso.

Mißverstehen Sie mich bitte nicht: Wenn Sie mit Ihrer Katze absolut glücklich sind und sie es mit Ihnen auch ist, dann sollen Sie sie natürlich nicht mit dummen Tricks langweilen, nur damit Sie ihr etwas beigebracht haben.

Was ich vielmehr meine ist, daß viele Katzen gezwungen sind, ein langweiliges, leeres Leben zu führen und 365 Tage im Jahr die gleichen vier Wände anzustarren. Das sieht man den Katzen aber auch an. Manche haben einen leeren, nichtssagenden Blick, weil sich nie jemand mit ihnen beschäftigt; andere werden verängstigt und asozial und rennen unter das nächste Bett, sobald die Türglocke geht, um erst wieder hervorzukriechen, wenn auch der letzte Fremdling endgültig außer Sichtweite ist. Andere wiederum bekommen beim Tierarztbesuch den Schock ihres Lebens und verstecken sich danach zu Hause tagelang in der dunkelsten Ecke. Manche Katzen benehmen sich beim Tierarzt so unmöglich, daß ihre Besitzer sie nur in allerdringendsten Notfällen dorthin schleppen. Unser Mowdy ist da ganz anders: Er liebt die Herausforderung, und beim Tierarzt marschiert er erhobenen Schwanzes ins Sprechzimmer und scheint zu sagen: »Da bin ich, Doktor, laß uns ein bißchen Spaß haben!« Keine Spur von hysterischem Kreischen und Kratzen bei meinem guten alten Mowdy.

Von der Katzenrechtskonvention und der kätzischen Befreiungsbewegung

Katzen haben ein Recht auf ein anständiges Leben ohne psychische Schäden und Ängste. Sie haben ein Recht, irgendwo gücklich eingebettet zu sein und nicht ein Leben voller Angst und Einsamkeit führen zu müßen, das aus nichts anderem besteht als auf dem Fernseher oben zu dösen und den ganzen Tag zum Fenster hinaus auf die Straße zu starren. Sie haben das Recht, außer Haus zu können, und zwar nicht nur für den Tierarztbesuch. Wenn Sie anderer Meinung sind, dann sollten Sie sich vielleicht irgendein exotisches Käfigtier halten. Die meisten von uns stossen sich daran, daß man eine Großkatze, z.B. einen Jaguar oder Tiger, ein Leben lang in einen engen Käfig steckt, aber was viele Katzenbesitzer mit ihren Katzen tun, ist gar nicht so weit von diesem Käfigleben entfernt, nur daß der »Käfig« vielleicht einige Quadratmeter größer ist.

Welch ein Leben fristet denn eine Katze, die nie aus den eigenen vier Wänden herauskommt? Dürfen wir uns wirklich erlauben, unserer Katze nebst der täglichen Familienserie im Fernsehen nichts zu bieten? Was soll denn die arme Mizzi mit sich anfangen, wenn sie die hundertste Fortsetzung von »Forsthaus Falkenau« miterlebt hat?

Auch Katzen müssten eigentlich ihre Bürgerrechte haben. Das wichtigste dieser Rechte wäre meiner Meinung nach das Recht auf Erziehung und Förderung, denn nur so wird man der Intelligenz, den vielfältigen Talenten und der Bindungsfähigkeit einer Katze gerecht. Der Mensch ist verpflichtet, jedem seiner Haustiere ein gewisses Maß an Respekt zu zollen. Schließlich sind wir es, die die Tiere ins Haus geholt haben, und so sind wir auch verantwortlich dafür, daß wir diese Tiere verstehen und ihren Bedürfnissen so gut wie möglich nachkommen; ein Leben im hintersten Winkel des Zimmers versteckt oder tagein, tagaus ohne Abwechslung in denselben vier Wänden ist sicher kein gutes Leben, und unsere liebevollen Katzenfreunde haben etwas besseres verdient. Mit der Domestikation der Katze haben wir ihr das Leben nicht eben leichter gemacht, und so ist es an uns, die einschränkenden Bedingungen der Domestikation so gut wie möglich auszugleichen.

Sie werden in diesem Buch auf vieles stossen, das ganz neu tönt in bezug auf die Lernfähigkeit und das Lernbedürfnis von Katzen sowie die Verantwortlichkeit des Katzenhalters. Viele meiner Ideen stoßen bei »katzenkonservativen« Leuten auf Unmut, aber das kümmert mich wenig. Heute wissen wir es besser als früher: Katzen sind intelligente Wesen, und wenn wir sie als Haustiere halten wollen, müssen wir um ihr Wohlergehen auf körperlicher und seelischer Ebene besorgt sein. Es ist zutiefst ungerecht ihnen gegenüber, wenn wir sie zuhause vor sich hinvegetieren lassen mit nichts anderem als Ablenkung als dem sonnigen Fensterbrett, von wo aus sie sehnsüchtig nach draußen starren und sich fragen müssen, ob das denn alles sei, was das Leben zu bieten hat. Nein, so geht das wirklich nicht – Mowdy würde sich nie und nimmer damit zufrieden geben!

Katzen wollen gefordert werden

Früher lebte man in mehr oder weniger ländlicher Umgebung, mit viel Grün rundherum und fast ganz ohne gefährlichen Straßenverkehr. Unsere Katzen konnten sich nach Lust und Laune im Freien aufhalten, und wir konnten durchs Küchenfenster ihre spielerischen Abenteuer im Hof beobachten. Sally, eine unserer früheren zugelaufenen Katzen, jagte jeweils wie ein Derwisch durch den Hof, um dann in einem Schwung auf die hohe Weide zu rennen und dort, etwa zwei Meter über dem Boden auf einem dicken alten Ast, schließlich erstaunt herunter zu blicken. Sally entpuppte sich übrigens als männlicher Sal, aber wir konnten uns nie dazu durchringen, ihn Sal zu nennen. Nun denn, Sally hockte also zwei Meter über dem Boden auf dem Baum, guckte erstaunt und schien zu fragen: Wie um alles in der Welt bin ich hier hinauf gekommen – kann mich bitte jemand *sofort* wieder da runterholen!?

Aber das war wie gesagt früher. Heute bestehen die Vororte vor allem aus Beton und Autoschlangen, so daß die meisten Katzen aus Sicherheitsgründen nicht mehr einfach so ins Freie gelassen werden können. Diejenigen Katzen, die trotzdem hinaus dürfen, leben gefährlich und werden nur zu oft schon in jungen Jahren überfahren. Wahrscheinlich sagen sich viele Katzenhalter in diesem Fall, nun ja, zumindest war Mizzis Leben bis dahin spannend und abwechslungsreich, was im Hinblick auf ein Nur-im-Haus-Leben etwas Wahres an sich hat. Diese Katzenhalter wollen offenbar ihren Katzen ein richtiges Katzenleben ermöglichen. Die Tatsache, daß sie ihren Katzen grundsätzlich ein abwechslungsreiches Leben gönnen möchten, ist zwar an sich lobenswert, andererseits sollte man sie schütteln dafür, daß sie ihre Katzen wissentlich der Gefahr eines gewaltsamen Todes unter Autorädern aussetzen.

Natürlich sind Katzen intelligente, kluge Wesen und haben ihre spezifischen Bedürfnisse. Sie wollen Erfahrungen sammeln und Neues erleben, die Umgebung erkunden, beschnuppern und auch mit den Krallen erobern, das liegt in der Natur der Katze, aber leider hat der Mensch diese Natur ziemlich außer acht gelassen, als er die Neue Welt plante. Es liegt also in unseren Händen, den Katzen auch in dieser technisierten Welt ein würdevolles Leben mit dem größtmöglichen Maß an Freiheit zu ermöglichen – aber der Preis des eventuellen Überfahrenwerdens ist dafür eindeutig zu hoch.

Wir tragen die Verantwortung dafür, daß Mizzis Leben mehr Inhalt hat als das Lauschen auf den Dosenöffner, das Herumliegen nach dem Essen, dem beiläufigen Streicheln, bevor wir ins Büro hasten und wenn wir nach Hause kommen, und ein paar gelegentlichen Bürstenstrichen von Zeit zu Zeit. Gegen ein solches Leben lehnen sich Katzen auf! Und recht haben sie. Schließlich steckt in dem kleinen Pelzball ein heller Kopf, der es den Katzen ermöglichte, jahrtausendelang erfolgreich zu überleben. Das todlangweilige Leben, das viele Katzen heute als Haustiere leben müssen, ist einer der Hauptgründe für die vielen Verhaltensprobleme, die heute bei Katzen auftauchen. Noch nie gab es so viele verhaltensgestörte Katzen wie heute, und das hängt nicht nur mit der steigenden Popularität der Katze als Haustier zusammen. Das erklärt auch, weshalb die Nachfrage nach Verhaltensspezialisten und Büchern wie dem vorliegenden so enorm gestiegen ist.

Ich behandle in meiner Praxis die verschiedensten Tiere mit Verhaltensstörungen: von Vögeln über Lamas, Ziegen und Schweinen bis zu Pferden und sonst fast allen Vierbeinern, die man sich vorstellen kann; am häufigsten aber beschäftige ich mich mit Hunden und Katzen, denn diese beiden nehmen in unserem Leben eindeutig eine Sonderposition ein. Und in letzter Zeit häufen sich die Anrufe und Briefe von Katzenhaltern, die mit ihrer Katze Probleme haben. Die meisten dieser Probleme lassen sich darauf zurückführen, daß die betreffenden Katzen ein Leben lang ohne Abwechslung in denselben vier Wänden dahinvegetieren und dadurch Verhaltensstörungen entwickeln.

Als Beispiel möchte ich hier die Geschichte einer Schlange erzählen, deren Besitzer mich um Hilfe bat. Sie werden sich jetzt natürlich fragen, was eine Schlange mit den Verhaltensproblemen von Katzen zu tun hat – aber sehen Sie selbst.

Der Besitzer einer Boa constrictor namens Sam rief mich also eines Tages besorgt an, weil Sam neuerdings ein merkwürdiges Verhalten an den Tag legte. Ich fuhr also zu dem Haus hinaus und sah dort auf den ersten Blick, was los war. Ich sagte dem Besitzer, daß sich seine Schlange langweile, daß sie eindeutig depressiv sei.

»Depressiv!« dröhnte der Mann, und konnte sich nicht erholen vor Lachen, so daß ich mich beeilte, ihm die Sache zu erklären, bevor er durchdrehen oder mich mit Schimpf und Schande aus dem Haus jagen würde.

»Sam lebt in diesem Terrarium, seit Sie ihn gekauft haben«, erklärte ich also. »Damals war er vielleicht dreißig Zentimeter lang, aber jetzt mißt er einen Meter. Und jetzt hat er einfach genug von seiner eintönigen Behausung mit dem ewiggleichen Ast und dem ewiggleichen Stein drin. Würden Sich sich an seiner Stelle nicht auch zu Tode langweilen?« Und um das Gesagte noch deutlich zu machen, fügte ich bei, daß er von Gück sagen könne, daß er sich nicht in ein launisches, aggressives Wesen verwandelt habe, sondern immer noch so freundlich sei. Das Beispiel zeigt sehr schön, daß *jedes Tier* unter zu viel Eingesperrtsein leidet.

Die Lösung in bezug auf Sam war einfach: er brauchte ein größeres Terrarium. Er reagierte denn auch sehr positiv auf das neue Zuhause mit der neuen Einrichtung – verschiedene große Steine, Äste und Schwemmholzstücke, die alle verschoben oder von Zeit zu Zeit auch ausgewechselt werden konnten. Sam war im siebten Schlangenhimmel. Jetzt konnte er in seiner »Landschaft« herumschlängeln und sich nach Lust um Laune um ein großes Aststück oder einen Felsbrocken winden. Seine depressive Verstimmung verschwand, und er fand offenbar wieder Spaß an einem Leben, in dem man zwischen, unter und auf verschiedensten Gegenständen umherkriechen oder sich genüßlich an einem großen Stein scheuern konnte.

Nun, die allermeisten Menschen werden wohl damit einverstanden sein, daß eine Katze intelligenter und sensibler ist als eine Schlange.

Wenn also sogar eine Schlange auf Langeweile und Eintönigkeit mit psychischem Stress reagiert, dann leidet eine Katze natürlich erst recht unter solchen Bedingungen. Und dies zu verhindern, oder falls es schon soweit ist, zu ändern, ist unsere respektive Ihre Aufgabe.

Auch Katzen haben ein Selbstwertgefühl

Katzen neigen sehr stark dazu, die von uns auf sie projizierten Erwartungen auch tatsächlich zu erfüllen, sei das im positiven oder negativen Sinn.Wenn wir ihnen großes Vertrauen in ihre Fähigkeiten bezeugen, greifen sie nach den Sternen und tun alles, um uns zu erfreuen. Machen wir sie andererseits herunter, indem wir ihnen dauern zu merken geben, daß sie unsere Erwartungen nicht erfüllen, zerstören wir systematisch ihr Selbstwertgefühl, so daß sie den Glauben an uns und an sich selbst schließlich verlieren.

Wenn Mizzi aber unsere Erwartungen und Ziele erfüllen soll, braucht er ein gesundes Selbstwertgefühl. Mit Zielen meine ich zwar nicht einen Uniabschluß, aber doch einen Grad in Gutem Benehmen, d. h. daß Mizzi gut ins Familienleben integriert sein und trotzdem seinen ureigenen Charakter und sein seelisches Gleichgewicht bewahren soll. Eigentlich scheinen dies selbstverständliche Voraussetzungen für ein harmonisches Zusammenleben zu sein, und erst, wenn es nicht mehr so ist, vermissen wir diese Harmonie.

Es braucht leider nicht viel, um das Selbstwertgefühl einer Katze zu zerstören. Es gibt genau drei Verhaltensweisen des Menschen, die dazu führen. Eine davon ist vollkommen passiv, und wie dies vor sich geht, möchte ich am Beispiel von Mowdy illustrieren.

Katzen langweilen sich bald einmal, wenn sie tagein, tagaus nichts anderes zu tun haben als zum Fenster hinauszuschauen
(Copyright: Robert Pearcy, Animals Animals)

Wie wir Mizzis Selbstvertrauen zerstören – Fehler Nr. 1

Einer der fatalsten Fehler, die Mizzis Selbstvertrauen untergraben können, schleicht sich meistens ein, ohne daß wir vorerst überhaupt etwas bemerken. Wie gesagt war ich am Anfang gar nicht begeistert über Mowdys Erscheinen in meinem Haus, weil ich kein weiteres Haustier mehr wollte. Ich hielt ja schon viel zu viele Tiere und verstieß damit sicher gegen jegliche Wohnquartiergesetze. Andererseits wollte ich ihn auf keinen Fall dem Schicksal der Straße überlassen, und so blieb er halt. Aber ich war nicht besonders glücklich darüber. Das war nun wirklich das erste Mal, daß ich solche Vorbehalte hatte. Bis dahin hatte sich immer noch ein Platz in meinem Haus – und vor allem in meinem Herzen – für ein weiteres Tier gefunden. Dieses Mal aber bot ich zwar widerstrebend Kost und Logis an, aber mit dem Herzen wollte ich mich nicht mehr engagieren. Dachte ich.

Eines Tages schaute ich in Mowdys Augen, und da sah ich, was ich ihm antat. Sein Blick sagte alles. Mowdy, dieser eigensinnige, freiheitsliebende Kater, hatte einen Blick voller Schmerz – nicht körperlicher Schmerz natürlich, sondern seelischer. Ich könnte schwören, daß ich in seinen fragenden und gleichzeitig leeren Augen richtige Tränen schwimmen sah! Wie konnte dieses kleine Pelzknäuel überhaupt wissen, daß es in meinem Haus nicht erwünscht war? Ich werde mir nie verzeihen, daß ich mit meinem Verhalten Mowdy dieses Gefühl gab. Was konnte denn diese Katze dafür, daß sie heimatlos war, daß sie zu den Außenseitern gehörte? Mowdy hatte sicher Besseres verdient, als jetzt auch noch von mir so behandelt zu werden. Obwohl ich schon vorher rein intellektuell um die Wichtigkeit eines gesunden Selbstvertrauens auch bei einer Katze gewußt hatte, machten mir erst Mowdys traurige Augen so richtig klar, worum es eigentlich ging. Katzen brauchen genauso wie wir ihre seelischen Streicheleinheiten, sie brauchen unser Lob, unsere Liebe, um ein gesundes Selbstwertgefühl zu bewahren. Das brauchen sie auch, um auf unsere Erwartungen und Wünsche anzusprechen. Wenn sie von uns etwas Neues lernen und in uns Vertrauen sollen, brauchen sie dazu unbedingt eine große innere Sicherheit.

Wie wir Mizzis Selbstvertrauen zerstören – Fehler Nr. 2

Das zweite Fehlverhalten von uns Menschen, das dazu angetan ist, das Selbstwertgefühl einer Katze zu untergraben, liegt in unserer böse Zungen: Ein Katzenbesitzer, der sich überall über seine Katze beschwert und nur Negatives von ihr zu erzählen weiß, ist auf dem besten Weg, Verhaltensprobleme bei seiner Katze heraufzubeschwören. Katzen sind sehr feinfühlig und spüren die Stimmung um sie herum. Viele merken sogar, wenn man in ihrer Gegenwart über sie spricht, und ganz besonders, wenn man negativ über sie spricht. Sie lassen dann den Kopf im wahrsten Sinne des Wortes hängen, während ihr Besitzer dem Nachbarn lautstark all ihre Fehler vorjammert. Ich sage immer: Wenn man nichts Nettes zu sagen hat, soll man lieber überhaupt nichts sagen! Manche Katzen scheinen sich in solchen Situationen regelrecht zu schämen. Wenn Sie einmal den Gesichtsausdruck Ihrer Katze genau beobachten, dann werden Sie sehen, was Ihre Katze alles versteht – jedenfalls eine ganze Menge!

Ich hatte einmal einen Klienten, der nichts anderes tat als über seine Katze schimpfen. »Verdammte Katzenhaare überall, verdammtes Stinkfutter, verdammtes Stinkklo, verdammtes dies und verdammtes das, verdammte Katze!«, so tönte es ununterbrochen. Dem Mann ging es nicht gut, er hatte Probleme mit der Arbeit, mit der Ex-Frau, mit den Behörden. Ich konnte ihm zwar nachfühlen, aber ich habe trotzdem Mühe mit Leuten, die ihre Sorgen an den unschuldigen Kreaturen auslassen, wie es leider oft geschieht.

Die Katze wurde zunehmend neurotischer. Sie war es so gewohnt, beschimpft und angeschrien zu werden, daß sie beim Auftauchen ihres Besitzers aus lauter Angst durchzudrehen begann. Cookie floh ja nicht in böser Absicht quer über den Tisch und warf dabei alles um, sie konnte einfach nicht anders als so schnell wie möglich Reißaus nehmen, wenn der Mann auftauchte. Und nach einem Nickerchen auf seinem Lieblingssessel wollte sie ihm ja nicht den Platz streitig machen, aber wenn er sie im Schlaf überraschte, war sie so gelähmt vor Angst, daß sie nur dasitzen und ihn anfauchen konnte.

Mit der Zeit kam es aber soweit, daß die Katze es durchaus so meinte, wie es aussah, z.B. als sie eines Abends das Bett ihres Besitzers als Katzenklo mißbrauchte. Schließlich kam es ja für sie aufs gleiche heraus, ob sie sich nun gut oder schlecht benahm – sie bekam ohnehin nur zu hören, was für ein blödes Vieh sie sei. Ich gebe es ungern zu, aber klammheimlich freute ich mich ein wenig am Mißgeschick des Mannes, der an diesem Abend nichtsahnend ins Bett kroch, wo er unerfreuliche Bekanntschaft mit Cookies Hinterlassenschaften machte – es schien mir die gerechte Strafe für ihn. Aber leider ging die Geschichte schließlich für Mensch und Katze unerfreulich aus.

Die Situation der beiden war jetzt völlig verfahren und nicht mehr zu retten. Das lieblose Verhalten meines Klienten seiner Katze gegenüber löste in ihr das Fehlverhalten aus, wodurch der Mann natürlich noch negativer auf das Tier reagierte. Cookie spürte den zunehmenden Haß ihres Besitzers, und der Kampf zwischen den beiden wirkte sich zermürbend auf sie aus. Cookie wurde immer schwieriger und unglücklicher. Der Teufelskreis drehte sich immer schneller, und Cookie war es so gewohnt, als »verdammte, blöde Katze« beschimpft zu werden, daß sie sich schließlich genau so verhielt wie ihr eingeredet wurde. Alles was sie tat, war verkehrt, und so tat sie eben mit der Zeit alles mögliche Verkehrte. Der Mann schrie, Cookie wurde erst ängstlich, dann abwehrend und schließlich, als das Faß voll war, aggressiv.

War Cookie vielleicht eine bösartige Katze? Nein, sie hatte nur das Pech, in einen bösen Teufelskreis zu kommen. Niemand ging liebevoll auf sie ein oder half ihr, sich wieder besser zu fühlen. Eigentlich war Cookie eine völlig normale, nette, liebe, sympathische Katze – aber niemand gab ihr das zu spüren.

Wie wir Mizzis Selbstvertrauen zerstören – Fehler Nr. 3
Der häufigste Fehler, den viele Leute im Umgang mit ihrer Katze machen und der ihr Selbstvertrauen ebenfalls sehr ins Wanken bringen kann, passiert, wenn der Katzenhalter sich mit »guten« Ratschlägen von Bekannten überschwemmen läßt und in der

Folge seiner Katze pausenlos den erhobenen Zeigefinger unter die Nase hält, mit ihr schimpft, sie mit Nasenstübern zurechtweist, ihr als Erziehungsmaßnahme auf die Hinterpfoten tritt, sie am Nackenfell schüttelt, in eine unterwürfige Rückenposition zwingt, ihr mit der Wasserpistole ins Gesicht spritzt oder ihre Nase mit lauten »Pfui«-Rufen ins passierte Mißgeschick drückt.

Man muß sich nur lange genug auf alles Negative konzentrieren, dann wird Mizzi garantiert noch viel mehr negatives Verhalten an den Tag legen, denn schließlich bekommt sie dafür zumindest viel Aufmerksamkeit, für positives Verhalten hingegen wahrscheinlich kaum einen Blick geschenkt. Kinder reagieren manchmal in derselben Weise: Irgend eine Form der Aufmerksamkeit ist immer noch besser als gar keine, auch wenn sie noch so negativ ist.

Viele Katzen bekommen jeden Morgen als erstes ein unfreundliches »Nein« zu hören, wenn sie ums Frühstück bitten, während ihr Mensch mit halbgeschlossenen Augen nach dem Kaffee fummelt. »Nein« ist wahrscheinlich auch das letzte Wort, das solche Katzen abends zu hören bekommen, wenn sie versuchen, es sich bei ihrem Menschen im Bett ein bißchen gemütlich zu machen. So leben viele Katzen tagaus, tagein mit nichts anderem als Dutzenden von solchen Rückweisungen, die sie schließlich an sich selbst zweifeln und verzweifeln lassen.

Das Selbstbewußtsein einer Katze ist leider schneller kaputtgemacht, als man denkt. Ein großer Teil dieses zerstörerischen Prozeßes beruht auf der geschilderten Gewohnheit, seine Katze die ganze Zeit zurechtzuweisen. Mizzi hört »Nein!« wenn sie aufs Buffet springt, wenn sie sich an einem herumliegenden Käsebrot vergreift, wenn sie gemütlich im Spülbecken sitzt, wenn sie im Auto beim Steuern hilft, wenn sie morgens um drei Wecker spielt. Manche Katzen bekommen dieses »Nein« so oft zu hören, daß sie wahrscheinlich glauben, es sei ihr zweiter Name. Aber ein Leben in lauter »Neins« macht keinen Spaß.

Das Erziehen unserer vierfüßigen Freunde sollte allen Beteiligten Spaß machen. Natürlich macht eine Katze öfter mal etwas Unerwünschtes, aber daraus kann sie ja gerade lernen – schließlich lernen wir alle hauptsächlich aus unseren Fehlern! So ist es fast unvermeidlich, daß Mizzi einmal den schönsten Teppich beschmutzt (diese Schlaumeier scheinen immer zu wissen, welches das kostbarste Stück im Haus ist...). Sie müssen auch damit rechnen, daß Mizzi eventuell einmal einen Geschmackstest an Bettdecken-Ecken und Teppichfransen durchführt. Wie gesagt, nur durch aktives Experimentieren kann die Katze herausfinden, was erlaubt ist und was nicht. Haben wir nicht als Kinder erst geglaubt, daß der Herd heiß ist, als wir es selbst ausprobiert hatten? Und wenn wir uns dann die Finger verbrannt hatten, brauchten wir gegen den verletzten Stolz und die verletzten Finger unbedingt Trost von Muttern und nicht noch Schläge und Vorwürfe. Genauso geht es unserer Katze, wenn sie die Folgen ihres Verhaltens ausbaden muß.

Im Hinblick auf Stolz und Würde sind Katzen besonders empfindlich. Als sensible Wesen mit wachen Gefühlen und differenzierter Wahrnehmung sind sie sehr wohl in der Lage, sich für sich selbst – oder das Verhalten der Menschen – zu schämen.

Das »Nein«-Syndrom

Es ist also an der Zeit, die alten Vorurteile über Katzenerziehung über Bord zu werfen. Wahrscheinlich sagen sich jetzt viele von Ihnen, daß das »Nein, nein, nein-Syndrom« *Ihnen* nie passieren würde. Vielleicht haben Sie recht und gehen wirklich nicht so destruktiv mit Ihrer Katze um, wenn sie einmal etwas Dummes macht, aber viele Katzenhalter untergraben das Selbstbewußtsein und den Stolz ihrer Katze auf subtilere Art, indem sie zwar nicht gar so oft »Nein!« rufen, letztendlich jedoch denselben negativen Effekt erzielen, wenn sie über Jahre hinweg immer wieder hauptsächlich negativ auf ihrer Katze reagieren.

Stellen Sie sich jetzt einmal folgende Situationen vor: Wie würden Sie reagieren, wenn Ihre Katze 1. in Ihrem neuen Fernsehsessel lange, tiefe Krallenspuren hinterlassen hat; 2. sich am Hühnchen auf dem Herd vergriffen hat; 3. ihr Geschäft auf dem Fußboden verrichtet hat?

In der ersten Situation würden Sie Ihre Katze wahrscheinlich wie viele andere zum Sessel tragen, ihr dort vorwurfsvoll zeigen, was sie Schlimmes getan hat und ihr einen tadelnden Klaps geben. Auch wenn der Klaps wirklich nur ein Klaps ist – ich wette, 50% der Leser geben ihrer Katze zumindest einen Nasenstüber. Auch in der zweiten Situation würden Sie die Fehlbare ziemlich sicher in die Küche tragen, dort ein bestimmtes »Nein!« oder »Pfui!« aussprechen, und wiederum etwa 50% würden ihren Worte mit einem leichten Schlag Nachdruck verleihen. Falls Sie das Verschwinden des Hühnchens unmittelbar nach den Krallenspuren im Sessel entdeckten, würde der Schlag wahrscheinlich um einiges härter ausfallen als die meisten von Ihnen zugeben möchten. Was Nr. 3 betrifft, so würden Sie Mizzi wahrscheinlich zu dem Mißgeschick schleppen, sie mit »Was ist das!?« anschreien, ihr vielleicht eins schmieren und zu guter Letzt noch ihre Nase ins Mißgeschick stoßen. Falls es gleich nach dem Zerkratzen des Sessels und dem Stehlen des Hühnchens passiert wäre, fallen die Schläge wahrscheinlich entsprechend zünftiger aus.

Schauen wir uns jetzt die Situationen nochmals an. Die Wahrscheinlichkeit, dass sie bereits unter dem »Nein«-Syndrom leiden, ohne sich dessen bewußt zu sein, ist leider groß. Was ja irgendwie auch verständlich ist, schließlich sind die meisten von uns nicht mit unendlicher Geduld und Langmut ausgerüstet. Aber wir haben ganz andere Möglichkeiten, auf solche Situationen zu reagieren. Zum Beispiel, indem wir unsere Katzen *mit Liebe* zu gutem Benehmen führen.

Mit positiver Verstärkung Mizzis Selbstwertgefühl aufbauen

Die einfachste Art, eine selbstbewußte, seelisch ausgeglichene Katze heranzuziehen liegt darin, vorwiegend auf solches Verhalten zu reagieren, das *erwünscht* ist. Daß Mizzi jede Menge Tadel zu hören bekommt, wenn sie ihr Geschäft am falschen Ort erledigt, liegt auf der Hand – aber bekommt sie ebenso oft oder noch öfter Ihre Liebe, Ihr Lob, Ihren Stolz zu spüren, wenn sie ihr Geschäft ins vorgesehene Kistchen macht oder sich sonst tadellos benimmt? Ich bezweifle es. Im besten Fall schaut für Mizzi vielleicht ein nebensächliches »Braav« und ein flüchtiges Streicheln über den Kopf heraus. Wie wär' s aber mal mit einem richtigen Fest für Mizzi, ungefährt so: »Jaa! Du bist ja so ein tolles Mädel, Mizzi!«, gefolgt von Liebkosungen, Bauchkraulen, Köpfchenreiben, noch mehr Zärtlichkeiten und »Du bist die allerallerbeste Katze der Welt, mein Schatz!« – mehr Köpfchenkraulen, Bauchstreicheln und Umarmungen, und dann das Ganze gleich nochmal von vorn!

Vielleicht finden Ihre Nachbarn das ganze Ritual leicht übertrieben, aber was soll's. Dafür haben Sie die besterzogene Katze des Quartiers, während es in den Wohnungen der Spötter monatelang nach Tierhandlung riecht und sich die Einrichtung langsam in ein Brockenhaus verwandelt. Wer zuletzt lacht, lacht am längsten...

Ich kenne sogar Leute, deren Kinder in derselben Zeit »stubenrein« wurden wie die Katze, weil sie offenbar von soviel Liebe und Liebkosungen in der Familie auch profitieren konnten. Wenn das kein Extrabonus ist...!

Zuerst geht es darum, daß Sie Ihrer Katze klar machen, *was* Sie freut. Meistens weiß die Katze nämlich gar nicht so recht, was von ihr eigentlich erwartet wird. Bekanntlich bemüht sich jedes Haustier, es seinen Menschen recht zu machen, d.h. wenn es sich nicht darum bemüht, könnte der Grund sehr wohl darin liegen, daß es gar nicht weiß, was von ihm verlangt wird. Anstatt unsere Katzen mit Gehorsamkeitsübungen zu dominieren, brauchen wir dazu einfach nur unsere Freude deutlich zu zeigen, wenn Mizzi etwas tut, das uns freut. Glauben Sie mir, unsere Katzen benehmen sich viel öfter tadellos als wir uns bewußt sind, so daß wir uns nur die Zeit nehmen müssen, ihnen so oft wie möglich zu zeigen, wie toll wir sie finden. Für all die positiven Verhaltensweisen sollten wir nicht mit Liebesbezeugungen geizen, denn eine Katze, die mit sich selbst zufrieden ist, ist besonders motiviert, es auch den andern recht zu machen. Das Selbstwertgefühl der Katze aufbauen und unterstützen wird also hundertfach mit gutem Benehmen belohnt. Bekommt andererseits eine Katze das Gefühl vermittelt, sie sei eine einzige Katastrophe, wird sie bald resignieren und sich gar keine Mühe mehr geben. Geben Sie also Ihrer Katze unbedingt zu spüren, daß sie die Größte, die Schönste, die Beste ist; sie wird ihr Verhalten danach richten.

Noch etwas: Sparen Sie ihre positiven Gefühle und Bezeugungen der Katze gegenüber nicht auf die Momente auf, in denen Mizzi gerade etwas Richtiges getan hat, sondern sagen Sie ihr auch ohne speziellen Grund immer wieder, wie wunderbar sie ist. Verwöhnen Sie sie mit Streicheleinheiten und bauen Sie mit ihr zusammen ein gutes Selbstbild auf. Also denn: schmusen Sie doch gerade jetzt einmal herzhaft mit Mizzi, auch wenn sie gar nichts Besonderes getan hat. Loben Sie sie, beteuern Sie, daß Mizzi einmalig und wunderbar ist, nehmen Sie sie in den Arm. Einfach so.

Kann Mizzi auch denken?

Für das, was ich jetzt zu sagen habe, brauche ich schon fast die Assistenz eines guten Engels, denn kaum etwas anderes löst zwischen ausgebildeten Verhaltensforschern und mir so heiße Debatten aus wie meine Behauptung, daß Katzen imstande sind, selbständig zu denken und bewußt einen bestimmten Entschluß zu fassen. Viele studierte Ethologen sind der Meinung, daß Tiere dies nicht können, sondern daß ihr Verhalten auf konditionierten Reaktionen beruht, die zum großen Teil von uns Menschen hervorgerufen werden. Daß also Mizzi z.B. angerannt kommt, wenn er den Dosenöffner hört, weil er aus Erfahrung weiß, daß dieses Geräusch meistens mit Katzenfutter verbunden ist und wir ihn also so auf diesen Reiz konditioniert haben. Aber wissen Sie, was mich an dieser Theorie stört? Wenn ich hungrig bin und höre, wie meine Frau in der Küche eine Dose öffnet, dann renne ich auch in die Küche. Das heißt, daß ich genau gleich intelligent bin wie meine Katze oder meine Katze genau gleich intelligent ist wie ich – je nachdem, wie man's anschauen will. Manche Fachleute beharren aber darauf, daß nur der Mensch allein zwei und zwei zusammenzählen kann, daß nur der Mensch eine Situation richtig einschätzen und entsprechend handeln kann. Nun, Mowdy und ich jedenfalls haben beide gelernt, diese bestimmte Situation richtig einzuschätzen. Manchmal veranstalten wir ein regelrechtes Rennen in die Küche. Mowdy schlägt mich meistens, er hat nämlich eine feine Technik, zwischen meinen Beinen hindurch zu schlüpfen, ohne daß ich ihn trete. Dafür bringt er mich damit völlig aus dem Konzept, so daß ich langsamer werde oder sogar auf meinem Hintern lande. Dann muß ich einmal mehr zugeben, daß mich mein Kater geschlagen hat.

Ich bin der Überzeugung, daß Katzen ihre Fähigkeiten sehr geschickt in den verschiedensten Situationen anzuwenden wissen. Die Großkatzen z. B. demonstrieren ihre Intelligenz sowohl in freier Wildbahn wie in Gefangenschaft auf eindrückliche Weise, und die meisten Laien zweifeln wohl kaum daran, daß Tiger und Löwen intelligente Tiere sind. Die Schauspielerin Tippi Hedren zum Beispiel, unvergessen in ihrer legendären Rolle in Hitchcock's »Vögeln«, gehört zu meinen Freunden. In Kalifornien betreut sie das »Shambala-Reservat«, eine Institution der Roar-Stiftung. Unter anderem sorgt sie dort für Tiger und Löwen, die wie viele ihrer anderen Schützlinge unerwünscht, verwahrlost, mißhandelt waren oder in Zoos und Zirkussen überflüßig wurden.

Tippi hat mit diesen Großkatzen täglich engen Kontakt, so wie es wohl nur wenigen Menschen auf der Welt vergönnt ist, und sie steht voll und ganz zu der Behauptung, daß man diese Tiere überhaupt nicht verstanden hat, wenn man sagt, sie könnten nicht denken oder sie seien nicht intelligent.

Die wunderbaren Fotos der Großkatzen in Tippis Buch »The Cats of Shambala« machen jedem Tierexperten klar, daß sie nie und nimmer gestellt sein können.

Eine Großkatze läßt sich nicht dazu abrichten, sich zu einem Menschen ins Bett zu legen, nur damit ein hübsches Bild entsteht, sie fährt auch nicht nur der Kamera zuliebe im Auto oder Boot mit, steigt nicht einfach so durchs Küchenfenster und ist am Eßtisch dabei, und am allerwenigsten läßt sie sich dazu abrichten, so zu schmusen wie auf diesen Bildern, in denen die ganze Liebe und Zärtlichkeit zwischen Tier und Mensch aufs Schönste zum Ausdruck kommen. Sagen Sie also nicht, diese

Tiere besäßen keine eigene Intelligenz – weder mir noch Tippi Hedren!

Aber zurück zu unseren Hauskatzen. Wer brachte denn Mowdy bei, seinen Teller möglichst laut herumzubugsieren, um darauf aufmerksam zu machen, daß es höchste Zeit zum Essen sei? Niemand. Und niemand konditionierte ihn darauf, auf dem Eßtisch herumzuspazieren und sofort herunterzuspringen, wenn er mich kommen hört. Er weiß, daß das eigentlich nicht erlaubt ist, aber er tut's so oder so, nur wartet er solange, bis ich außer Reichweite bin. Komme ich in die Nähe, höre ich jeweils genau, wie er vom Tisch springt, und wenn ich die Tür öffne, sitzt er bereits wie ein Unschuldsengel auf dem Teppich. Dieses Verhalten ist nicht von außen »konditioniert«. Er weiß, daß ich es nicht mag, aber ich habe ihm ganz bestimmt nicht beigebracht, trotzdem auf dem Eßtisch herumzuspazieren und schnell hinunterzuspringen, wenn er mich kommen hört. Das hat sich Mowdy ganz allein ausgedacht.

Bevor Sie mich nun einen unfähigen Tierlehrer schimpfen, lassen Sie mich folgendes beifügen: Ich könnte ohne weiteres Mowdy von diesem Tun abhalten, wenn ich unbedingt wollte. Aber da er sich grundsätzlich sehr gut benimmt, gönne ich ihm ein paar Freiheiten. Wir spielen sozusagen Katz' und Maus miteinander: Er weiß, daß ich sein Verhalten nicht schätze, aber er weiß auch, daß ich es trotzdem halbwegs toleriere, solange er nicht übertreibt. Diese stille Abmachung funktioniert bestens.

In Psychologiebüchern wird die klassische Konditionierung folgendermaßen definiert: Eine Art von Lernen, bei dem ein neutraler Reiz in wiederholter Kopplung mit einem reflexauslösenden Reiz eine Reaktion auslöst, wie sie normalerweise von dem vorher neutralen Reiz ausgelöst würde (auch bekannt unter der Bezeichnung Pawlowsches oder operantes Lernen). Auch diejenigen, die mit obiger vertrackter Aussage ihre liebe Mühe haben, werden sicher schon von Pawlow gehört haben. Er war derjenige Verhaltensforscher, den wir vor allem von den Lernexperimenten mit Hunden kennen, aber gerade seine diesbezüglichen Aussagen stoßen mir sauer auf, weil sie immer von dieser »Konditionierung« des Tieres ausgehen.

Weiter wird Intelligenz definiert als »Fähigkeit zu zielgerichtetem, angepaßtem Verhalten (d.h. Verhalten, das Herausforderungen erfolgreich begegnen und ein gestecktes Ziel erreichen kann). Intelligente Wesen wissen Erfahrung, Problemlösungsverfahren, Vernunft, Gedächtnis und anderes erfolgreich zu kombinieren und nutzen.« Mir scheint, daß Tiere auffallend oft von Darstellungen und Beispielen von Intelligenz ausgeschlossen werden. Denken und intelligentes Verhalten werden vor allem in bezug auf menschliches Verhalten beschrieben, während konditionierte Reflexe viel öfter (manchmal auch ausschließlich) mit dem Tier in Verbindung gebracht werden.

Ich für mein Teil wünschte mir manchmal, daß manche Leute, mit denen ich beruflich zu tun habe, so intelligent wären wie einige der Katzen, denen ich im Laufe der Zeit begegnet bin... und ich habe weiß Gott sicher mit über 500 Managern, Politikern, Akademikern und berühmten Leuten beruflich zu tun gehabt. Glauben Sie mir: Es gibt leider jede Menge Leute, die sich glücklich schätzen könnten, nur halb so intelligent zu handeln wie eine durchschnittliche Katze.

Grundsätzlich bin ich aber auch der Meinung, daß vieles vom Verhalten unserer Tiere von uns konditioniert wurde. Was ich aber nicht verstehen kann ist die Überheblichkeit des Menschen, der nur seiner eigenen Spezies die Fähigkeit zum vernünftigen Handeln und Denken zuspricht. Ich bin sofort einverstanden, wenn jemand sagt, daß sowohl Mensch wie Katze, Hund oder sonst ein Tier zum großen Teil über konditionierte Reflexe funktionieren und ihr Leben organisieren. Wo ich aber bis in alle Ewigkeit mit den Forschern die Klinge kreuzen werde, ist bei deren beharrlicher Behauptung, daß nur der Mensch des Denkens fähig sei und der Rest der Tierwelt auf Konditionierung und Instinktverhalten beschränkt bleibe.

Zur Unterstützung meiner These möchte ich hier eine entsprechende Situation schildern und aus der Sicht der Katze beschreiben. Kann Mizzi nun denken oder kann sie nicht? Urteilen Sie selbst.

Mußten Sie Ihrer Katze auch schon mal ein Medikament verabreichen? Wahrscheinlich schon, denn jede Katze wird mal krank und muß sich der einen oder anderen Art von medizinischer Versorgung unterziehen. Nun, einem Tier eine Pille zu verabreichen war für mich wirklich nie ein Problem. Ich war schon immer stolz auf meine praktische Ader und finde, daß ich mich darin wohltuend von vielen anderen Tierexperten unterscheide, deren Arbeit zwar sicher von ebenso viel Liebe und Respekt fürs Tier geleitet ist wie meine, die aber in meinen Augen oftmals »Schreibtischtäter« sind – Rechtsanwälte der Tiere nenne ich sie. Diese Theoretiker sehen denn auch immer aus wie aus dem Ei gepellt, wenn sie am Fernsehen erscheinen. Ich hingegen

Nehmen Sie's mit Humor – sagen Sie nicht zu allem, was Mizzi tut, »nein!«
(© Michael und Barbara Reed, Animals Animals)

arbeite tagtäglich auf Händen und Knien, um auf derselben Höhe wie meine Patienten zu sein (alle meine Arbeitsjeans haben durchgewetzte Knie!), und vor einem Fernsehauftritt findet man mich wahrscheinlich aufgeregt im Badezimmer, wo ich versuche, meine Fingernägel kamerablank zu kriegen... Wenn man wirklich mit Tieren zusammenarbeitet, kann man eben beim besten Willen nicht aussehen wie der smarte Ken aus der Barbiepuppenkollektion.

Jedenfalls war ich immer stolz auf meine Geschicklichkeit beim Verabreichen von verhaßten Pillen an Tiere jeglicher Gattung, von einem zahmen Haustier wie der Katze nicht zu reden. Ich weiß, daß viele erstmalige Katzenbesitzer eine tödliche Angst davor haben, ihrer Katze eine Pille verabreichen zu müssen, aber mich als alten Hasen kann so etwas wirklich nicht mehr erschüttern. Nun, es kam der Tag, an dem mein Mowdy ein Medikament schlucken sollte. Mit der Pille in der Hand näherte ich mich ihm, hob mit einer Hand seinen Kopf nach hinten an, legte die Pille zuhinterst auf die Zunge, rieb mit der andern Hand leicht über seine Kehle, während ich ihm das Maul zuhielt und stand sodann, innerlich triumphierend lächelnd, wieder auf, als ich ihn schlucken gehört hatte. Ich stand noch nicht ganz, da hörte ich ein sanftes »Blopp«. Ich sah nach unten, und da lag die Pille fein säuberlich auf dem Boden. Mowdy schaute mit dem süßesten Gesichtsausdruck zu mir auf. »Oh, hat es diesmal nicht geklappt?« sagte ich leicht erstaunt. »Na denn, nochmals von vorn.« Kluge Katzen bringen es immer fertig, daß ich Selbstgespräche führe.

Ich klaubte die Pille auf und kniete wieder neben Mowdy nieder. Er rannte nicht weg, versteckte sich nicht, und ich hatte keine Mühe, wieder seinen Kopf nach hinten zu kippen. Mund auf, Pille hinein, Maul zuhalten, Kehle streicheln und »Schluck« – fort war die Pille. »Blopp« machte es kurz darauf, und die Pille war wieder da. Diesmal hatte er sie mitten auf meinem Fuß gelandet.

«Na, alter Knabe, was ist denn los? Bist du nicht bei der Sache?« sprach ich zu mir selbst, während ich das unterdessen unappetitliche klebrige Häufchen ein weiteres Mal in Mowdys Maul plazierte, Kehle streichelte und wartete, bis ich wußte, daß er geschluckt haben *mußte*. Dieses Mal schaute ich mir sein Maul daraufhin gründlich an – keine Spur von einer Pille. Endlich. Jetzt war mir wieder wohler. »Wär doch gelacht, wenn der alte Kerl mich zum Narren machen könnte«, dachte ich zufrieden.

Eine halbe Stunde später spürte ich Mowdy an meinem Hosenbein herumstreichen. Offenbar wollte er mir etwas sagen, und so stand ich auf und ging herum, damit er mich dorthin führen konnte, wo er mir etwas mitteilen wollte. Er führte mich ins Wohnzimmer und dort, neben unserem Kuschelsessel, lag ein unappetitliches Häufchen formloser Maße. Ich ging näher, um es mir anzusehen, und natürlich: da lag Mowdys Pille! Ich schaute Mowdy an, und wissen Sie, was er tat? Er schaute mir direkt in die Augen und lächelte dazu sein süßestes Lächeln.

War sich Mowdy bewußt, was er tat? Fand er selbst heraus, wie er die Pille in seinem Maul verstecken mußte, damit ich sie nicht sah? Grinste er mich zuletzt wirklich so triumphierend an? Ja, genau! Oder lehrte ich Mowdy, respektive konditionierte ich ihn vielleicht so, daß er diese Situation Schritt für Schritt ausführen konnte? Natürlich nicht! Mowdy, dieser Schlaumeier, dachte sich das alles ganz allein aus.

Mich muß man nicht davon überzeugen, daß Katzen fähig sind, sich etwas auszudenken und Entscheidungen zu treffen, denn ich erlebe dieses Verhalten immer wieder live. Ich kenne Katzen, die gelernt haben, Türen zu öffnen – nicht nur, sie aufzustoßen, nein, sie wirklich zu öffnen, indem sie auf die Türklinke springen. Niemand lehrte sie das, sie merkten einfach durch Beobachten und geschicktes Kombinieren, daß das Aufgehen der Tür mit der Türklinke zu tun hat.

Und so habe ich immer wieder miterlebt, wie Katzen uns Menschen ebenbürtig sind. Katzenhalter wissen jede Menge Geschichten zu erzählen über Katzen, die schlauer waren als sie selbst und immer einen Weg fanden, das zu erreichen, was sie wollten. (Ich weiß, es ist ein bißchen peinlich, wenn man zugeben muß, daß Mizzi uns wieder mal reingelegt hat, aber wir sind hier ja schließlich unter Freunden...). Katzen zeigen wirklich ein erstaunliches Geschick im Manipulieren ihrer menschlichen Freunde. Erzählen Sie mir also nicht mehr, Katzen könnten nicht denken und ihr Verhalten sei eine blosse Frage von Instinkten oder konditionierten Reflexen. Ich glaube Ihnen kein Wort, denn ich *weiß* mittlerweilen, daß Katzen denken können.

2. Über das Reden mit Katzen

Wahrscheinlich sind die meisten von Ihnen einverstanden, wenn ich sage, daß unsere Katzen mit uns reden. Etwas mehr Skepsis kommt wahrscheinlich auf, wenn ich Ihnen sage, daß es ganz wichtig ist, daß auch Sie mit Ihrer Katze reden, weil sie damit die Beziehung zu Ihrem vierbeinigen Freund aufbauen und festigen können.

Ich gebe zu, daß ich mir ein bißchen komisch vorkomme, wenn ich so dasitze und schreibe, daß es völlig in Ordnung ist, wenn Sie mit Ihrer Katze Gespräche führen, aber im Laufe der Jahre habe ich viel Neues im Hinblick auf die Kommunikation mit Katzen gelernt und entwickelt. Die allermeisten dieser Erfahrungen sind für jedermann lernbar und können ganz entscheidend dazu beitragen, die schon bestehenden Kommunikationsmittel zwischen Ihnen und Ihrer Katze zu verfeinern. Wenn Sie also bereits zu denen gehören, die mit Ihrer Katze Gespräche führen und das völlig normal finden, dann sind Sie der richtige Leser, die richtige Leserin für dieses Buch. Und außerdem sind Sie damit in bester Gesellschaft. Meine Laufbahn als Tiererzieher brachte es mit sich, daß ich mit vielen berühmten Leuten zusammenarbeite, die sich allesamt nicht schämen, mit ihren Katzen zu reden. Die schöne Linda Evans spricht ebenso regelmäßig mit ihrer Katze wie Ron Reagan Junior, der Modeschöpfer Oleg Cassini ebenso wie Barbara Bush (bei ihr kommt es auch schon mal vor, daß die Vierbeiner bei ihr im Bett schlafen...). Es sind immer feinfühlige, schöpferische und hochintelligente Menschen, die mit ihren Tieren reden. Wenn Sie also auch dazu gehören, sind Sie wie gesagt in bester illustrer Gesellschaft.

Es gibt sicher immer Tierhalter, die es absurd finden, mit seinen Tieren zu sprechen. Wahrscheinlich brummeln die jetzt gerade: »Und was soll ich zu meiner Katze sagen? Vielleicht 'Hallo Mizzi Liebling, wie war's im Geschäft'?« Falls Sie zu diesen Menschen gehören, bitte ich Sie, jetzt trotzdem dieses Buch nicht wegzulegen. Sie können daraus nämlich lernen, wie Sie eine noch schönere, intimere Beziehung zu Ihrer Katze aufbauen. Lesen Sie also ruhig weiter, und Sie werden sehen, wie positiv ein kleiner »Sprachkurs« Ihr Verhältnis zu Ihrer Katze beeinflußen kann.

Es gibt noch eine weitere Kategorie von Katzenhaltern, die ich besonders ansprechen möchte. Es sind diejenigen Menschen, die zuerst die Tür abschließen, die Vorhänge ziehen und sich vergewissern, daß keiner zuhört, bevor sie eine lebhafte Konversation mit ihrer Katze aufnehmen. Sie würden nie öffentlich zugeben, daß sie mit ihrer Katze sprechen. All denjenigen möchte ich hier zurufen: *Es ist völlig in Ordnung, wenn Sie mit Ihrer Katze reden!* Es ist absolut in Ordnung, und Sie haben völlig recht, wenn Sie es tun und müssen sich deswegen nicht verstecken! Kümmern Sie sich nicht um Leute, die Sie zu verunsichern versuchen und lassen Sie sie ruhig ein wenig spotten. Die Spötter wissen nicht, daß sie etwas Wunderbares im Leben, nämlich die Kommunikation mit Tieren, verpassen. Lassen Sie sich also bitte nicht von solchen Leuten die Freude am Kommunizieren mit Ihrer Katze vermiesen und denken Sie einfach, daß das so normal ist, wie wenn Sie mit Ihren Kindern reden würden.

Ein bißchen Klönen mit der Katz

Vor noch gar nicht allzu langer Zeit galten Leute, die mit Ihrer Katze Gespräche führen, tatsächlich als leicht meschugge, und so gibt es halt auch heute noch Menschen, die etwas konservativ sind und Sie wahrscheinlich noch immer zu den Halbirren zählen, wenn Sie ihrem vierbeinigen Freund von Ihren Problemen erzählen. Dabei gibt es keinen einzigen vernünftigen Grund, weshalb Sie mit Ihrer Katze keine ausgedehnten Gespräche halten sollten. Erzählen Sie ihr ruhig über Gott und die Welt, über die politische Lage oder einfach den neusten Witz, den Sie bei der Arbeit aufgeschnappt haben. Neuere medizinische Studien belegen sogar, daß Leute, die mit ihren Tieren richtige Gespräche führen, gesünder sind. So sehen also jetzt sogar die hartgesottenen, beweissüchtigen Forscher ein, was ich schon lange predige: daß Menschen, die mit ihren Haustieren auch reden, physisch und psychisch stabiler sind.

Wenn Sie mit Mizzi nicht darüber diskutieren mögen, was in der Zeitung stand, so erzählen Sie ihm halt zum Beispiel, welch ein toller Kerl er ist, auch ohne speziellen Grund. Oder vielleicht gehen Sie zusammen spazieren und Sie entdecken etwas Besonderes: Sprechen Sie ruhig zu Mizzi und fordern Sie ihn auf, es sich ebenfalls anzusehen und fragen Sie ihn, was er davon hält. Ja natürlich, die Passanten werden Sie etwas scheel angucken – sehr scheel vielleicht sogar, aber was soll's – , aber Sie haben dafür Mizzis Vokabular erweitert und ihm die Augen geöffnet für das, was rundherum vor sich geht.

Bleiben wir noch einen Moment stehen. Wahrscheinlich haben Sie das über Mizzis Vokabular erweitern zweimal gelesen. Nun, es ist so, daß Katzen einen ziemlich großen Wortschatz lernen können. Glauben Sie ja nicht jenen Fachleuten, die behaupten, Mizzi verstehe im besten Fall zehn oder zwanzig menschliche Wörter. Als Mowdy zu mir kam, kannte er die menschliche Sprache kaum. Heute ist er, nach ein paar Nachhilfestunden, ein kleines Sprachgenie mit einem großen Passivverständnis. Er versteht und beachtet sogar das ungeliebte Wörtchen »komm«, das Katzen ja scheinbar nie lernen können...

Katzen verstehen viel mehr als nur ein paar einzelne Worte, vorausgesetzt, man spricht wirklich mit ihnen. Wenn Sie die Dinge nicht aussprechen, kann Mizzi natürlich auch nichts von Ihnen lernen. Sie sollten so sprechen, daß Mizzi merkt, daß Sie mit ihr reden, dann wird sie sehr viel verstehen lernen, glauben Sie mir. Auch wenn Sie noch ein bißchen skeptisch sind – sicher haben Sie schon erlebt, wie Ihre Katze den Kopf zur Seite neigte und konzentriert auf Ihre Worte lauschte, um herauszufinden, was Sie wohl meinten. Vielleicht gehört Ihre Katze zu denen, die nicht so sehr den Kopf neigen und die Stirn in Falten legen, sondern Sie intensiv anschauen, während Sie ihr von Ihren und der Welt Problemen berichten.

Wie Sie auf Mizzis Sprache eingehen können

Alles, was Sie tun müssen, ist Mizzis Köpfchenneigen oder Starren weiterzuentwickeln. Sprechen Sie sie direkt an, als Katzenpersönlichkeit und nicht einfach als ein Niemand da unten auf dem Fußboden. So wie Sie in den Wald hineinrufen, so tönt es zurück. Wenn Sie intelligente Konversation machen, wird sich Ihre Katze zu einem intelligenten, wachen Zuhörer entwickeln und lernen, Ihnen auf spezielle kätzische Weise zu antworten.

Jede Katze versteht ganz genau, wenn ihr Mensch sich am Morgen unter der Tür liebvolle verabschiedet und sagt: »Sei schön brav und schau gut zum Haus, bis wir wieder zurück sind!« Man sieht es in den Augen der Katze, daß sie versteht, was das heißt. Schließlich ist dieses Ritual das übliche Abschiedsritual, so daß sie nicht fürchten muß, auf immer und ewig verlassen zu werden. Sie weiß, daß Sie wieder nach Hause kommen, weil Sie es ihr gesagt haben. Fast hört man Mizzi antworten: »Alles klar, Ma, Pa. Ich mach das schon. Und daß mir ja keine Maus zu nahe kommt!« Dann wird sie sich wahrscheinlich mit wohligem Gähnen zum Morgennickerchen zusammenkuscheln, glücklich darüber, daß sie über den Lauf der Dinge informiert ist. Sie sind immer noch skeptisch und behaupten, Mizzi könne unmöglich wissen, was Sie ihr genau sagten? Dann nehmen Sie einfach einmal an, daß sie sich auf jeden Fall von Ihrem beruhigenden Tonfall überzeugen ließ und schon deshalb weiß, daß alles in Ordnung ist.

Katzen verstehen sehr vieles

Sehr viele Katzenhalter sagen auf die oben beschriebene Art »Auf Wiedersehen« zu ihrer Katze, wenn sie weggehen. Viele sagen außerdem Gute Nacht, bevor sie schlafen gehen, oder sie fragen Mizzi, ob sie hungrig sei und was denn los sei, wenn sie einmal nicht so gücklich in die Welt blinzelt und wir das Gefühl haben, sie fühle sich nicht wohl. Im Laufe der Zeit lernen unsere Katzen einen gewissen Grundwortschatz unserer Sprache verstehen. Ein Tier, das intelligent genug ist zu merken, wann die Kühlschranktür offen steht, selbst wenn es gerade ein

Stockwerk höher am anderen Ende der Wohnung geschlafen hat, und dann in Sekundenschnelle neben dem Kühlschrank auftaucht, ist sicher auch intelligent genug, um nicht nur ein paar einzelne Worte, sondern auch kompliziertere Wortzusammenhänge richtig interpretieren zu lernen. Die Frage muß anders gestellt werden: Ist der Katze überhaupt daran gelegen, Sie zu verstehen, und wenn ja, will sie Sie wissen lassen, daß sie es versteht? Denn wenn sie einmal zu erkennen gegeben hat, daß sie Sie verstehen kann, gibt es kein Pardon mehr; dann kann sie sich nicht mehr dumm stellen und Ihren Ruf und andere an sie gestellte Aufforderungen einfach ignorieren, kann nicht mehr warten, bis sie laut hörbar die Futterschachtel schütteln, um sie herbeizulocken. Unsere Katzen sind schlau, und sie wissen genau, worauf sie sich einlassen, wenn sie sich entscheiden, unsere Sprache zu verstehen. Darum werden sie sich erst darauf einlassen, wenn wir es ihnen schmackhaft machen und es sich für sie auch lohnt. Viele Eheleute halten es ganz ähnlich: Sie reden kaum mehr miteinander, und die Ehe wird langweilig und träge. Aber soweit würden Sie es sicher nicht kommen lassen. Weshalb sollten Sie es also in der Beziehung zu Ihrer Katze so weit kommen lassen wollen?

Versetzen Sie sich einmal in die Lage Ihrer Katze. Wenn Sie als Katze den ganzen Tag nichts anderes zu hören bekämen als »Mizzi, hier – Puss-Puss-Puss« würden Sie wahrscheinlich auch denken »Was soll das? Reden die zu mir?« Andererseits werden Sie wahre Wunder erleben, wenn Sie Ihre Katze in ein richtiges Gespräch miteinbeziehen. Nur müssen Sie sich mit Geduld wappnen. Wenn eine Beziehung so langweilig geworden ist, daß die Kommunikation zwischen den Partnern praktisch zum Erliegen gekommen ist, braucht es eine Weile, bis der Schaden wieder behoben ist – sei dies in einer Mensch-Mensch- oder einer Mensch-Katze-Beziehung. Je länger der bedauerliche Zustand gedauert hat, je länger dauert es auch, bis wieder etwas Schwung in die Beziehung kommt. Wahrscheinlich braucht es mehr als drei bis vier Wochen; Sie sollten ein paar Monate Geduld haben, dann werden Sie merken, daß Mizzi ihre Trotzhaltung im Stile von »Ich bin doch eine unabhängige, zurückhaltende Katze – was wollt ihr also von mir?« langsam lockert.

Wenn der Durchbruch gelungen ist, werden Sie den Unterschied deutlich daran merken, daß mehr Blickkontakt, mehr Kuscheln, mehr Lautäußerungen vorkommen. Hören Sie gut zu, dann lernen Sie Mizzis Sprache auch verstehen, denn jede Lautäußerung heißt etwas ganz Bestimmtes. Zeigen Sie Mizzi, daß Sie zuhören und interessiert sind, denn auch wenn Sie noch nicht alles verstehen, wird Ihre Katze doch spüren, daß Sie sich bemühen, und das ist das Allerwichtigste. Stellen Sie sich einfach vor, Sie wären in Frankreich, und das einzige Wort Französisch, das Sie können, ist »oui«. Es ist nicht leicht, aber es geht. Sowohl ihre Gesprächspartner wie Sie selbst werden halt so lange radebrechen, bis Sie einander verstanden haben, und mit der Zeit lernen Sie immer mehr von der fremden Sprache. Auch wenn am Anfang nicht jedes Wort sitzt – es findet Kommunikation statt, und das ist es, was zählt. Zwischen Ihnen und Ihrer Katze genauso wie zwischen Ihnen und einem menschlichen Gesprächspartner.

Später, wenn Mizzi soweit ist, daß sie Ihre Sprache schon ganz gut versteht, können Sie sie sogar von anrufen und ihr eine Nachricht auf dem Anrufbeantworter hinterlassen. Sagen Sie ihr zum Beispiel, daß Sie sie vermissen. Sie wird Ihre Stimme hören und verstehen, daß Sie sie lieben. Ich tue das oft, wenn ich Mowdy und seinen Hundefreund Tige allein zu Hause lassen muß.

Wenn Sie nicht regelmäßig mit Mizzi reden, kann sie Ihre Sprache nicht lernen, und wenn Sie sich nicht immer wieder Mühe geben, auf Ihre Katze zu hören, können auch Sie ihre Sprache nicht lernen. Denken Sie an Frankreich – *oui, oui*!

Katzensprachkurs Teil 1: So spricht Mizzi

Man braucht nicht über besondere Fähigkeiten zu verfügen, um verstehen zu lernen, was uns die Katze mitteilen will. Ich bin überzeugt, daß jeder genügend motivierte Katzenhalter lernen kann, wie Mizzi spricht und was sie sagt. Das ist gar kein Hexenwerk, und Sie müssen dazu auch nicht mit einem siebten Sinn ausgestattet sein oder ins Katzenhirn hineinschauen können; Sie müssen nur lernen, die Katzensprache in die Menschensprache zu übersetzen. Bevor ich weiterfahre, möchte ich hier schnell etwas für die Skeptiker anfügen, die nicht so recht daran glauben, daß Mizzi mit uns sprechen kann.

Mizzis Körpersprache sagt viel über ihre momentane Stimmung aus
(© *Karen Tweedy Holmes*, *Animals Animals*)

Eines der schönsten Beispiele für die Katzensprache läuft allerdings auf der nonverbalen Ebene ab. Es ist ein ganz bestimmter Blick von Mizzi, den die meisten Katzenbesitzer kennen und auch ohne meine Hilfe richtig interpretieren werden. Dieser Blick kommt immer dann in Aktion, wenn von Mizzi etwas verlangt wird, was ihr nicht paßt. Als erstes streckt uns Mizzi die Kehrseite entgegen; der Anstand verbietet mir, diese

Geste zu übersetzen, aber ich glaube, sie spricht für sich. Jedermann kann sich vorstellen, was es heißt, wenn unsere Katze sich taub stellt und uns das Hinterteil präsentiert. Als nächstes folgt wahrscheinlich ein vielsagender Blick in unsere Richtung, der schmeichelt: »Oo-oo-ch duu, das kann doch nicht dein Ernst sein?!« Das ist deutlich und von jedem Katzenhalter zu verstehen: Mizzi hat gesprochen, und Mizzi hat »Nein!« gesagt.

Der Mensch glaubte lange Zeit, daß nur er eine Sprache spräche, die andere lernen können und daß er allein zum Kommunizieren befähigt sei. Nichts ist vermessener als das. In letzter Zeit wurde intensiv auf dem Gebiet zum Beispiel der Delphin- und Tümmlersprache oder derjenigen der Gorillas geforscht. Ich glaube, daß sozusagen alle Tiere eine eigene Sprache haben, und natürlich auch unsere hochintelligenten Katzen. Diese Katzensprache zu verstehen kann der Beziehung zwischen Ihnen und der geliebten Mizzi zu neuen Höhenflügen verhelfen.

Leute, die die Katzensprache lernen wollen, dürfen nicht vergessen, daß diese nicht nur aus verbal geäußerten Lauten besteht, sondern ebenso sehr aus Botschaften mit Hilfe der Körpersprache.

Jede Firma, die etwas auf sich hält, bietet heute Kurse zum besseren Verstehen der menschlichen Körpersprache an, denn je besser wir verstehen und sehen, was der andere uns wirklich mitteilen will, desto erfolgreicher sind wir sowohl im beruflichen wie im privaten Leben. Da geht es um Fragen wie: Nimmt mein Gesprächspartner festen Blickkontakt mit mir auf oder schweifen seine Augen unruhig umher? Was heißt es, wenn sich mein Gesprächspartner am Kopf kratzt, sich in den Sessel fläzt, mit hochgezogenen Schultern herumläuft, sich unter den Blicken der anderen förmlich windet? Solche und ähnliche Signale sagen viel aus über unseren Gesprächspartner, sei es auf beruflicher oder privater Ebene.

Getreu meiner alten Überzeugung, daß wir Menschen uns nicht so furchtbar stark von anderen Tieren unterscheiden, sehe ich natürlich auch bei anderen Tieren und somit bei der

Katze eine solche Körpersprache. Bei Tieren spielt die Körpersprache sogar noch eine wichtigere Rolle als beim Menschen, und Katzen unter sich oder in freier Wildbahn sind darauf angewiesen, daß sie mittels Körpersprache kommunizieren können. Die Signale, die eine andere Katze oder sonst ein Tier ihnen mittels Körpersprache zukommen läßt, informiert sie nämlich u.a. darüber, ob sie es mit Freund oder Feind zu tun haben. Mit der Körpersprache teilen die Katzen ihren Artgenossen also mit, was sie gerade im Sinn haben oder wie sie gelaunt sind.

Katzen gehen bei der Körpersprache sogar noch einen Schritt weiter. Sie beobachten nämlich uns Menschen sehr genau. Falls zum Beispiel Ihre sonst durchaus umgängliche Katze auf jemanden äußerst negativ reagiert, empfiehlt es sich, diesen Menschen ein bißchen genauer unter die Lupe zu nehmen. Ich möchte wetten, daß Mizzi in den allermeisten Fällen recht hat. Wie oft habe ich erlebt, daß Leute eine hinterhältige Einstellung hinter netten Worten zu verbergen versuchten; meinen Mowdy konnten sie damit nie narren – er scheint direkt ins Herz der Menschen hineinsehen zu können.

Bei alldem muß man sich bewußt sein, daß jede Katze ihre ureigene Sprache entwickelt hat. In den Grundzügen wird sie zwar mit der allgemeinen Katzensprache übereinstimmen, zu dieser Basis kommt dann aber eine individuelle Tönung, ein »regionaler Dialekt«.

Vielleicht mache ich am besten an der menschlichen Sprache deutlich, was ich damit meine. Zum Beispiel kann der Ausdruck: »Oh, toll« ganz verschiedene Bedeutungen haben, je nachdem, wer es sagt und unter welchen Umständen. Das »toll« kann aufrichtig begeistert gemeint sein oder aber eine ironische oder gar zynische Färbung haben.

Und so haben auch die Katzen oftmals ihre eigene Art, sich auszudrücken. Ich meine damit natürlich nicht, daß eine Nordsee-Katze zackig »miau-tach!« sagt und eine bayrische »miauu-Grüaß-Gott«, sondern daß unsere Katzen sich in der Art, wie sie sich geben und mitteilen, zu einem großen Teil ihrer menschlichen Umgebung anpassen. So kommunizieren zum Beispiel Menschen *und* Katzen, die in heißen Klimazonen leben, eher ruhiger als solche aus kalten Zonen. Ihre Körpersprache ist zurückhaltender, und sogar ihre Lautäußerungen sind manchmal verzögert. Katzen aus warmen Gegenden gehen also – genau wie ihre Menschen – im großen und ganzen entspannter, ruhiger durchs Leben als andere. Es ist schlichtweg zu heiß, um geistig und körperlich schnell zu reagieren. Das andere Extrem sind Katzen aus kühl gelegenen Großstädten; die tiefen Temperaturen und das hektische Stadtleben lassen es nicht zu, daß man sich allzu viel Zeit nimmt, um zu reagieren. Während eine Katze aus einer heißen Gegend vielleicht gemächlich zu Ihnen geschlendert kommt, um langsam auf ihre Essenszeit aufmerksam zu machen, wirft eine spritzige Stadtkatze vielleicht alles um, was ihr im Weg steht, wenn sie zu Ihnen gespurtet kommt und Sie dringend wissen läßt, daß es höchste Zeit für den nächsten Snack sei... Irgendwo zwischen diesen zwei Beispielen liegt die Bauernhofkatze, die ihre Sprache dank der Vielfalt ihrer Umgebung und Kommunikationspartner bereichern und verfeinern kann.

Die Katzensprache besteht somit aus zwei Formen; um Ihre Katze wirklich verstehen zu können, sollten Sie sowohl Mizzis nonverbale wie die verbale Sprache fließend beherrschen. Als kleine Lernhilfe habe ich hier ein paar einfach zu befolgende Ratschläge aufgeschrieben. Wenn Sie eine Weile geübt haben, werden Sie merken, daß Sie verstehen, was Mizzi Ihnen sagen will und auch wissen, wie Sie ihr antworten können. Die Kommunikation mit Ihrer Katze ist erlernbar – Sie müssen sich nur an die folgenden Regeln halten.

Katzensprachkurs Teil 2: Das Schnurren

In Sachen Schnurren kann man mir nichts vormachen – Mowdy hat es darin zu unübertroffener Meisterschaft gebracht, vom kaum hörbaren, sanft-süßen Schnurren bis zum Geschnurr, das in seiner Intensität alles vibrieren läßt, einschließlich unserem Trommelfell. Wenn Mowdy schnurren will, dann schnurrt er – und wie!

Das Geräusch des Schnurrens kennt sicher jeder Katzenbesitzer. Aber wie andere »typisch kätzische« Merkmale auch, ist das Schnurren ein komplexerer Vorgang als man denkt. Die Frage, wie Katzen schnurren und weshalb sie schnurren, beschäftigt Katzenliebhaber heute genauso wie vor Jahrzehnten. Einmal mehr müssen wir eingestehen, daß Mizzi und ihre Verwandten uns Rätsel aufgeben.

Weshalb schnurrt Mizzi?
Darüber gibt es so viele Theorien, daß viele Leute sich eine eigene Erklärung für das Schnurren der Katzen zusammengebastelt haben, die nicht mit der meinigen übereinstimmen muß. Ich habe mich im Laufe der Zeit mit jeder möglichen und unmöglichen Theorie über dieses Phänomen beschäftigt, aber Katzen sind wie gesagt so komplexe Kreaturen, daß ich mir immer wieder sagen muß: »Was ich von ihnen zu wissen glaube, ist wahrscheinlich nicht der Weisheit letzter Schluß.« Trotzdem – hier einmal eine kleine Aufzählung der Gründe, die Anlaß zum Schnurren sein können:
– Eine schnurrende Katze ist glücklich;
– eine schnurrende Katze schnarcht;
– eine schnurrende Katze ist unter Umständen unglücklich;
– eine schnurrende Katze ist freundlich gestimmt;
– eine schnurrende Katze genießt Ihre
  Zuneigung;
– eine schnurrende Katze hat Angst;
– eine schnurrende Mutterkatze beruhigt mit den Vibrationen
  des Schnurrens ihre neu geborenen Kätzchen, die, blind und
  fast taub, sich mit dem Tastsinn daran orientieren können;
– eine schnurrende Mutterkatze läßt ihre Kleinen wissen, daß
  sie sie jetzt säugen kann oder daß alles in Ordnung ist,
  während sie sie säugt;
– ein schnurrendes Jungkätzchen teilt seiner Mutter mit, daß
  alles in Ordnung ist und es genug Milch bekommt;
– eine schnurrende Katze kann Schmerzen haben;
– eine schnurrende Katze stimmt sich mit dem beruhigenden
  Geräusch auf den Schlaf ein;

– eine schnurrende Katze fühlt sich rundherum wohl.
Aber wie gesagt – es gibt wahrscheinlich noch viel mehr
Gründe, die eine Katze zum Schnurren veranlassen.

Meine eigene Schnurr-Theorie
Während jeder Experte seine eigene Erklärung dafür hat, weshalb Mizzi schnurrt, habe ich gleich mehrere, d.h. ich glaube, daß die verschiedensten Gründe Anlaß zum Schnurren sein können. In Kombination mit anderen Faktoren und Ereignissen, die zu einem bestimmten Zeitpunkt gerade aktuell sind, kann das Schnurren ein zusätzlicher Indikator für Mizzis Befinden und Absichten sein.

Ich bestreite zwar nicht, daß Katzen auch unter Schmerzen, Angst oder in ähnlich belastenden Situationen schnurren, möchte es aber nicht auf solche negativen Faktoren beschränken, wie das einige Experten tun. Ich glaube im Gegenteil, daß eine schnurrende Katze im allgemeinen eine glückliche Katze und in Harmonie mit ihrer Umgebung ist. Weiter glaube ich an alle Schnurr-Theorien bezüglich der Mutter-Kind-Beziehung, denn die Natur hat die Mutterkatzen hervorragend ausgerüstet, damit sie mit ihren Jungen kommunizieren können. Ich bin auch überzeugt, daß uns die Katze mit ihrem Schnurren bedeuten will, daß zwischen ihr und uns alles in Ordnung ist. Wenn Sie hier skeptisch sind, dann lesen Sie folgende Geschichte:
Cheryl Tiegs, eine der verantwortungsbewußtesten Tierhalterinnen, die ich kenne, gehört zu meinem Kundenstamm. Die folgende Geschichte betrifft allerdings nicht eigentlich Cheryl, sondern ihre langjährige Mitarbeiterin Barbara Shapiro. Wenn ich mit Cheryl und ihren Tieren arbeitete, war Barbara normalerweise auch in der Nähe, und sie machte nie ein Geheimnis daraus, daß sie nicht unbedingt zu den großen Tierfreunden zählt. Nicht, daß sie Tiere nicht mochte, aber sie hatte einfach weder Zeit noch Lust, sich eingehender damit zu befassen. Ich fühlte, daß es wahrscheinlich nur eine Frage der Zeit wäre, bis Barbara von Cheryl und mir »konvertiert« wäre, und machte mir deshalb keine weiteren Gedanken über ihre Einstellung zu Tieren.
Eines schönen Tages aber rief mich Barbara im Büro an:

»Stellen Sie sich vor«, rief sie aufgeregt in den Hörer, »ich habe ein Kätzchen bekommen!« Und schon erzählte sie mir die schönsten Geschichten über ihren neuen Liebling. »Nie hätte ich gedacht, daß eine Katze mir so viel geben könnte«, sagte sie. Tja, eine weitere Seele war gewonnen, mein Auftrag erfolgreich erledigt.

Aber die Geschichte geht noch weiter. Kurz darauf kam ein zweiter Anruf von Barbara: »Stellen Sie sich vor, ich habe noch zwei weitere Kätzchen, und sie sind alle einfach süß!« Ich war wirklich beeindruckt.

Nachdem Barbara schon eine herzliche Beziehung zu ihren drei Kätzchen hatte, geschah etwas, das diese Beziehung noch ganz besonders intensiv werden ließ. An jenem Tag war sie traurig, weil sie schlechte Nachrichten von Freunden erhalten hatte, und zudem war sie erschöpft und überarbeitet. Sie ging an diesem Abend also früh zu Bett, und bevor sie sich umdrehen konnte, war sie auch schon von den drei Kätzchen umschwärmt. Es war das erste Mal, daß die drei alle zusammen zu ihr ins Bett kamen, auf ihr herumtollten und sich dann alle ganz nah zu ihr hinlegten und schnurrten, was das Zeug hielt, so, als wüßten sie, daß Barbara Trost brauchte.

»Wie konnten sie nur wissen, daß es mir schlecht ging?«, fragte sie mich, »und weshalb schnurrten sie so ausgiebig?« Aber im Grunde ihres Herzens wußte sie die Antwort selbst. Katzen sind nicht einfach Tiere, die mit uns Haus und Garten teilen, sie sind liebevolle, fürsorgliche Freunde. Die drei jungen Katzen spürten, daß Barbara traurig war, legten sich zu ihr hin und wollten ihr mit ihrem Schnurren sagen, daß zwar vielleicht draußen in der Welt nicht alles zum Besten stand, daß aber drinnen, im Kreis der »Familie«, alles in Ordnung war. Die drei Kätzchen schnurrten extra für Barbara und gaben ihr damit das Gefühl von Nähe und Geborgenheit, gerade dann, als sie es am nötigsten brauchte.

Wie das Schnurren erzeugt wird
Auch darüber herrscht große Uneinigkeit. Wahrscheinlich wurde und wird über das Zustandekommen des Schnurrgeräu-

sches schon mehr gestritten als über sonst eine Frage in bezug auf Katzen. Es haben sich aber drei hauptsächliche Theorien herauskristallisiert:

– *Unechte Stimmbänder*: Katzen haben neben den echten Stimmbändern auch solche, die umgangssprachlich als unechte, falsche Stimmbänder bezeichnet werden. Beim Atmen schwingen die falschen Stimmbänder gegeneinander, was manche Fachleute zur Annahme verleitet hat, daß diese Reibung den Schnurrton und die Vibration erzeuge;

– *Muskelkontraktionen*: Einige der Kehlkopfmuskeln ziehen sich zusammen und erzeugen so einen Druck, der mit dem Schnurren abgelassen wird;

– *Blutturbulenzen*: Beim Durchgang des Blutes durch die großen Herzvenen wird es aufgewirbelt, am meisten dann, wenn es die Hauptvene in der Brustregion passiert, die sich dabei zusammenzieht.

Diese Blutturbulenzen sollen nun das rauschende, grummelnde Geräusch erzeugen, welches durch das Zwerchfell verstärkt wird. Manche Fachleute behaupten, daß dieses Blutgeräusch nach dem Durchgang durch die Atemwege und die Sinushöhlen zu dem von uns wahrgenommenen Schnurrgeräusch wird.

Einige Experten gehen noch weiter und glauben, daß eine Katze, die sich zusammenrollt oder einen Buckel macht, diese Blutturbulenzen verstärkt und damit auch das Schnurrgeräusch.

Andere wiederum meinen, daß die Blutturbulenzen und damit das Schnurren dann verstärkt werden, wenn die Katze gefühlsmäßig »aufgewühlt« wird.

Ich glaube, daß das Schnurren sehr wohl mit Gefühlen zu tun hat. Welche der obigen Theorien – oder womöglich eine weitere Theorie – auch zutrifft, ich glaube, daß das Schnurren grundsätzlich auf etwas zurückzuführen ist, was jeder Katzenliebhaber weiß und was keine Experten bestätigen müssen: daß nämlich die Katze ein intelligentes Wesen mit vielerlei Gefühlsregungen ist, und daß sie mit dem Schnurren viele dieser Gefühle ausdrückt.

Katzensprachkurs Teil 3:
Andere Lautäußerungen

Katzen sind ganz verschieden in der Art: Da gibt es den harten, schweigsamen Typ à la Sylvester Stallone, und daneben muntere, lebhafte Plappermäuler wie Joan Rivers. Manch ein Katzenbesitzer würde alles tun, um eine etwas konversationsfreudigere Katze zu bekommen, andere würden Hab und Gut hergeben, wenn nur Mizzi mal einen Moment den Mund halten würde. Sie kennen das sicher – was Hänschen hat, das will er nicht, und was er will, das hat er nicht...

Die Redefreudigkeit einer Katze wird von verschiedenen Elementen beeinflußt. Es kann genetische Ursachen haben, wie zum Beispiel bei den Siamesen, die von alters her als besonders geschwätzig und lebhaft gelten. Es kann auch ein Umweltfaktor bestimmend gewesen sein, wie z.B. eine schwatzhafte Katzenmutter, die ihre Jungen zu wahren Konversationskünstlern herangezogen hat. Andere gesprächsfreudige Katzen wurden vielleicht von ihren Besitzern ermutigt, die sich besondere Mühe gaben, die Katzensprache in all ihren Feinheiten zu verstehen und zu pflegen. Falls die Redefreudigkeit oder Mundfaulheit Ihrer Katze genetisch bedingt oder von klein an durch die Mutterkatze vermittelt wurde, können Sie nicht mehr viel daran ändern. Falls Sie aber gerne eine etwas lebhaftere Gesprächspartnerin in Ihrer Katze hätten, können Sie dazu beitragen, indem Sie die Grundlagen der Katzensprache erlernen und Mizzi ermutigen, sich öfter mal laut zu äußern.

Die hohe Kunst des Katzenschwatzes

Wenn Sie selbst die Katzensprache anwenden, können Sie mit Mizzi richtige Gespräche führen. Probieren Sie einmal ein paar verschiedene »Miaus« aus und finden Sie heraus, auf welche Ihre Katze am besten anspricht. Wenn die Verbindung mit Hilfe solcher Miaus hergestellt ist, müssen Sie als nächstes herausfinden, was die verschiedenen Miau-Laute bedeuten. Am besten geht das, indem Sie eines der Miaus, das Ihre Katze in einer bestimmten Situation braucht, nachmachen. Nach einer Weile wird Mizzi sicher darauf reagieren und merken, was Sie meinen, und Sie werden immer besser in der Katzensprache.

Mit Katzen, die – wie meine – Blickkontakt gewöhnt sind, kann die Konversation dadurch noch erheblich intensiviert werden. Mizzi und Sie können sich dann sehr gezielt und prägnant einander mitteilen, auch wenn Sie beide sich gerade in entgegengesetzten Ecken eines Raumes aufhalten. Ich wette, daß Mizzi diese Art von Kommunikation so sehr schätzen lernt, daß er mit der Zeit von sich aus zu Ihnen herüber gesprungen kommt, um auf Ihrem Schoß mit Ihnen weiterzuplaudern!

»Miau« und »Miu« in Menschensprache übersetzt

Die Katzensprache besteht aus ganz verschiedenen Arten von »Miaus«, und meistens bedeuten die verschiedenen Intonationen auch verschiedene Dinge.

Ein Miau kann laut und fordernd klingen, etwa wenn Ihr Liebling wissen möchte, wann sie endlich, unter anderem, mit dem Mittagessen rechnen kann.

Ein Miau kann andererseits ganz zart und süß klingen – mehr wie ein »Miuu«. Diese Spielart ist meistens zu hören, wenn Mizzi etwas will, wovon er weiß, daß er es eigentlich nicht bekommen kann, wie z.B. ein Häppchen von Ihrem Essen, obschon Mizzi soeben selbst gespeist hat. Diese zarten »Mius« sind eigentlich unvollständige, abgewandelte »Miaus« und oftmals Überreste aus Säuglingszeiten. Ich habe das Gefühl, daß unsere Katzen diese herzerweichenden Töne eigens erfunden haben, um damit unser Herz zu erobern und die Erfüllung aller möglichen Wünsche von uns zu erpressen. Denn wer könnte schon einem kaum hörbaren, bescheidenen feinen »Miu?« widerstehen? Mein Mowdy z.B. beherrscht seine »Mius« meisterhaft. Ich zweifle keinen Augenblick daran, daß er die hohe Kunst des Miaus an der Schauspielschule gelernt hat, und ich versichere Ihnen, Clark Gable und Sir Laurence Olivier hätten noch einiges von dieser Katze lernen können!

Das andere Extrem in der Miau-Skala ist ein Miau, das schon fast als Heuler bezeichnet werden muß, meist dann zu hören, wenn Mizzi Schmerzen hat oder sonst etwas nicht stimmt oder wenn er mit Nachdruck sagen will: »Zum Teufel mit dem, was du gerade tust, ich will hier und *jetzt*, daß du dich *mir* zuwendest!« Ganz clevere Katzen greifen manchmal als letztes Mittel zum Heuler, wenn ein normales »Miau!« nichts gefruchtet hat. So oder so kann man ein »Jauu!« nicht ignorieren, und oftmals signalisiert es wirklich eine Notlage. Beachten Sie deshalb Mizzis Heul-Miau immer, um sicherzustellen, daß ihr nichts fehlt.

Die Sprache einer fauchenden, spuckenden Katze ist unmißverständlich!
(Ewing Galloway)

• *Das Kampf-Kreischen.* Jeder, der schon einmal um drei Uhr morgens von sich zankenden Katzen geweckt wurde, weiß, wie schauerlich das Gekreische von wütenden Katzen tönt. Das hat durchaus seinen Sinn, denn eine dermaßen stimmgewaltige Katze muß wahrscheinlich weniger oft »handgreiflich« werden, sondern kann den Gegner schon mit dem Kreischen und Imponieren allein verjagen. Auch scheint das Kreischen für das betreffende Tier einen aufpeitschenden, ermutigenden Effekt zu haben, ähnlich wie das Schreien bei manchen asiatischen Kampfsportarten.

• *Fauchen.* Eine fauchende und speiende Katze ist nicht mißzuverstehen. Eine Katze in diesem Zustand meint es ernst, und dann ziehen Sie sich besser zurück. Das Fauchen ist ihr Sprachmittel, um jedem anderen Tier unmißverständlich mitzuteilen, daß Mizzi es mit jedem aufnimmt, der sie nicht in Ruhe läßt. Es gibt einige Fachleute, die glauben, die Katzen hätten das Fauchen von den Schlange gelernt, dem Tier, vor dem die meisten anderen gehörigen Respekt haben. Ich persönlich glaube allerdings kaum, daß Katzen es nötig hatten, Schlangen zu imitieren, sondern daß sie ihr eigenes Warnsystem entwickelt haben.

• *Verschiedene Zwischentöne.* Miaus jeder Tonlage und Lautstärke werden eingesetzt, um die verschiedensten Dinge auszusagen, wobei jede Katze ihren individuellen »Dialekt» entwickelt. Sie kann damit ausdrücken, daß sie Hunger hat, daß sie rundum zufrieden ist, daß sie herein- oder hinausgelassen werden möchte usw.

Wenn Sie sorgfältig hinhören, werden Sie die verschiedenen Bedeutungen bald herausgefunden haben.

Tonbandaufnahmen von Mizzis Miaus
Ganz verrückten Katzenliebhabern wie mir macht es Spaß, Mizzis Lautäußerungen auf Tonband aufzunehmen und sich dazu Notizen zu machen, was zur Zeit gerade los war und was Mizzi wohl sagen wollte. Das Vergleichen von verschiedenen Aufnahmen macht nicht nur Spaß, sondern kann auch sehr aufschlußreich sein. Man hört dann z.B., daß bestimmte »Miaus«, die zwar zu verschiedenen Zeiten, aber in ähnlichen Situationen aufgenommen wurden, fast gleich tönen und daß man die Aussage in etwa richtig erraten hatte. In einem anderen Fall merkt man vielleicht, wie daneben man war mit der Annahme, zwei Miaus hätten sehr ähnlich geklungen, wenn man sie auf dem Tonband vergleicht und hört, daß sie eben gerade nicht ähnlich klingen. Durch solche Fehlinterpretationen kann man viel lernen

und seine Kenntnisse in Kätzisch verbessern. Jedenfalls ist das Ganze ein wunderbarer, sinnvoller Zeitvertreib. Wenn Sie außerdem bedenken, wie viele Jahre Sie und Mizzi wahrscheinlich zusammen verbringen werden, scheint die Idee gar nicht mehr so verrückt, denn jedes Mittel, das zum besseren gegenseitigen Verständnis beiträgt, ist es wert, ausprobiert zu werden.

• Hören Sie genau hin. Katzenbesitzer mit einem durchschnittlichen Interesse an ihrer Katze werden sich wahrscheinlich damit zufrieden geben, Ihre Katze verstehen zu können. Die ganz angefressenen Katzenliebhaber gehen aber noch weiter und finden, daß es nichts als recht ist, wenn sie Mizzi manchmal auch in deren eigener Sprache antworten. Um Mizzis Wortschatz an menschlichen Wörtern zu vergrößern, ist es natürlich gut und richtig, daß Sie viel in *Ihrer* Sprache mit Mizzi reden. Möchten Sie aber die Konversation mit Mizzi zu höchster Blüte treiben, sollten Sie unbedingt auch von Zeit zu Zeit in *Mizzis* Sprache mit ihr sprechen. Sie werden sehen, wie ihre Augen vor Freude funkeln...

Teilen Sie sich die beiden Aufgaben schön halbe-halbe: Mizzi lernt Menschenwörter, Sie bemühen sich dafür, auch ihre Sprache zu erlernen.

Tonbandaufnahmen von Ihrer eigenen Stimme
Wenn Sie es in Kätzisch zur Perfektion bringen wollen, können Sie Ihre verschiedenen Miau- und Mau-Übungen wie im Sprachlabor aufzeichnen.

Am Anfang klingen Ihre »Miuus« vielleicht noch nicht so vollkommen, aber keine Angst – das kommt mit der Übung. Wenn Sie besser geworden sind, wird auch Mizzi mehr Interesse zeigen und eines Tages, wenn Sie ein perfektes »Maauu« zustandebringen, wird sie sicher neugierig angerannt kommen. Wenn Sie dabei verbal mit Ihnen Kontakt aufnimmt, können Sie gleich versuchen, ihr in ihrer Sprache zu antworten, und im Handumdrehen werden Sie beide in ein eifriges Katzengespräch vertieft sein! Sie brauchen übrigens keine Hemmungen betreffend Aussprache- und Grammatikfehlern zu haben – Katzen sind sehr nachsichtig!

Körpersprache

Wie gesagt ist die Körpersprache ein ganz bedeutender Teil der Katzenkommunikation. Eine Katze hält ihren Schwanz nicht nur zufällig in einer bestimmten Position und hält den Kopf beim Horchen nicht nur zum Vergnügen schief. Eine Katze kann Sie schon mit ihrer Körperhaltung so erweichen, daß Ihr Herz schmilzt wie Butter an der Sonne; sie kann aber auch einen so furchterregenden Anblick bieten, daß sogar ein Arnold Schwarzenegger das Fürchten lernt.

Katzen teilen uns also durch ihre Körperhaltung eine Menge mit, ihr körperlicher Ausdruck birgt einen wahren Schatz an Informationen über ihr Befinden und ihre Absichten. Um Mizzi wirklich zu verstehen, ist es wichtig, daß Sie auch mit dieser Körpersprache vertraut sind. Nehmen wir einmal Charlie als Beispiel:

Kater Charlie gehörte jemandem, der leider keine Ahnung hatte von Katzensprache, ja, die Besitzerin war sich nicht einmal bewußt, daß Charlie immer wieder versuchte, mit ihr mittels Körpersprache zu kommunizieren, was typisch ist für das oft überhebliche Verhalten des Menschen den Tieren gegenüber. Charlie allerdings wußte sich zu helfen.

Charlies Besitzerin brachte einen neuen Freund nach Hause, und Charlie mochte den Mann überhaupt nicht. Zuerst stand der Kater einfach unbeweglich da, starrte böse und machte den Schwanz dick. Nach einigen Wochen machte Charlies Verhalten Fortschritte – oder Rückschritte, je nachdem, wie man die Sache betrachtet –, und er fing an, dem Mann jeweils beim Vorbeigehen heimlich eins auszuwischen. Dann, eines Tages, die offene Kriegserklärung: Charlie pinkelt in des fremden Mannes Schuh. Nichtsahnend schlüpfte dieser beim Weggehen in seinen exklusiven, superweichen Luxusschuh italienischer Provenienz – und landete prompt in einer Lache Katerurin. Charlies Besitzerin fand die Sache ziemlich amüsant, aber ihr Freund war zutiefst beleidigt. Je mehr sie lachte, desto wütender wurde er, und schließlich jagte er Charlie tropfenden Fußes durch die ganze Wohnung, wobei er auf den blank polierten Fußböden feuchte Spuren hinterließ... Natürlich erwischte er die flinke Katze nicht, was ihn so in Rage brachte, daß er anfing, mit einem Schirm nach Charlie zu schlagen. Der Frau wurde es langsam mulmig und sie versuchte, sich dazwischen zu werfen und ihren Freund zu beruhigen. Der aber griff jetzt seine Freundin an und warf sie zu Boden. Es dauerte keine Sekunde, bis Charlie zur Stelle war und dem Kerl auf den Rücken sprang, von wo er seine Krallen zuerst in den Hinterkopf und dann auch die Wangen und den Hals seines Feindes grub. Der Mann konnte sich befreien und gab Fersengeld; immer noch mit nur einem Schuh an den Füßen, floh er aus der Wohnung und hinterließ im Treppenhaus weitere feuchte Fußspuren und eine Blutspur von seinem zerkratzten Gesicht.

Nachdem sich Charlies Besitzerin ein wenig von dem Schock erholt hatte, mußte sie einsehen, daß die Schuld nicht bei Charlie zu suchen war. Ganz im Gegenteil: Die Katze hatte im Gegensatz zu ihrer Besitzerin gespürt, daß mit diesem Menschen etwas nicht stimmte, und als es zur Auseinandersetzung kam, bewies der Mann eindeutig seinen zweifelhaften Charakter.

Charlie hatte sein Mißtrauen und Mißbehagen bezüglich dieses Menschen mit Hilfe von Körpersprache mitzuteilen versucht, indem er den Mann zuerst wochenlang böse angestarrt hatte und dann mit Hieben und schließlich der Pfütze im Schuh »handgreiflich« geworden war. Charlie hatte sich also sehr klar ausgedrückt, aber seine Besitzerin hatte nicht darauf reagiert. Hätte sie besser auf ihre Katze geachtet, hätte sie erkennen können, daß mit dem Mann wahrscheinlich etwas nicht stimmte.

Ich persönlich achte sehr sorgfältig auf die Zeichen, die mir Tiere mit Hilfe ihrer Körpersprache geben. Diejenigen unter Ihnen, die skeptisch sind, sollen einmal folgendes bedenken: Wenn Ihre sonst umgängliche, freundliche Katze plötzlich eindeutig negativ auf eine bestimmte Person reagiert, ist es höchste Zeit, die Situation und die Person gründlicher unter die Lupe zu nehmen. Katzen sind betreffend der Einschätzung eines Menschen und seines Verhaltens absolut unbestechlich. In freier Wildbahn hilft ihnen das richtige Einschätzen anderer Tiere zu überleben. Diese feine Beobachtungsgabe sollte man nicht unterschätzen und Mizzis Verhalten nicht einfach ignorieren, denn nur zu oft stellt sich heraus, daß sie völlig recht hatte bei der Einschätzung eines bestimmten Menschen.

Wie konnte ich wissen, daß Mizzi Zahnschmerzen hat?

Wenn Sie Ihre Katze gut kennen und ihre Körpersprache in gesunden Zeiten sorgfältig beobachtet haben, werden Sie auch leicht bemerken, wenn mit Mizzi etwas nicht stimmt. Wenn Sie Mizzis Verhalten und Körpersprache bei Krankheit mit dem Verhalten in gesunden Zeiten vergleichen, sehen Sie auch ohne große Fachkenntnisse, daß etwas los ist.

Die Art und Weise, wie eine Katze einen Körperteil bewegt oder hält (oder eben nicht mehr bewegt) sagt viel aus über ihr Befinden oder ihre Absichten. Da aber jede Katze ein Individuum ist, muß jeder Katzenhalter seine Katze gut kennen und beobachten; die folgenden Ratschläge sollen dabei eine ergänzende Hilfe sein.

Die Augen

Wenn ich mit einem Tier arbeite, sagen mir seine Augen mehr als als alles andere, denn sie sind die Spiegel der Seele. Ein aufmerksamer Blick in die Augen Ihres Gegenübers wird Ihnen immer deutlichere Informationen liefern als alle andere Signale zusammen, sei dieses Gegenüber nun ein Geschäftspartner, ein wilder Löwe, ein sanftmütiger Menschenaffe oder eben die eigene Hauskatze. Wenn Sie das Verhalten Ihrer Katze einschätzen wollen, kann ein Blick in ihre Augen Ihnen sehr deutlich sagen, was die Katze als nächstes im Sinn hat.

• *Weit offene Augen.* Offensichtlich ist Mizzi hellwach, die Sinne geschärft. Achten Sie auf den Unterschied zwischen entspannt geöffneten Augen und unnatürlich weit aufgerissenen Augen mit einem unguten Glimmern darin. Das Glimmern läßt nichts Gutes ahnen, und wenn Sie es rechtzeitig feststellen, können Sie Ihren kleinen Schlaumeier vielleicht noch rechtzeitig von etwas Dummem abhalten.

• *Halbgeschlossene Augen.* Mizzi ist entspannt, wahrscheinlich driftet sie gerade zwischen Traum und Schlaf. Wenn Mizzi auf Ihrem Schoß so entspannt vor sich hindöst, ist das auch ein Zeichen von Vertrauen. Halbgeschlossene Augen aus anderen

(Melanie Neer)

Gründen können aber ein Anzeichen für Krankheit und Schmerzen sein. Wenn Mizzi sich nicht wohlfühlt, hat er keine glänzenden, wachen Augen, und der ganze Körper scheint in sich zusammenzusacken.

• *Geschlossene Augen*. Mizzi schläft den Schlaf des Gerechten oder ist kurz vor dem Einschlafen. Wenn er in ihrer Nähe oder sogar auf ihrem Schoß einschläft, zeigt er einen hohen Grad von Vertrauen Ihnen gegenüber. Mizzi scheint zu wissen, daß er bei Ihnen sicher ist.

• *Schnarchen und geschlossene Augen*. Was soll ich dazu sagen? Sie sind ein Glückspilz – Mizzi ist vollkommen entspannt. Fehlt nur noch die Watte in den Ohren!

• *Weite Pupillen / schmale Pupillen*. Sehr weite wie auch sehr enge Pupillen können ein Zeichen von Wut und Angriffslust sein. Sehr enge Pupillen deuten eher auf defensives Verhalten hin, d. h. die Katze fühlt sich in die Enge getrieben, während sehr weite Pupillen meistens dann zu sehen sind, wenn die Katze den Angriff initiiert. So oder so ist dieser Blick ein Warnzeichen, das besagt, daß die betreffende Katze auch nicht vor Kratzen, Schlagen und Beißen zurückschrecken wird. Mizzis Augen sagen deutlich »Vorsicht!«, seien Sie deshalb wirklich auf der Hut, bevor Sie nicht genau wissen, was los ist.

• *Andere Gründe für vergrößerte Pupillen*. Es kann natürlich auch sein, daß die Katze bei schlechten Lichtverhältnissen die Pupillen vergrößert, damit sie mehr sieht.

Das Maul

Die Mundpartie einer Katze ist ebenfalls sehr aufschlußreich. Sie kann entspannt sein, und auch die Lautäußerungen sind dann entspannt; das Maul kann aber auch geöffnet sein und mit zurückgezogenen Lippen eine Warnung vor dem Näherkommen darstellen. Je mehr die Lippen zurückgezogen und die Zähne entblößt werden, desto ernster ist die Warnung zu nehmen. Aber seien Sie besser schon bei leicht zurückgezogenen Lippen vorsichtig.

Vom gesundheitlichen Standpunkt aus sollten Sie darauf achten, wenn Mizzi plötzlich auffallend oft mit der Pfote oder an einem Gegenstand das Maul oder andere Kopfpartien reibt oder den Kopf häufig schüttelt oder die meiste Zeit schräg hält. Das alles könnte darauf hinweisen, daß sie Zahnschmerzen, Ohrenweh oder etwas im Auge hat.

Die Tasthaare

Bei einer glücklichen Katze stehen die langen Tasthaare ums Maul herum und über den Augen keck nach außen. Sind sie hingegen eng ans Gesicht angelegt oder gesträubt, stimmt etwas nicht. Mizzi ist dann entweder angriffslustig oder verängstigt (was ebenfalls zu einem Angriff führen kann), oder, bei flach angelegten Schnurrbarthaaren, unglücklich und unwohl.

Die Ohren

Die Ohren sagen bei allen Tieren viel über das Befinden aus, und sind dank ihrer guten Sichtbarkeit ein wichtiges Signal für uns (bei der Schottischen Faltohrkatze oder anderen Rassen mit Kippohren ist es allerdings schwierig, aus der unnatürlichen Haltung der Ohren schlüßige Folgerungen zu ziehen).

• *Entspannte, aber aufmerksame Ohren* werden mit fast unmerklichen Bewegungen nach den Geräuschen um sie herum gerichtet.

• *Unterwürfig oder ängstlich nach hinten angelegte Ohren* sind manchmal kaum mehr zu sehen, weil sie so flach am Kopf anliegen. Sie lassen die anderen wissen, daß Mizzi sich am liebsten aus allem raushalten möchte und nicht in Kampfesstimmung ist. Kommt es dennoch zum offenen Streit, werden die Ohren oftmals flach angelegt, um sie vor den wütenden Zugriffen des Feindes zu schützen. Aber Vorsicht bei ängstlich zurückgelegten Ohren: Ein Tier, das sich genügend in die Enge getrieben fühlt, kann gerade aus seiner großen Angst heraus einen um so verzweifelteren Angriff starten, um sein Leben zu retten.

• *Aggressive Ohrhaltung.* Bei einer angriffslustigen Katze sind die Ohren zwar nach hinten gestellt, liegen aber nicht flach am Kopf an; oftmals sind sie auch leicht ausgedreht, so daß die Ohrmuschel eher nach hinten zeigt. Diese Haltung besagt ganz deutlich: »Nimm dich in acht! Ich bin zu allem bereit!«

• *Zuckende Ohren.* Manche Katzen zucken bei intensiven Gefühlen mit den Ohren; es kann Wohlbefinden ausdrücken, aber auch Unterwürfigkeit oder Aggression.

• *Wenn eine Katze sich nicht wohlfühlt,* legt sie die Ohren mei-

Die Ohrstellung der beiden Katzen zeigt ihre Aggression gegeneinander sehr
deutlich
(© Henry Ausloos, Animals Animals)

stens zurück, was je nach Katze verschieden aussehen kann. Als Faustregel gilt: je größer die Schmerzen oder die Not, desto flacher die Ohren.

Der Schwanz

Die meisten Katzenhalter dürften mit dem Schwanz ihres Lieblings bestens bekannt sein, denn wer von uns ist nicht schon mit diesem buschigen Anhängsel im Gesicht erwacht, wenn Mizzi es sich ganz nah bei uns gemütlich macht? Der Schwanz ist aber nicht nur ein manchmal allzu buschiges Anhängsel des nächtlichen Besuchers, sondern übernimmt bei der Körpersprache eine wichtige Funktion. Allerdings habe ich den Eindruck, daß die Schwanzhaltung der Katzen schon zu vielen Mißverständnissen bei uns Menschen geführt hat. Wenn ich für jeden Fall, in dem ein Mensch von einer schwanzwedelnden Katze, die irrtümlicherweise als freundlich gestimmte Katze mißverstanden wurde, Geld bekäme, wäre ich jedenfalls ein reicher Mann.

• *Die Schwanzhaltung einer zufriedenen, entspannten Katze* kann verschieden aussehen. Eine davon ist eigentlich überhaupt keine Haltung: Der Schwanz hängt entspannt leicht nach unten, wenn Mizzi sich rundum wohl und sicher fühlt.

Eine andere, Zufriedenheit signalisierende Schwanzhaltung wird von den betroffenen Katzenhaltern oftmals nur mit angehaltenem Atem überlebt. Der Schwanz ragt bolzengerade auf und zittert ganz leicht, und der vorsichtige Besitzer weiß dann, daß er es mit einer Katze zu tun hat, die gleich spritzen und ihr Revier markieren wird.

Viele Katzen halten den Schwanz Gott sei Dank aber auch so, ohne dann auch wirklich zu spritzen. Das Schwanzzittern mit oder ohne Spritzen kann beobachtet werden bei freudiger Erregung, z.B. vor dem Füttern, oder bei der Begrüßung eines Freundes.

• *Aggressive Schwanzhaltung.* Es ist wichtig, daß man dies erkennt und weiß, daß ein ängstlich gehaltener Schwanz ebenfalls in Aggression ausarten kann. Auch hier gilt: Eine Katze, die sich angstvoll in die Enge getrieben fühlt, kann unmittelbar zum

Angriff übergehen, deshalb kann ein aggressiv oder ängstlich gehaltener Schwanz letztendlich dieselben Folgen haben.

Ein hin- und herwedelnder oder auf- und abschlagender Katzenschwanz ist immer ein ernst zu nehmendes Signal. Als Faustregel gilt auch hier: Je heftiger der Schwanz schlägt, desto ernster ist die Lage. Im Unterschied zu Hunden (bei denen das Schwanzwedeln aber auch nicht immer eitel Freundlichkeit ausdrücken muß!) wedeln Katzen nicht bei freudiger Erregung mit dem Schwanz. Aber mehr als einmal werden Sie das Schwanzwedeln einer Katze kaum mißverstehen – für das nächste Mal sind Sie nämlich unter Umständen mit einer blutigen Schramme gewarnt...

Ein gesträubter, aufrecht getragener, nach oben oder henkelartig gebogener Schwanz sind ebenfalls Zeichen, die auf eine unvorhergesehene, eventuell aggressive Reaktion deuten; Sie sollten sich abwartend verhalten und beobachten, ob die Katze auch das Rückenfell sträubt.

• *Unterwürfige Schwanzhaltung.* Wie erwähnt ist es oft schwierig, zwischen ängstlich-unterwürfiger und potentiell aggressiver Haltung zu unterscheiden.

Auch eine zurückweichende, sich unterwerfende Katze kann ungehalten mit dem Schwanz schlagen, während sie ihn gleichzeitig hin- und herbewegt. Eine unterlegene Katze klemmt auch manchmal den Schwanz regelrecht ein, d.h. sie hält ihn eng an die Hinterbeine gepreßt, während sie Fersengeld gibt. Die Steigerung davon ist eine ängstlich zu einem zitternden Bündel zusammengekrampfte Katze, die möglicherweise noch dazu kläglich wimmert.

• *Neugierige Schwanzhaltung.* Ist Mizzis Neugierde geweckt, hält sie ihren Schwanz entspannt und leicht gebogen nach oben gestreckt.

• *Der Schwanz als Balancierhilfe.* In einer schwierigen Situation, z.B. auf einem dünnen Ast oder beim Sprung, hilft Mizzis langer Schwanz, das Gleichgewicht zu halten.

• *Eine kranke Katze* hält den Schwanz oft in einer der unterwürfigen Positionen; je deutlicher die niedergeschlagene Schwanzhaltung, desto größer sind wahrscheinlich Mizzis Schmerzen.

Dehnen, Gähnen, auf den Rücken rollen

Seien Sie nicht zu vorschnell, wenn Mizzi sich genüßlich streckt, ausgiebig gähnt und sich schließlich alle Viere von sich gestreckt auf den Rücken rollt. Jedenfalls sollte man nicht gleich zu der Katze hinrennen und überschwänglich das so putzig dargebotene Bäuchlein kraulen wollen, denn Mizzi könnte darauf unter Umständen nicht erfreut, sondern erschreckt reagieren und kratzen oder beißen. Wenn sich Mizzi in Ihrer Anwesenheit entspannt auf den Rücken rollt, ist das zwar ein Zeichen, daß sie sich schon sehr wohl fühlt in Ihrer Nähe, aber ob sie sich an ihrer verletzlichsten Stelle, dem Bauch, auch berühren läßt, ist eine andere Frage.

Köpfchengeben und Nasenreiben

Mizzis ausführliches Begrüßungsritual schließt wahrscheinlich viel »Kopfarbeit« mit ein, wie den Kopf gegen ihre Hand zu stoßen oder die Mund- und Nasenpartie intensiv an Ihnen zu reiben. Man ist nicht sicher, ob die Katzen das vor allem tun, um ihren eigenen Duft an »ihren« Menschen zu hinterlassen, und nur die Katzen selbst wissen das. So oder so: Nehmen Sie dieses Verhalten als Kompliment auf.

Lecken

Wenn Mizzi sich plötzlich auffallend oft an einer bestimmten Körperstelle leckt, heißt das unter Umständen, daß er an dieser Stelle Schmerzen hat. Sie sollten in diesem Fall den Tierarzt konsultieren. Erklärt dieser Mizzi für gesund und leckt er trotzdem weiter (womöglich, bis er sich wundgeleckt hat), liegt eventuell ein psychologisches Problem vor, wahrscheinlich bedingt durch Langeweile oder Stress irgendwelcher Art.

Lernen Sie, Mizzi genau zu beobachten

Wenn Sie die Körpersprache Ihrer Katze gut zu beobachten lernen, werden Sie bald sehen, wie lohnend das ist, denn sie verstehen auf diese Weise nicht nur besser, was Ihr vierbeiniger Freund Ihnen mitteilen will, sondern können auch erste Krankheitsanzeichen frühzeitig erkennen. Unter Umständen kann die rechtzeitige Konsultation des Tierarztes Ihnen und Mizzi viel Schmerzen – wenn nicht noch Schlimmeres – ersparen. Sicher möchten Sie nur Mizzis Bestes; schärfen Sie deshalb Ihren Blick für Mizzis Körpersignale. Wenn Sie nur richtig hinschauen, wird Mizzis Verhalten Ihnen alle nötigen Informationen liefern.

Nasenstubsen und Köpfchenreiben gehören zu Mizzis Begrüßungsritual
(Ewing Galloway)

Sanfte Hände

Wie oft sieht man, wie jemand eine Katze mit nur einer Hand um ihre Körpermitte aufnimmt, so daß sie, ihr ganzes Gewicht auf die kleine Handfläche konzentriert, hilflos in der Luft hängt! Hätten Sie Lust, so unbequem rund einen Meter fünfzig hoch in der Luft zu baumeln? Ich stelle mir das sehr schmerzhaft vor.

Und wie oft haben Sie Ihre Katze schon achtlos von dreißig Zentimetern Höhe oder mehr auf den Boden plumpsen lassen? Katzen sind kleine Tiere, ungefähr so groß wie ein neugeborenes Kind. Würden Sie ein Neugeborenes so behandeln?

Darum: Wenn Sie Mizzi anfassen, tun Sie es sanft. Eine ruhige, sanfte Berührung bedeutet dem kleinen Fellbündel nämlich eine Menge. Mizzi wird lernen, Ihren ruhigen, wohltuenden Händen zu vertrauen, sie wird merken, daß Sie feinfühlig mit ihr umgehen und Ihre Liebe und Sorge um sie spüren.

Bitte sorgfältig behandeln!

Wenn Sie Mizzi wieder auf den Boden stellen, tun Sie es bitte sachte, d.h. lassen Sie sie erst los, wenn sie mit den Pfoten den Boden berührt und festen Stand gefunden hat.

Und bitte halten Sie Mizzi auch nicht zum Spaß hoch über Ihrem Kopf in die Luft – für die Katze ist der Abstand zum sicheren Boden von dort aus doch ganz beträchtlich. Lassen Sie sich doch auch mal auf den Boden nieder, um auf Mizzis Höhe mit ihr zu kommunizieren.

Ob Sie gerade mit Ihrer Katze üben oder einfach nur am Sonntagnachmittag mit ihr schmusen – behandeln Sie sie immer sorgfältig! Halten und streicheln Sie Mizzi liebevoll, beruhigen Sie sie, wenn sie krank ist. Auf diese Weise können Sie Mizzi Ihre Zuneigung mitteilen und sie wird sich ihrerseits mit viel Liebe dafür revanchieren.

Direkter Blickkontakt gehört zu einer intensiven Beziehung!

Ich wehre mich vehement gegen all die Experten, die verkünden, man dürfe einem (Haus-)Tier nie geradewegs in die Augen blicken, und schon gar nicht für längere Zeit. Es stimmt zwar, daß direkter Blickkontakt mit einem Tier, das keine Beziehung zu uns hat, unangebracht ist, weil im Tierreich das In-die-

Augen-Starren auch eine Drohgeste ist, aber es gibt keinen Grund, seinem geliebten, vertrauten vierbeinigen Freund nicht in die Augen sehen und seinem Blick standhalten zu dürfen. Im Gegenteil, der direkte Blickaustausch kann die Beziehung festigen und intensivieren.

Als Mowdy bei uns auftauchte, starrte er mir durch mein Büroofenster hin durch unentwegt in die Augen und schrie dazu herzerweichend, ich solle ihn hereinlassen. Gerade schüchtern wirkte der Bursche jedenfalls nicht. Kaum hatte er jedoch erreicht, was er wollte und war im Haus aufgenommen, vermied er jeglichen Augenkontakt mit mir. Seine rauhe Schale verbarg demnach einen sehr sensiblen, auch etwas unsicheren Kern. Inzwischen haben Mowdy und ich daran gearbeitet, und heute marschiert er dezidiert zu mir ins Zimmer, schaut mir feste in die Augen und erzählt mir unmißverständlich, was er will!

Warum Augenkontakt wichtig ist

Katzen sind kleine Geschöpfe, und sie leben in einer Welt, die viel größer ist als sie selbst. Wenn sie von uns Menschen nicht dazu ermuntert werden, uns in die Augen zu schauen, finden sie womöglich nie heraus, daß ihr Mensch rund 1 Meter 70 über ihnen ein Paar Augen hat, mit denen er sie anschaut. Legen Sie sich zur Probe mal flach zu Füßen eines stehenden Menschen auf den Boden – merkwürdiges Gefühl, finden Sie nicht auch? Jetzt haben Sie eine Ahnung, wie Mizzi die Welt erlebt: Freundliche Menschen mögen ihr aus dieser Perspektive vorkommen wie sanfte Riesen aus dem Märchen; unfreundliche, schimpfende Menschen werden für sie unter Umständen zu katzenfressenden Ungeheuern. Jedenfalls sieht sich so eine kleine Katze von einer gigantischen Welt umgeben.

Ich glaube, daß eine Katze, die Blickkontakt mit Menschen nicht gewohnt ist, sich nicht so sehr davor fürchtet, sondern sich einfach irgendwie unwohl fühlt unter einem aufdringlichen Blick. Schließlich besteht ja die Welt einer Katze vorwiegend aus Dingen in Bodennähe, was menschliche Augen schon mal ausschließt... Deshalb müssen Sie Mizzi erst mit Ihrem Gesicht vertraut machen.

Lassen Sie sich auf alle Viere nieder

Verbringen Sie zwischendurch auch immer wieder etwas Zeit mit Mizzi auf dem Fußboden. Wenn Sie sehr entgegenkommend sind (und das sind Sie doch sicher!), legen Sie sich auch mal flach auf den Bauch, um wirklich auf gleicher Höhe wie Mizzi zu sein. Sie brauchen sich nicht zu schämen – es ist nichts als recht, wenn Sie von Zeit zu Zeit in Mizzis Welt hineintauchen. Während Sie so auf dem Boden liegen, können Sie Mizzi dazu ermuntern, Sie direkt anzusehen. Reden Sie beruhigend mit ihm und streicheln Sie ihn, legen Sie vielleicht auch Ihre Hände sachte an Mizzis Kopf und versuchen Sie, ihn in ihre Richtung zu drehen. Reden Sie dabei die ganze Zeit sanft und schmeichelnd mit ihm. Wenn Mizzi sich am Anfang dagegen sträubt, dürfen Sie ihn nicht zwingen, aber versuchen Sie die Übung jeden Tag ein paar Mal. Nach einer Weile wird die Katze nicht mehr so schüchtern reagieren und Ihnen mit der Zeit direkt in die Augen schauen. Diese Vertrautheit miteinander gibt Ihrer Beziehung eine ganz neue Dimension. Wie gesagt glaube ich, daß die Augen der wirkliche Spiegel der Seele sind. Dank dem Augenkontakt können Sie Mizzis Innerstes kennenlernen und mit ihm auf einer ganz anderen Stufe kommunizieren als in einer »gewöhnlichen« Katzenbeziehung. Versuchen Sie es – Sie werden hinterher dankbar sein.

Um Ihre Katze zu verstehen, brauchen Sie keine übernatürlichen Fähigkeiten

Viele Leute sehen in mir und meiner Arbeit (nämlich zu verstehen versuchen, was uns ein Tier mitteilen will) eine Art übernatürliche Macht, die ich dank besonderer Fähigkeiten habe. Nichts ist weiter entfernt von der Wirklichkeit als das. Alles, was ich tue, ist das : Ich beobachte sorgfältig und genau. Ich *rede* mit den Tieren, etwa so wie Dr. Doolittle oder Franz von Assisi. Ich glaube deshalb, daß diejenigen Leute, die von sich behaupten, sie hätten besondere Fähigkeiten, um mit Tieren umzugehen, ganz einfach die Kunst des genauen Beobachtens beherrschen. Ich glaube nicht, daß es mit geheimnisvollen Ausstrahlungen zwischen Mensch und Tier zu tun hat, sondern daß der Mensch die Signale der Tier-Körpersprache beobachtet und richtig interpretiert. Beobachtungsgabe ist nun aber etwas, was jeder von uns hat, nur nutzen sie viele Menschen eben nicht.

Sicher gibt es Mächte, die wir nicht begreifen können und die vielleicht auch zwischen Mensch und Tier schwingen und eine besondere Beziehung herstellen, aber was ich bis jetzt zwischen menschlichen Experten und Haustieren gesehen habe, hat nichts damit zu tun. Ich habe schon vielen Tierpsychologen bei der Arbeit genau zugeschaut, aber sonderlich beeindruckt war ich noch von keinem. In manchen Fällen war mir die Behauptung dieser Experten, ihre Fähigkeiten seien auf übernatürliche Kräfte zurückzuführen, sogar peinlich, weil es so offensichtlich war, daß sie einfach richtig auf die Körpersprache eines Tieres reagierten. Ich konnte zum Teil sogar genauere Prognosen zum Verhalten eines bestimmten Tieres machen, wenn ich im gleichen Raum war wie der Psychologe und das Tier, gleich viele Informationen über die Lebensumstände des Tieres hatte und diese Beobachtungen dann mit ein paar Erfahrungswerten kombinierte. Schließlich muß man weder ein Genie noch mit übernatürlichen Fähigkeiten ausgestattet sein, um zu verstehen, daß eine ehemals heimatlose Streunerkatze sich in Gegenwart von Fremden unsicher fühlt. Außerdem leuchtet es ein, daß eine solche Katze vielleicht besonders fest an ihrem Besitzer hängt, der sie ins Haus holte und ihr Geborgenheit und Zuneigung schenkte; daß sie einen ungeheuren Appetit entwickelte (sie genießt es offensichtlich, sich jetzt nicht mehr ein paar klägliche Bissen in Abfalleimern zusammensuchen zu müssen); und schließlich, daß sie andere Katzen nicht besonders mag, denn sie mußte ja wahrscheinlich auf der Strasse oft mit Artgenossen ums Überleben kämpfen. All das dürfte eigentlich umittelbar einsichtig sein, oder nicht?

Seien Sie ruhig kritischer gegenüber sogenannten Tierpsychologen mit magischen Fähigkeiten und vertrauen Sie mehr darauf, daß Sie als liebevoller Katzenbesitzer durch Beobachten lernen können, ihr kleines Fellbündel genau so gut zu verstehen. Öffnen Sie Augen und Ohren und gehen Sie immer mit wachen Sinnen auf Mizzi zu. Und bitte schenken Sie ihr nicht nur solange Ihre Aufmerksamkeit, wie sie ein süßes, kleines Kätzchen ist, sondern ein Leben lang. Ihre Gespräche sollten ein immer wieder aufgenommener Dialog zwischen Ihnen sein, und je geübter Sie werden, desto mehr Informationen bekommen Sie von Mizzi. Und vergessen Sie nicht: das alles hat mit magischen Kräften gar nichts zu tun.

3. »Weshalb tut sie das?«

Weshalb Mizzi Räuber und Gendarm mit Ihnen spielt

Haben Sie sich schon gefragt, was Mizzi dazu veranlaßt, plötzliche Angriffe auf Ihre Füße zu machen und sich wie ein Derwisch um Ihr Fußgelenk zu winden? Versuchen Sie, sich in Mizzi hinein zu versetzen: Da erspäht sie diese großen, sich bewegenden Objekte, die rasch durch den Korridor gehen (Ihre Füße), und denkt sich: »Huii, das sieht aber lustig aus – nichts wie los und draufff!« Und schon hat sie in bester Katzenmanier Ihre Füße überwältigt.

Manchmal beißt Mizzi dabei auch leicht zu oder läßt die Krallen heraus, was unter Umständen weh tut. Das mag zwar kein Trost für Ihr lädiertes Bein sein, aber Mizzis Spiel ist in Gottes Namen ein Erbe aus früheren Zeiten, als das Anschleichen und Angreifen mit Überleben gleichzusetzen war. Und außerdem macht es halt einfach Spaß!

Sie können versuchen, Ihre Katze auf freundliche, aber bestimmte Art von solchen Scheinangriffen auf Sie oder andere Leute abzuhalten. Sagen Sie deutlich »Nein« und bleiben Sie dabei, aber seien Sie nicht schroff oder übermäßig lehrerhaft. Mizzi meint es nicht böse, sondern handelt intuitiv, und eine allzu scharfe Kritik würde sie nur verunsichern. Lenken Sie wenn immer möglich den kleinen Rambo von Ihren Füßen ab und Dingen zu, die er jagen darf und probieren Sie verschiedene Spielsachen und Spiele aus, mit denen Mizzi diese »wilde« Seite ausleben kann. Wenn die Katze ihr Jagdbedürfnis andernorts abreagieren kann, wird sie automatisch weniger Angriffe auf Ihre Füße starten.

Einige unter Ihnen sind vielleicht anderer Meinung und finden, ich würde Mizzis Jagdverhalten auf unerwünschte Weise unterstützen, wenn ich es einfach auf andere Objekte lenke. Aber Jagdverhalten, Anschleichen und Anspringen sind nun mal natürliche Verhaltensmuster der Katze. Wenn man sie gänzlich davon abhält, dieses Verhalten auszuleben, ist das etwa gleich schlimm, wie wenn man einem Kind das Rennen und Springen verbieten würde. Den Kindern bringen wir bei, daß sie lieber draußen im Freien herumtoben sollen als im Haus, und mit der Katze verhält es sich ganz ähnlich: Es ist alles eine Frage des Wann und Wo. Wenn Sie Mizzi klarmachen können, was sie anschleichen und angreifen darf und was nicht, brauchen Sie um Ihre Füße nicht mehr zu fürchten.

Weshalb Mizzi sich an Ihnen reibt

Auch in dieser Frage stehe ich mit anderen Fachleuten auf Kriegsfuß.

Viele von ihnen führen nämlich das Sich-Reiben an Menschen und Gegenständen nur darauf zurück, daß die Katze ihren Duft an diesen Dingen anbringen will, also von ihnen Besitz nimmt. Zur Reviermarkierung verteilt die Katze tatsächlich den Duft aus ihren verschiedenen Drüsen auf diese Weise.

Das möchte ich auch keineswegs abstreiten. Aber ich glaube, daß es für dieses Verhalten noch andere Gründe gibt. Es leuchtet mir einfach nicht ein, weshalb eine Hauskatze nach Jahren in der gleichen Familie immer und immer wieder dieses »Territorium« erneut mit ihren Duftmarken übersäen sollte, wo doch eh schon alles nach ihr riecht. Was ich glaube, ist, daß Mizzi sich auch an Menschen oder Dingen reibt, wenn sie irgendwie erregt ist. Da eine Katze in diesem Fall weder nervös auf den Tisch trommeln noch nach Zigarette oder Kaumgummi langen kann, läßt sie die Nervosität eben auf andere Weise ab. Sie tut irgend etwas, nur damit sie aktiv sein kann, und da ihre Möglichkeiten beschränkt sind, streicht sie eben mit dem Körper an etwas vorbei.

Außerdem gibt es für das Reiben noch einen anderen, sehr plausiblen Grund. Manchmal möchte man sich schließlich den

Rücken kratzen! Da auch noch so flinke Pfötchen nicht überall hingelangen, kann das Schubben gegen etwas Festes sehr wohltuend sein.

Weshalb Mizzi tretelt

Wenn Mizzi es sich auf Ihrem Schoß oder einer weichen Decke bequem gemacht hat, kommt es vor, daß sie immer abwechslungsweise eine Vorderpfote etwas anhebt, zusammenzieht, spreizt, wieder aufstützt und wieder abhebt, immer im selben Rhythmus und mit verklärtem, genüßlichem Blick. Dieses Verhalten nennt man Treteln. Es stammt aus Mizzis Kindertagen, als das Treteln gegen die mütterlichen Zitzen den Milchfluß aktivierte.

Also: Das nächste Mal, wenn Mizzi wieder einmal genüßlich tretelt und Ihnen dabei ihre spitzen Krällchen rhythmisch ins Fleisch gräbt, dürfen Sie nicht gleich so wehleidig schreien und aufspringen – das würde Mizzi aufs Tiefste erschrecken! Ich weiß, ich weiß, ich verlange viel von Ihnen. Aber versuchen Sie, das Ganze positiv zu sehen!

Telefonitis

Haben Sie sich schon gewundert, warum Mizzi so aufdringlich wird, wenn Sie am Telefon sind?

Falls Ihre Katze keine Ruhe gibt, wenn Sie telefonieren, zu Ihnen hinaufspringt und unbedingt »Hallo« sagen will, sollten Sie folgendes bedenken:

Sie sprechen. Mizzi sieht aber niemanden außer Ihnen im Raum. Sie spaziert also herbei, springt hinauf, streicht an Ihnen entlang und benimmt sich überhaupt ganz unmöglich. Wahrscheinlich denken Sie jetzt, Mizzi sei eifersüchtig, weil Sie sich nicht ihr widmen.

Aber das ist es nicht. Denn Mizzi ist einfach im Irrglauben, daß Sie mit *ihr* sprechen! Es ist ja sonst keiner da, zu dem Sie sprechen könnten! Katzen können noch so gescheit sein – die Wunder der Technik kann man ihnen leider nicht erklären! Schimpfen Sie also nicht mit Mizzi, wenn sie sich bei Ihren Telefonaten aufdrängt; schließlich glaubt sie, dass Ihre Worte an sie gerichtet sind.

4. Mizzis Seelenleben

So erkennen Sie Mizzis Gemütszustand

Vor nicht allzu langer Zeit amüsierte sich die versammelte Presse königlich über mich. In den frühen 70er Jahren wurde ich in verschiedenen Zeitungsartikeln als der Welt erster Tierpsychologe dargestellt – ein Freud der Vierbeiner! Die Journalisten entwarfen schadenfreudig das Bild vom auf der Couch liegenden Hund mit mir als Psychiater am Kopfende, Cartoons illustrierten das Geschriebene. Es erschienen sogar Fotos von mir unter der Schlagzeile »Amerikas erster Psychologe für Tiere«.

Ich nehme es niemandem übel, wenn er dank mir etwas zum Lachen hat; wenn man mit Tieren zu tun hat, braucht man immer eine zünftige Portion Humor. Trotzdem freue ich mich diebisch daran, daß ich heute der bin, der zuletzt lacht. Denn was in den 70er Jahren Anlaß zu Aufruhr gab, ist heute gang und gäbe. Und ich bin ganz schön stolz darauf, einer der ersten Stunde gewesen zu sein!

Katzen sind lebendige, empfindsame Kreaturen. Sie können sich freuen, sie können sich ärgern. Sie können einsam, bedrückt, aufgeregt oder gestreßt sein – kurz und gut, sie empfinden dieselben oder jedenfalls sehr ähnliche Gefühlsregungen wie wir Menschen, auch wenn sie vielleicht anders damit umgehen als wir.

Ich bin mitnichten ein zweiter Sigmund Freud und ich glaube auch nicht, daß ein Katzenhalter Psychologe sein muß, um die Gefühlsregungen seines Tieres zu erkennen. Die Probleme fangen erst dort an, wo der Mensch dem Tier seelische Bedürfnisse abspricht oder wo er sie zwar erkennt, jedoch nicht damit umzugehen weiß.

Deshalb erachtete ich es für unumgänglich, dem Seelenleben der Katzen einen ganzen Abschnitt zu widmen. Katzenseelen können sehr empfindsam, andererseits aber auch sehr stabil sein. Ein paar grundlegende Kenntnisse können Ihnen helfen, Mizzis seelische Hochs und Tiefs zu erkennen und verstehen. Vor allem ermöglichen sie Ihnen, Störungen frühzeitig zu erkennen und etwas dagegen zu tun, bevor Mizzi sich allzu schlecht fühlt. Denn das seelische Wohlbefinden ist gerade so wichtig wie das körperliche.

Willkommen also auf dem Exkurs in die moderne Tier-Psychologie!

Umzugsstreß! *(© Sydney Thomson, Animals Animals)*

Auch Mizzi kennt Streß

Das heutige Leben in der postindustriellen Gesellschaft fordert seinen Tribut von Menschen und Tieren. Auch unsere Hauskatzen bekommen das zu spüren. Sie werden öfter allein gelassen, weil ihre Menschen alle außer Haus arbeiten. Abends kommen die Familienmitglieder müde und ausgebrannt nach Hause, was die Katze anhand von subtilen Signalen der Körpersprache ganz genau spürt. Und Mizzi reagiert sofort mit eigenen Streß-symptomen auf den Streß und die Anspannung ihrer Menschen.

Auch ein Umzug, eine Krankheit, ein Aufenthalt im Tierferien-heim oder Eheprobleme ihrer Menschen können sich auf das seelische Gleichgewicht einer Katze auswirken. Streiten Sie sich deshalb zum Beispiel wenn immer möglich nicht in Gegenwart von Mizzi – sie leidet genau wie Sie unter der schlechten Stimmung. Versuchen Sie doch einfach, friedlich zu sein – für Ihr und Mizzis Wohl!

Mizzis seelische Ausgeglichenheit – was Sie dafür tun können

Wahrscheinlich haben Sie sich bis jetzt nicht übermäßig viele Gedanken über Mizzis seelisches Befinden gemacht. Nun, in diesem Buch werden Sie immer wieder auf meine Überzeugung stoßen, daß Katzen intelligente, neugierige, empfindsame Wesen seien. Und ich werde nicht müde, darauf hinzuweisen, wie wichtig es für Mizzis Ausgeglichenheit ist, sie auch beschäftigt zu halten, um so mehr, als allgemein viel zu wenig auf diesen Punkt aufmerksam gemacht wird. Unterbeschäftigung und Unterforderung können zu vielerlei Verhaltensstörungen und schlechten Gewohnheiten führen und auch Mizzis körperliche Gesundheit angreifen, denn Körper und Seele sind eng miteinander verbunden.

Heute weiß man aus vielerlei Studien, daß psychisch angeschlagene Menschen Krankheiten gegenüber viel weniger widerstandsfähig sind als solche, die seelisch im Gleichgewicht sind. Dasselbe gilt auch für unsere Katzen. Ich habe aber das Gefühl, daß die meisten Katzenbesitzer diesem Umstand nicht genügend Aufmerksamkeit zollen. Nicht daß Mizzi aktiv gequält oder vernachlässigt würde, aber es wird einfach viel zu wenig bedacht, daß Mizzi auch seelische Bedürfnisse hat, die abgedeckt werden müssen, damit sie rundum gesund bleibt. Viele Katzen werden heute ausschließlich in der Wohnung gehalten und sind dort noch oft tagsüber sich selbst überlassen. Welch ein Leben: Morgens ausschlafen, dann ein spätmorgendliches Nickerchen, ein frühnachmittagliches Schläfchen, und zum krönenden Abschluß etwas Dösen am frühen Abend. Und zwischen all dem Schlafen und Dösen ein paar ziellose Runden durchs Haus. Sowas könnte mir auch gefallen – für ein, zwei Wochen. Danach wäre es nur noch langweilige, monotone Routine.

Genau so erging es Bob und Stan, zwei von David Lettermans Haustieren, während David sich vor lauter Fernsehterminen kaum noch zu retten wußte. Nicht nur waren Bob und Stan die meisten Zeit allein, sie mußten auch noch mit einer einschneidenden Veränderung ihrer Umgebung fertig werden. Der Wechsel von einem Leben in Freiheit unter kalifornischer Sonne zu den engen Verhältnissen in einem New Yorker Appartment ließ die beiden zeitweise sogar aggressiv werden. Das Leben in der Großstadt bot natürlich nicht halb so viel Unterhaltung wie der weite kalifornische Strand, und das machte den beiden seelisch schwer zu schaffen.

Etwas ganz Wichtiges, was Sie für Ihre Katze tun können
Sie sehen, daß mehrere Kapitel dieses Buches den psychischen Problemen gewidmet sind, die eine Katze haben kann. Darunter finden sich auch viele Vorschläge, wie Sie Mizzi bei Laune halten können, damit sie körperlich und seelisch fit bleibt.

Bemühen Sie sich, Ihrer Katze ein abwechslungsreiches, anregendes Leben zu bieten, versinken Sie nicht im Glauben, es sei mit ihr schon alles in Ordnung. Geben Sie ihrem Leben etwas Würze. Wie wär's mit einer Party für Mizzi? Die meisten meiner Klienten sind sich nicht bewußt, daß Mizzi mehr braucht als die tägliche Portion Streicheleinheiten, wenn sie aber mal meine Vorschläge ausprobieren, bemerken sie bald kleine Veränderungen im Verhalten und sogar im Äußeren ihrer Katze –

glänzendes Fell und wacher Blick, mehr Lebensfreude und Energie. All diese kleinen Veränderungen machen zusammen eine ganz andere Persönlichkeit aus Mizzi – dank Ihren Bemühungen.

Auch Katzen können depressiv werden

Können sie das wirklich? Braucht Mizzi vielleicht eine eigene Packung Valium, einen eigenen Psychotherapeuten?

Über der Frage, ob Katzen depressiv werden können oder nicht, haben sich schon viele Leute die Köpfe heißgeredet. Die Vertreter der Ja-These sagen: »Keine Frage, daß sie das können. Das Verhalten einer depressiv verstimmten Katze ist eindeutig, und es gibt keinen vernünftigen Grund, ihr solche Stimmungen abzusprechen.« Die Gegner wiederum führen ins Feld, daß es an Ketzerei grenze, einer simplen Katze ein Seelenspektrum zuzuschreiben, das auch Depressionen zuläßt. Ihrer Meinung nach übertragen manche Tiernarren in unzulässiger Weise menschliches Verhalten auf Tiere, was beweise, daß sie selbst hochgradig neurotisch seien. Beide Seiten vertreten ihren Standpunkt mit viel Überzeugungskraft.

Im Zentrum der Diskussion steht die moderne Verhaltensforschung, die sich mit den psychologischen Aspekten der Haustierhaltung beschäftigt. Nun, revolutionäre Ideen haben es am Anfang immer schwer, Fuß zu fassen. Persönlich glaube ich aber, daß jeder Mensch, der einmal eine enge Beziehung zu einer Katze hatte, diesem Tier die Fähigkeit zum Bedrücktsein nicht abspricht; Katzen sind schließlich Lebewesen mit vielerlei Gemütsregungen, dazu gehört auch die depressive Verstimmung. Wahrscheinlich verbringen diejenigen Forscher, die anderer Meinung sind, zu viel Zeit mit Labortests und zu wenig Zeit mit dem Tier als Lebewesen und Partner...

Wie oft habe ich miterlebt, wie ein Tier seinem verstorbenen Menschen oder einem besonders engen vierbeinigen Freund nachtrauerte, wie oft habe ich gesehen, wie ein anderes in Lethargie versank und traurig durchs Haus wanderte auf der

Suche nach Sohn oder Tochter, die plötzlich ausgezogen waren. Auch Ehescheidungen können bei Haustieren depressive Reaktionen zur Folge haben, wenn sie durch eventuelle Streitereien und die vielen Veränderungen verunsichert werden. Wie können sie auch verstehen, was los ist, wenn plötzlich einzelne Familienmitglieder spurlos verschwinden!

Depressionen aufgrund von Verlust oder Verlassenheitsgefühlen sind auch für eine Katze schwer zu ertragen, und ihre Augen spiegeln den Schmerz und die Trauer sehr deutlich. Es tut einem im Herzen weh, weil man so hilflos ist ihrer Verzweiflung gegenüber und man es ihr nicht erklären kann. Eine Extraportion Liebe und Zärtlichkeit kann bei solch vorübergehenden Störungen zum Glück das Schlimmste verhindern. Der Haken daran ist nur, daß in solch schwierigen Zeiten der Mensch mit sich selbst mehr als genug zu tun hat und darüber gern vergißt, daß seine Katze jetzt unbedingt besonders viel Aufmerksamkeit bräuchte. Ich weiß, es ist nicht leicht, an die Bedürfnisse der Katze zu denken, wenn man soeben sein bisheriges Leben als Scherbenhaufen vor sich sieht. Aber ich glaube, es tut nicht nur Mizzi gut, wenn Sie den Kummer mit ihr teilen, sondern auch Ihnen – die Nähe einer anschmiegsamen Katze tut auch uns Menschen wohl.

Einschneidende Ereignisse wie der Verlust eines Freundes oder Familienmitglieds oder der Auszug der Kinder sind leicht nachvollziehbare und augenfällige Gründe für eine depressive Verstimmung. Viel schwieriger zu erkennen ist eine schleichende Depression, die Mizzi nach und nach jegliche Lebensfreude nehmen kann. Stellen Sie sich einmal folgende Situation vor:

Seit Tagen und Wochen sind Sie mit Arbeit überlastet, der Tag hat einfach zuwenig Stunden. Die Katze gerät darob gänzlich in den Hintergrund, sie wird lästig, sie schreit ewig nach Futter, und dabei haben Sie alle Hände voll zu tun! Sie schreien sie an. Mizzi duckt die Ohren und schleicht in die hinterste Ecke der Wohnung, kauert sich unglücklich hin und verfolgt jede Ihrer Bewegungen mit großen Augen. Noch hat sie die Hoffnung nicht verloren, daß Sie vielleicht ein bißchen Zeit für sie finden. Aber nein, so viel Arbeit wartet noch auf Sie, so viele Dinge zu erledigen! Sie nehmen sich vor, morgen mit Mizzi zu spielen und besonders lieb zu ihr zu sein. Morgen kommt und geht, und Sie haben keine Zeit für eine Katze. Mizzi fühlt sich unterdessen langsam wie ein Möbelstück, das herumsteht. Der nächste Tag – und wieder dasselbe. Aber dann – Juhui! Heute spielen Sie ausgiebig mit Mizzi, teilen das liebevoll gekochte Hühnchen mit ihr. Welch ein Fest! Dann sind Sie wieder drei Wochen lang unerreichbar für Ihre Katze. Und merken nicht, wie sie vor sich hinvegetiert und immer trauriger wird.

(Seelische) Vernachlässigung ist heute bei unseren Hauskatzen der häufigste Grund für Depressionen. Da sie in diesem Fall schleichend verlaufen, bemerken die meisten Katzenhalter lange Zeit nichts, bis ihnen eines Tages auffällt, daß ihre Mizzi gar nicht mehr die alte Mizzi ist. Erst dann realisieren die Leute, was sie ihrer Katze angetan haben.

Genauso erging es Millie, einer dreijährigen, rotgefleckten Katze mit hübschen weißen Zeichnungen im Gesicht und großen weißen Tupfern auf drei Beinen, so daß es aussah, als würde sie Strümpfe tragen und hätte dabei ein Bein vergessen. Millie gehörte einem beruflich erfolgreichen jungen Paar, das hart und viel arbeitete. Sie wünschten sich ein Haustier, verzichteten aber aus Zeitgründen auf einen Hund und holten stattdessen im Tierheim eine Katze, eben Millie, die sonst eingeschläfert worden wäre. Die beiden kamen sich sehr grossherzig vor.

Und Millie hatte wirklich Glück, denn die beiden holten sie gerade noch rechtzeitig aus dem Tierheim heraus, nur wenige Stunden, bevor ihre Gnadenfrist abgelaufen war und sie getötet worden wäre.

Am Anfang war alles in bester Ordnung – Millie bekam viel Aufmerksamkeit, Liebe und Zärtlichkeit, sie blühte richtig auf, war lebhaft und verspielt – kurz und gut, eine allerliebste Katze. Das junge Paar bemühte sich, abends früher nach Hause zu kommen oder in der Mittagspause rasch hereinzuschauen, damit Millie sich nicht zu einsam fühle in der neuen Umgebung.

Alles lief wie geschmiert, und nach und nach fielen die beiden Menschen in ihren alten Rhythmus zurück mit Überstunden und zusätzlicher Arbeit zu Hause. Zum Kochen hatte niemand Zeit, man verpflegte sich über die Gasse, und auch für Millies Futter war nicht immer gesorgt, so daß sie immer öfter exklusive, eigentlich für Menschen bestimmte Häppchen vorgesetzt bekam. Aber mit der Zeit konnte sich Millie nicht mehr so recht darüber freuen, denn immer öfter fand sie sich damit allein in der Küche, während ihre Menschen gemütlich fernsehend im Bett picknickten. Ausgehungert nach etwas Aufmerksamkeit und Gesellschaft zog es Millie schließlich vor, bei den Menschen im Schlafzimmer zu bleiben und ihr Essen in der Küche stehen zu lassen. Immer mehr verdorbenes Katzenfutter wanderte unangerührt in den Müll.

Millie wurde passiver und schlief mehr. Aber es war ja Winter, und niemand machte sich besondere Gedanken darüber. Im Frühjahr würde die Katze sicher wieder aktiver werden. Dann begann Millie, nachts leise vor sich hinzuhusten, aber da die beiden Menschen selbst auf allerlei allergisch waren, fanden sie nichts Besonderes dabei. Meistens hörten sie in ihrem erschöpften Zustand das Hüsteln sowieso nicht. Millies Fell wurde stumpf und schuppig, aber man weiß ja, wie trocken die Heizungsluft im Winter ist. Auch etwas dünn sah sie aus, aber man dachte, das sei weniger einem wirklichen Gewichtsverlust zuzuschreiben als vielmehr einer optischen Täuschung wegen des dünneren Fells. Immerhin nahm man sich vor, die Katze gelegentlich einem Tierarzt zu zeigen. Der Termin mußte allerdings wieder abgesagt werden – zuviel Arbeit – und so vergaß man das Ganze fürs erste.

Eines schönen Tages, als die beiden nach Hause kamen, war keine Millie an der Tür, um sie zu begrüßen. Zu schwach, um sich zu bewegen, kauerte sie auf dem Bett. Man fuhr notfallmäßig mit ihr zum Tierarzt, aber die Hilfe kam zu spät. Die süße kleine Millie mit den lustigen Tupfern im Gesicht und den drei weißen Socken gab noch in derselben Nacht das Leben auf. Sie starb in Qualen. – Liebste kleine Millie, was haben sie bloß mit dir gemacht?

Starb Millie an einem gebrochenen Herzen, an ihrer vernachlässigten Seele? So kann man es wohl nicht nennen, aber man kann sich darüber streiten, was am Anfang war – das Huhn oder das Ei? Die Sache mit allen psychischen Problemen und besonders Depressionen ist die, daß sie immer auch körperliche Probleme nach sich ziehen, unter anderem aufgrund von Eßstörungen und Bewegungsmangel. Wenn eine Katze den Appetit verliert und sich immer weniger an der frischen Luft bewegt, wird u.a. ihr Immunsystem geschwächt, und wenn das nicht mehr funktioniert, kann sich jede kleine Infektion eben fatal auswirken.

Wie erkennen Sie eine depressive Verstimmung?

Die zuverlässigste Methode, eventuelle Störungen zu bemerken besteht schon im genauen Beobachten des Tieres, solange noch alles in Ordnung ist.

1. Machen Sie sich bewußt, wie oft und wie gern Mizzi in gesunden Tagen spielt, dann wird Ihnen auffallen, wenn sie plötzlich weniger begeistert ist und vormals beliebtes Spielzeug nicht mehr beachtet.

2. Achten Sie darauf, wieviel sie normalerweise ißt. Ist sie mäkelig oder schlägt sie sich gerne den Bauch voll? Depressiv verstimmte Katzen haben oft auch keinen Appetit mehr, und wenn der Tierarzt keine körperlichen Gründe dafür feststellen kann, ist dies erst recht ein Alarmzeichen für eine eventuelle Depression.

3. Achten Sie auch auf Mizzis Schlafgewohnheiten, denn in den meisten Krankheitsfällen wird die Katze ganz allgemein passiver. Eine depressive Katze schleicht meistens bedrückt durchs Haus und unternimmt viel weniger als eine gesunde.

4. Auch fehlende Körperhygiene kann ein Alarmzeichen sein. Katzen sind normalerweise peinlich saubere Tiere mit ausgeprägten Putzritualen. Eine depressive Katze kann unter Umstände – wie ein depressiver Mensch – jegliches Interesse an ihrer Körperpflege verlieren. Denken Sie daran, wenn das Fell Ihrer Katze plötzlich weniger glänzt oder wenn plötzlich auffallend mehr Katzenhaare herumliegen.

5. Achten Sie auf alle Verhaltensänderungen Ihrer Katze. Benimmt sich die normalerweise so anhängliche Mizzi plötzlich kratzbürstig, versteckt sie, die sonst so umgänglich ist, sich

unter dem Bett, sobald ein Fremder die Wohnung betritt? Solche und ähnliche Verhaltensauffälligkeiten können ein erstes Anzeichen für tieferliegende Probleme sein.

6. Schauen Sie Mizzi in die Augen. Leuchten sie immer noch voller Lebensfreude, oder gucken sie stumpf und traurig? Die Augen Ihrer Katze können Ihnen sehr viel über ihr Befinden sagen.

Wie Sie Mizzis Gemütszustand verbessern können

Wenn Sie bemerkt haben, daß Ihre Katze bedrückt ist, gilt es als nächstes, ihr aus diesem Loch wieder herauszuhelfen. Wenn Sie die Situation analysiert und herausgefunden haben, was wahrscheinlich der Auslöser für Mizzis Depression ist, haben Sie schon das halbe Spiel gewonnen. Vielleicht vermißt Mizzi etwas, was Sie ersetzen können, wie z.B. den Artgenossen, der

Organisieren Sie für Mizzi eine Party – laden Sie zur Abwechslung ein paar ihrer Freunde ein *(Ewing Galloway)*

gestorben ist – ein neuer Freund in Form eines neuen Kätzchens kann da Wunder wirken. Wenn Sie lieber keine zweite Katze mehr möchten, können Sie vielleicht von Zeit zu Zeit ein paar von Mizzis Katzenfreunden einladen. Sie meinen, Mizzi hat keine Freunde? Au weia, das ist gar nicht gut. Jede Katze braucht auch ein wenig artspezifische Gesellschaft. Es wäre also angebracht, Mizzis Gesellschaftsleben etwas aufzupeppen und einen netten Freundeskreis für sie aufzubauen. Worauf Sie dabei natürlich achten müssen, ist die Frage, ob alle Tiere untereinander auskommen. Falls es früher in Ihrer Familie lebhaft zu- und herging, d.h. viele Leute ein- und ausgingen und es jetzt deutlich stiller geworden ist, sollten Sie daran denken, regelmäßig auch ein paar menschliche Gäste einzuladen – das gibt den Mensch-Katze-Freundschaften wieder Schwung.

Es ist nicht immer einfach herauszufinden, was Mizzi bedrückt. Eine richtige Depression hat ihre Gründe oftmals in mehreren Faktoren, die zusammenkommen. In diesem Fall schlage ich vor, daß Sie ganz allgemein wieder mehr Abwechslung und Pepp in Mizzis Leben bringen.

Nehmen Sie dem Alltag die tödliche Routine
Der beste Weg, wieder Pfiff in Mizzis Leben zu bringen, sind ein paar kleine Veränderungen. Stellen Sie ruhig ein paar Dinge auf den Kopf. Wenn Ihre Katze nicht immer schon im voraus weiß, was sie zu erwarten hat, wird sie wieder interessierter den nächsten Tag erwarten. Sie können z.B. Mizzis übliches Futter etwas anders zubereiten oder ihr ein-, zweimal die Woche etwas ganz Spezielles kochen. Sie können ihr verschiedene neue Spielsachen anbieten und die alten eine Weile wegräumen. Sie können Ihre Katze mit einer liebevollen Massage oder Fellpflege verwöhnen (s. die entsprechenden Kapitel). Kaufen Sie einen Stock Katzenminze und lassen Sie Mizzi von Zeit zu Zeit damit spielen (es gibt auch Spielzeug mit Katzenminze darin). Wenn Mizzi noch nicht gelernt hat, an einer Katzenleine zu spazieren, ist jetzt eine gute Zeit, mit dem Training anzufangen (s. entsprechendes Kapitel). Damit können Sie Ihre Katze auch mal außer Haus nehmen, damit ihr nicht die Decke auf den Kopf fällt. Neh-

men Sie Mizzi mit, wenn Sie Ihre Grossmutter, Ihre Enkel besuchen. Sehr wahrscheinlich wird Ihre Katze diese kleinen Ausflüge sehr genießen und zufrieden nach Hause kommen.

Nehmen Sie also eine Depression Ihrer Katze immer ernst, denn wenn solche Störungen sich selbst überlassen werden, sind sie mindestens so schädlich für das Tier wie ein medizinisches Problem. Gehen Sie nicht leichtfertig darüber hinweg, und vor allem: Schämen Sie sich nicht vor Ihren Bekannten zu sagen, daß Mizzi eine Depression hat, auch wenn viele Leute immer noch glauben, mit *Ihnen* sei etwas nicht in Ordnung, wenn Sie so etwas sagen. Ich kann nicht oft genug wiederholen, daß Katzen intelligente, empfindsame Lebewesen sind, die ebenso wie wir Menschen seelische Regungen zeigen. Und Sie sind verantwortlich für das seelische Wohlbefinden Ihres geliebten Pelzknäuels!

Der Trick mit dem Foto
Suchen Sie ein etwa einjähriges Foto Ihrer Katze hervor und vergleichen Sie es mit Mizzis jetzigem Aussehen. Natürlich ist er ein bißchen älter geworden, aber sonst? Schauen Sie sich die Augen besonders gut an – haben sie immer noch denselben glücklichen, lebensfrohen Ausdruck? Falls nicht, ist es höchste Zeit, daß Sie Mizzi etwas Zeit widmen und etwas Besonderes mit ihm unternehmen – *jetzt*.

Schlüsselkinder – Schlüsselkatzen

Schlüsselkatzen sind Katzen, die wie Schlüsselkinder allein zu Hause sind, während die Erwachsenen außer Haus arbeiten. Der Ausdruck »Schlüsselkind« wurde geprägt, als Frauen trotz Kindern begannen, einer außerhäuslichen Tätigkeit nachzugehen.

Die Kinder bekommen einen eigenen Hausschlüssel, um nach der Schule ins Haus zu können, wo sie bis zum Eintreffen der Eltern sich selbst überlassen sind.

Daraufhin prägte ich den Begriff »Schlüsselkatze«. Obwohl Mizzi natürlich nicht einen Bund Schlüssel um den Hals hängen hat, mit dem sie die Haustür aufschließt, scheint mir der Begriff angebracht. Die zunehmende Anzahl von Doppelverdiener-Haushalten mit oder ohne Kinder, von Alleinerziehenden und Singles hat zur Folge, daß heute ganz allgemein die Mütter nicht mehr so selbstverständlich erreichbar sind wie noch in meinen Kindertagen. Auch wenn Mama nicht arbeiten geht, hat sie doch immer mehr Pflichten außer Haus zu erledigen.

Das alles hat dazu geführt, daß auch unsere Hauskatzen heute einen großen Teil des Tages allein im Haus sind.

Was bedeutet das nun für Ihre Katze? Es heißt, daß sie wahrscheinlich acht bis zehn Stunden jeden Tag allein ist, während Sie außer Haus sind; daß sie eine oder zwei weitere Stunden allein ist, während der Sie einkaufen oder essen gehen; daß sie außerdem rund acht Stunden allein ist, während Sie schlafen. Wenn man das zusammenzählt, bekommt man eine Katze, die durchschnittlich sechzehn bis zwanzig Stunden pro Tag sich selbst überlassen ist. Das ist eine Menge Alleinsein.

Ist eine »Schlüsselkatze« überfordert?

Diese Frage drängt sich natürlich auf. Soll sich eine lebhafte, turbulente Familie oder eine vielbeschäftigte Einzelperson überhaupt eine Katze halten? Ja, das geht durchaus, solange Sie etwas nicht vergessen: Die Qualität der Zeit, die Sie mit Ihrer Katze verbringen, ist wichtiger als die Quantität. Und eine Katze braucht nicht etwa weniger Aufmerksamkeit als ein Hund.

Schuldgefühle, Neuplazierung
Bitte geben Sie nicht aus falschen Schuldgefühlen heraus Ihren vierbeinigen Freund leichtfertig weg – man kann nie wissen, ob es das Tier am neuen Ort wirklich gut hat. Es kann für Ihre Katze viel wichtiger sein, ein paar kostbare Minuten mit jemandem zu verbringen, der sie wirklich liebt, als stundenlang jemanden ertragen zu müssen, dem sie gleichgültig ist.

So machen Sie Ihrer »Schlüsselkatze« das Alleinsein leichter

Nehmen Sie sich jeden Tag ein paar Minuten Zeit für Ihre Katze; sparen Sie nicht alles aufs Wochenende wie manche Eltern, die ihre Kinder dann vor lauter Aufmerksamkeit hoffnungslos überfordern.

Verstecken Sie, bevor Sie am morgen weggehen, ein paar von Mizzis Lieblingsspielsachen an verschiedenen Orten, damit sie eine Weile mit Suchen beschäftigt ist, bevor sie sie findet. Wenn sie im Laufe des Tages durchs Haus schlendert, stößt sie auf diese Weise immer wieder auf eine nette kleine Überraschung. Das verkürzt ihr den Tag schon mal gehörig und könnte sie eventuell sogar von der Überlegung ablenken, ob sie zur Feier des Tages die Polstermöbel mit Kratzern oder den teuren Teppich mit netten kleinen »Geschäften« versehen soll.

Falls es Ihnen Alpträume von grauslichen Käferinvasionen verursacht, kleine Leckerbissen im Haus herumliegen zu lassen, könnten Sie einen Futterautomaten für Mizzi kaufen. Mit dem Timer kann der Automat so eingestellt werden, daß er zu bestimmten Zeiten etwas Futter freigibt, so daß Mizzi zwischendurch etwas zu naschen hat. Heute gibt es ganz gute Modelle auf dem Markt, die auf mehrere »Sesam-öffne-dichs« in 24 Stunden programmiert werden können und auch wieder ganz behutsam zugehen, so daß Mizzi nichts passiert, auch wenn sie die Nase noch in der Futterschüssel haben sollte. Das Geräusch beim Aufgehen des Automaten wird Mizzi bald richtig als »Vesperzeit« interpretieren lernen. Für rasch verderbliches Futter gibt es sogar Automaten mit eingebautem Eisfach, um das Angebotene frisch zu halten. Auf jeden Fall ist ein Futterautomat eine Methode, um Mizzi unabhängig von Ihrer Anwesenheit einen kleinen Festschmaus zu ermöglichen.

Wenn Sie schließlich nach Hause kommen, sollten Sie die ersten zehn Minuten Ihrer Katze reservieren. Mizzi wird aufgeregt und ganz aus dem Häuschen sein, daß endlich jemand da ist. Wenn Sie ihr nicht die Möglichkeit geben, diese aufgestaute Energie jetzt loszulassen, haben Sie womöglich die ganze

Nacht keine Ruhe vor ihr. Wenn Mizzi sehr ausgehungert nach Aufmerksamkeit ist, könnte sie u.U. sogar unerwünschtes Verhalten entwickeln, indem sie dann lieber negative Aufmerksamkeit in Form von Schimpfen und Tadeln will als gar keine Aufmerksamkeit. Katzen unterscheiden sich in ihren Strategien kaum von kleinen Kindern. Deshalb: Spielen Sie in den ersten zehn Minuten nach dem Heimkommen ausgiebig Mizzis Lieblingsspiele und halten Sie dann einige Minuten Kuschelzeit ab. Danach wird sie sich während des restlichen Abends leidlich benehmen und Sie verlieren so weniger Zeit, als wenn Sie immer wieder Ihr Tun unterbrechen müssen, um Mizzi zu tadeln oder hinter ihr herzujagen.

Des weiteren sollten Sie Mizzi mindestens zwei- oder dreimal pro Woche – und wenn immer möglich öfter – einen Ausflug außer Haus ermöglichen. Sie wissen ja, was ich meine: Nehmen Sie sie mit auf Besuch zu Grossmama oder den Kindern. Oder gehen Sie einfach so ein bißchen mit ihr spazieren. Bringen Sie sie mit ein paar kätzischen Spielkameraden zusammen. Ich garantiere Ihnen, daß Mizzi keine Umstände machen , sondern alles dankbar mitmachen wird. Vielleicht können Sie Ihre Katze sogar von Zeit zu Zeit einen Tag mit ins Geschäft nehmen (vergessen Sie nur das Katzenklo nicht!). Andernfalls müssen Sie einen Weg finden, sie sonst irgendwie in Ihr geschäftiges Leben einzubeziehen.

Probieren Sie aus, wie ihr kleiner Freund reagiert, wenn Sie ihn über den Anrufbeantworter anrufen. Viele Katzen reagieren sehr positiv, wenn sie Ihre Stimme am Telefon hören, während andere eher verwirrt sind, weil sie Sie zwar hören, aber nicht sehen können. Mowdy für seinen Teil liebt es, wenn ich ihn anrufe und ihm erkläre, daß Daddy bald nach Hause kommt und wir dann »Hasch mich« spielen werden, sein Lieblingsspiel. (Dabei jagen wir einander rund um den Eßtisch, wobei Mowdy zu meinem Kummer immer gewinnt. Aber ich tröste mich jetzt damit, daß er schließlich eindeutig im Vorteil ist – er hat vier Beine!).

Falls das mit dem Anrufbeantworter nicht klappt, können Sie vielleicht im Radio einen Sender einstellen, der nicht nur Musik bringt; die Stimmen werden Mizzi eventuell übers Alleinsein hinweghelfen.

Manche Katzen lieben es, die Stimmen ihrer Angehörigen auf einer Kassette zu hören, die man während ganz gewöhnlichen Gesprächen im Familienkreis aufnehmen kann. Aber auch damit müssen Sie ein bißchen experimentieren, um herauszufinden, ob die Stimmen einen beruhigenden oder verwirrenden Effekt auf Ihre Katze haben.

Stehen Sie morgens zehn Minuten früher auf und widmen Sie diese Zeit ganz der Katze. Ich weiß, es ist hart, früher als unbedingt nötig aufzustehen – viel angenehmer ist es, nach dem Klingeln des Weckers weitere fünf Minuten liegen zu bleiben. Aber reden Sie sich einmal ein bißchen ins Gewissen: Sollten Sie sich wirklich eine Katze halten, wenn Sie nicht bereit sind, diese wenigen Minuten am Morgen zu opfern?

Verabschieden Sie sich sodann ausführlich von Mizzi, wenn Sie weggehen, indem Sie noch ein wenig mit ihm plaudern. Viele Leute sind zwar der Meinung, am besten sei es, ohne großen Aufhebens einfach zu gehen, aber ich bin da gar nicht einverstanden. Ich glaube, daß es für Mowdy sehr wichtig ist, daß ich mich am Morgen richtig von ihm verabschiede. Wir tauschen ein paar Zärtlichkeiten und Worte aus, dann versichere ich ihm, daß ich wieder zurückkomme und ermahne ihn, brav zu sein. Mowdy kennt das Ritual unterdessen und ich merke, daß er es als beruhigend empfindet.

Wenn Sie nach Hause kommen, müssen Sie Mizzi unbedingt anständig begrüßen. Mowdy erwartet mich immer schon an der Tür. Ich freue mich immer wieder aufs Neue über den Anblick von Mowdy und seinem Hundefreund Tige, die da nebeneinander hinter der Tür sitzen und kaum warten können, bis ich hereinspaziere. Sie sind mein persönliches Willkommenskomitee. Wenn immer Ihr exklusiver vierbeiniger Fanklub Sie freudig hinter der Tür erwartet: Stellen Sie Ihre Taschen und Tüten ab und erwidern Sie die herzliche Begrüßung! Das nimmt nur eine halbe Minute in Anspruch und bedeutet den Tieren sehr viel.

Überlegen Sie, ob vielleicht ein zweites Haustier Ihre Katze vom Alleinsein erlösen könnte. Möglicherweise würde ein Katzen- oder Hundefreund Wunder wirken (s. das Kapitel über das Anfreunden von Mizzi mit einem neuen Haustier).

Schlüsselkatzen sind ein neues Phänomen; noch nie waren unsere Haustiere so oft und so lange dazu verknurrt, allein in einem Haus eingesperrt zu verbringen, und es ist ein großes Opfer, das wir mit unserem modernen Lebensstil von ihnen verlangen. Das Mindeste, was wir tun können, ist, ihnen so weit wie möglich entgegenzukommen und ihnen das Alleinsein möglichst zu erleichtern. Das sind wir ihnen absolut schuldig.

Katzen und Midlife-Krise

Lachen Sie nicht! Es kommt die Zeit, da das Neue und Besondere an der Katze im Haus langsam verebbt und Alltag wird. Mensch und Katze haben sich aneinander gewöhnt, und man könnte jetzt in Ruhe zurücklehnen im süßen Glauben, alles werde immer so weitergehen und es seien keine weiteren Anstrengungen mehr nötig. Sie wissen schon: Mama im Schaukelstuhl mit zufrieden schnurrender Katze in den mittleren Jahren auf dem Schoß. Nun, ich möchte Ihnen nicht das gemütliche Bild verderben – aber so einfach ist die Sache leider nicht. Es geht um die Worte »in den mittleren Jahren« und »zufrieden«. Diese beiden sind nicht immer problemlos zu vereinen. Oftmals ist es so, daß die Katze mit den Jahren als so selbstverständlich hingenommen wird wie ein altes, aber bequemes Paar Pantoffeln.

Uns Menschen packt zu gegebener Zeit die Midlife-Krise. Wir haben unser bisheriges Leben lang Dinge getan, von denen wir plötzlich nicht mehr so überzeugt sind. Manchmal braucht es nur geringfügige Veränderungen – eine neue Haarfarbe, eine neue Garderobe, eine neue Stelle, in anderen Fällen geht es darum, eine langjährige Beziehung aufzugeben oder den Wohnort zu wechseln. So oder so brauchen wir in einer Midlife-Krise eine Veränderung, die unserem Geist und Körper wieder neuen Schwung gibt.

Kann denn eine Katze eine Midlife-Krise haben? Sie kann, vor allem, wenn ihr Leben zur starren Routine verkommen ist, ohne die kleinen Abwechslungen, die ihm die Würze geben. Mizzi kann gelangweilt, depressiv, passiv werden, es können Persönlichkeitsveränderungen auftreten und auch sonst fast alle psychischen und körperlichen Probleme, mit denen ein Mensch in der Midlife-Krise kämpft.

Jetzt, wo Sie ihren anfänglichen Lachanfall überwunden haben und wir darin übereinstimmen, daß auch Mizzi eine Midlife-Krise bekommen kann, geht es darum etwas dagegen zu tun, nicht wahr?

Eins ist sicher: Mizzi kann sich nicht die Haare färben oder in den Einkaufsrausch stürzen. Am besten ist es, präventiv vorzugehen, d.h. dafür zu sorgen, daß es gar nicht erst zu der Krise kommt. Wenn Sie die Ratschläge in diesem Buch befolgen und Mizzi immer wieder geistig und körperlich stimulieren, wird es auch nicht so weit kommen. Verdrängen Sie Ihre Katze nicht in die hinterste Ecke Ihres Lebens. Sowohl Katzen, die von ihren gestreßten Besitzern in den Hintergrund verdrängt werden als auch solche, die mit ihren Besitzern ein eintöniges, geisttötendes Leben teilen müssen, sind gefährdet. Es kommt nämlich auch vor, daß ein Katzenhalter den ganzen Tag mit seiner Katze zu Hause verbringt und ihr trotzdem keinerlei Anregung bietet.

Wenn Sie das Gefühl haben, Ihre Katze sei in der Midlife-Krise, gibt es eine recht einfache Lösung: Bringen Sie Abwechslung in Mizzis Leben! Ändern Sie ihre Futtergewohnheiten, nehmen Sie sie mit auf eine kleine Exkursion an einen neuen Ort, kurz und gut, sorgen Sie für ein paar Überraschungen. Kaufen Sie Mizzi ein paar neue Sachen – eine neue Leine, ein neues Halsband, ein neues Katzenklo. Nehmen Sie sie zu einem Picknick im Freien mit. Und bitte, werfen Sie den alten, ramponierten Kratzpfosten weg und kaufen Sie ihr zwei neue dafür. Bauen Sie einen Fundus an Katzenspielsachen auf, selbst wenn Sie glauben, Ihre Katze sei längst über das Spielalter hinweg. Sie werden wahrscheinlich erstaunt feststellen, daß sie sehr neugierig auf neue Spielsachen reagiert. So oder so wird Sie es zu schätzen wissen, daß Sie sich um sie bemühen. Eine Extraportion Liebe und Zuwendung hält Mizzi jedenfalls glücklich und zufrieden und trägt auch zu ihrer körperlichen Gesundheit bei.

Eine ausgeglichene Katze wird weniger schnell krank als eine traurige Katze.

Diejenigen unter Ihnen, die jetzt eine junge Katze haben, sollten in ein paar Jahren an all dies denken. Und diejenigen, die jetzt eine Katze in den mittleren Jahren besitzen, müssen jetzt aktiv werden. Was Sie heute für Ihre Katze tun, macht sich morgen in Form einer vitalen, gesunden Katze bezahlt.

Können Katzen echte Tränen weinen?

Das ist ein weiteres heiß umstrittenes Thema. Es gibt zwar viele Leute, die dies bejahen, aber von wissenschaftlicher Seite sind fast nur skeptische Stimmen zu hören, und Beweise liegen keine vor, dafür aber um so mehr persönliche Beobachtungen.

Wenn auch vielleicht nicht alle Tiere emotionale Tränen weinen, scheint es doch ziemlich wahrscheinlich, daß zumindest einige es können. Dian Fossey, die verstorbene Gorillaforscherin, erzählte z.B. von der Gorillafrau Coco, daß sie sie aus Gefühlsgründen weinen gesehen habe. Zwar war Coco der einzige Gorilla, den Fossey beim Weinen beobachtet hat, aber die berühmte Wissenschaftlerin war überzeugt von diesem Fall.

Sogar Charles Darwin berichtete einmal von Elephanten, die aus Rührung geweint hätten. Wenn man jedoch Zoodirektoren und andere Experten danach fragt, sagen die meisten, sie hätten noch nie ein Tier weinen gesehen. Natürlich beobachten sie, daß Tiere Tränen haben, aber offenbar immer aus physischen, äußeren Gründen und nicht, weil sie traurig sind. Aber hören Sie jetzt einmal die folgende Aussage des Direktors eines der weltweit bekanntesten Zoos. Es geht dabei um eine Klage gegen ihn wegen Tiermißhandlung; seine Reaktion darauf war die: Er sah die Anklage als ganz und gar ungerechtfertigt an, denn er fand das Festbinden und methodische Prügeln eines »störrischen« Tieres angebracht, um ihm Vernunft beizubringen... Zum Schluß sagte er noch etwas wie »schließlich ist es nur ein Tier«.

Wenn man mit der Frage, ob Tiere echte Tränen weinen können, mit einer solchen Mentalität rechnen muß, dürfte es klar sein, daß die Antwort »nein« lautet. Ich nehme an, daß dieser Mann eine echte Träne auch nicht erkennen könnte, wenn sie ihm selbst übers Gesicht laufen würde.

Können Tiere also weinen oder nicht? Vor einiger Zeit bekam ich den Brief eines kleinen Mädchens, in dem es schrieb, wenn es traurig sei und weine, weine seine Katze Muffy mit. Die Eltern des Mädchens schenkten der Geschichte keine Beachtung, bis sie eines Tages, nachdem sie ihre Tochter bestraft hatten, in ihr Zimmer gingen und dort zwei nasse Kissen und zwei nasse Gesichter vorfanden.

Ich habe diese Frage mehrere Male am Radio erörtert, und zu meinem Erstaunen meldeten sich viele Hörer, die berichteten, sie hätten bei ihren Tieren schon emotionale Tränen gesehen, meistens im Fall des Verlustes eines Familienmitglieds oder anderen Haustieres.

Obwohl ich schon unzählige Katzen hatte, habe ich persönlich noch nie eine weinen gesehen. Aber je älter Mowdy wird, desto sensibler reagiert er, und ich bin überzeugt, daß er weinen könnte. Der ehemals so rauhbeinige Kater, Schrecken der Straße, ist zum liebe- und gemütvollen Freund geworden. Wenn er wegen irgend etwas traurig oder aufgewühlt ist, kann er seine Gefühle nicht mehr vor mir verstecken. Seine Augen verraten ihn.

Katzenpsychologie: So machen Sie Mizzi mit einem zweiten Haustier bekannt, ohne daß die Fetzen fliegen

Die dritthäufigste Frage in den über tausend Briefen, die ich pro Monat bekomme, bezieht sich auf das Problem, daß zwei Haustiere unter dem gleichen Dach sich streiten. Wenn Sie glauben, daß das Problem der Stubenreinheit das häufigste ist, haben Sie richtig geraten. An zweiter Stelle kommt die Frage, was zu tun sei, wenn der vierbeinige Liebling die Wohnung mit seinen spitzen Krällchen auf den Kopf stellt – auch da haben Sie wahrscheinlich einen Volltreffer gelandet. Aber wer würde schon darauf kommen, daß das dritthäufigste Problem das von erbitterten Kämpfen zwischen zwei Katzen ist? (*Achtung*: Diejenigen unter Ihnen, die etwas über das Zusammenleben von Katzen mit Hunden, Vögeln oder anderen Tieren erfahren möchten, sollten unbedingt weiterlesen, denn die Ratschläge in diesem Kapitel lassen sich auch auf diese Fälle anwenden.)

Die Probleme gehen vom sanften Kätzchen, das bei Anblick einer anderen Katze zur Furie wird bis zu Katzen, die einander grundsätzlich tolerieren, sich jedoch von Zeit zu Zeit erbitterte Kämpfe liefern, um ihre jeweilige Position wieder zu festigen. Dann gibt es da noch die James-Dean-Typen, bei denen von außen betrachtet alles in Ordnung scheint, bei genauerem Hinsehen jedoch offensichtlich wird, daß sich da etwas Schreckliches zusammenbraut.

Wie kommt es, daß offenbar so viele Katzen miteinander in Unfrieden leben? Weshalb fliegen allüberall die Fetzen und haben Katzenbesitzer alle Hände voll mit ihren Streithähnen zu tun? Die Antwort ist simpel: Die Leute sind wild nach Katzen! Klingt dumm in Ihren Ohren? Nun, die Statistiken belegen folgendes: Es werden immer mehr Hauskatzen gehalten, aber die Anzahl an Katzenhaltern nimmt nicht prozentual zur steigenden Katzenpopulation zu; manche Studien enthüllen im Gegenteil sogar eine leichte Abnahme an Katzenbesitzern. Logische Folgerung: Immer mehr Leute öffnen Herz und Haus nicht nur einer, sondern mehreren Katzen.

Deshalb leben heute viel mehr Katzen zusammen unter einem Dach als früher, sei es, weil wir Katzennarren uns nicht mit einer einzigen Heißgeliebten begnügen mögen, sei es, weil wir unsere Katze nicht den ganzen Tag sich selbst überlassen wollen.

Leider werden die lieblichen Vorstellungen von der Katzenfamilie, die auf immer und ewig glücklich vereint unter einem Dach lebt, von den handfesten Antipathien der betroffenen Tiere zunichte gemacht. Das hysterische Kreischen von streitenden Straßenkatzen unter dem Schlafzimmerfenster ist eins; ein ganz anderes ist es jedoch, dasselbe Kampfgeschrei in den eigenen

Hund' und Katz' können sehr wohl Freundschaft schließen!
(Ewing Galloway)

vier Wänden zu erleben. Dann verfliegt der Traum von der süßen Katzenfamilie bald einmal und macht einem Alptraum aus lauter Katzenjammer Platz.

Wie Hund und Katz'

Manch ein eingefleischter Tierliebhaber will einfach alles haben: eine Katze und einen Hund, und vielleicht auch einen Vogel oder ein Aquarium mit Fischen. Das Zusammenleben all dieser verschiedenartigen Lebewesen unter einem Dach ruft bei Ihnen vielleicht schreckliche Bilder hervor: Fido, der Hackfleisch aus Mizzi macht; Mizzi, die Fido die Augen auskratzt; Mörder-Mizzi, die den Vogelkäfig anschleicht, und Fischer-Mizzi, die mit der Angelrute vor dem Aquarium sitzt.

Nun, es geht auch anders. Wenn man zwei Katzen richtig aneinander gewöhnt, können sie dicke Freundschaft schließen, und dasselbe gilt für Beziehungen zwischen Katzen und Hunden, Katzen und Vögeln, Katzen und Fischen oder auch Katzen und Mäusen. Es ist alles eine Frage der Gewöhnung aneinander, d.h. an die unterschiedlichen Verhaltensweisen. Die folgenden Ratschläge beziehen sich zwar auf Katzen untereinander, sie können aber ohne Einschränkung auch auf Katzen und alle anderen Haustiere angewendet werden, die man Mizzi näherbringen möchte.

Überrumpeln Sie Mizzi nicht

Der häufigste Fehler von Tierhaltern ist der, daß sie das neue Haustier völlig unvorbereitet in Mizzis Leben plumpsen lassen. Tatsächlich kann jede Art von plötzlichem Familienzuwachs Mizzis Leben vollkommen durcheinanderbringen. Um sich besser in Mizzis Situation einfühlen zu können, stellen Sie sich am besten einmal vor, wie Sie sich fühlten, wenn jemand auf unbestimmte Zeit bei Ihnen einziehen würde. Von einem Tag auf den andern ist alles anders: der tägliche Zeitplan gerät durcheinander, im Kühlschrank stapeln sich Vorräte, die nicht Ihrem Geschmack entsprechen, und mit dem Privatleben ist es auch nicht mehr weit her. Jedes frisch verheiratete Paar weiß, wovon ich spreche. Frischvermählte sind immerhin erwachsene Menschen, die die Reife haben sollten, mit solchen Schwierigkeiten und anderen auftauchenden Konflikten vernünftig umzugehen. Aber es ist nichts Neues, daß auch erwachsene Menschen sich schwer tun, miteinander unter einem Dach zu leben, wie die hohe Scheidungsrate deutlich zeigt. Nun, wenn sogar wir Schwierigkeiten damit haben - warum sollte es unseren Katzen leichter fallen?

Ich glaube, daß es zwischen der Seele von Kindern und Tieren viele Ähnlichkeiten gibt. Sowohl kleine Kinder wie Tiere sind hochempfindlich und manches Mal überfordert, wenn es darum geht, sich in unserer komplexen Welt zurechtzufinden. Sie machen ganz ähnliche seelische Erfahrungen und sehen die Dinge zum Teil ganz anders als wir Erwachsenen. Deshalb glaube ich, daß ich mir dank eines Erlebnisses in meiner Kindheit besonders gut vorstellen kann, was in einer Katze vorgeht, die sich plötzlich einem »Rivalen« im Haus gegenübersieht.

Ich war noch ein kleiner Junge, als mein Onkel und meine Tante starben und zwei kleine Kinder hinterließen. Das eine Kind, ein Mädchen ungefähr in meinem Alter, wurde von meiner Familie aufgenommen. Im Nachhinein weiß ich, daß sie ein sehr nettes kleines Mädchen war, die natürlich sehr unter dem plötzlichen Verlust ihrer Eltern litt. Damals aber fühlte ich nur Eifersucht für dieses fremde Kind, das da in mein Territorium einbrach und einen Teil der Liebe und Aufmerksamkeit meiner Eltern für sich beanspruchte.

Ich war damals einfach zu jung, um die Situation zu verstehen, und weil ich mich bei all der Aufmerksamkeit, die sie bekam, abgeschoben fühlte, konnte ich sie unmöglich gern bekommen. Dank dieser Erfahrung kann ich sehr gut verstehen, wie es einem Haustier zumute ist, das sich plötzlich mit einem zweiten Haustier konfrontiert sieht.

Der ganzen Problematik liegt immer dasselbe Muster zugrunde, das viele Menschen aus eigener Erfahrung kennen, sei es mit Freunden, Vorgesetzten oder Familienmitgliedern (denken Sie nur an all die gehässigen Schwiegermutter-Witze!): Immer, wenn zwei Tiere, seien es Menschen, Katzen, Hunde oder sonstwas, für längere Zeit zusammen verbringen sollen, lauern die Probleme gleich um die Ecke. Worauf es ankommt, ist dann die Art und Weise, wir man damit umgeht.

Neutrales Territorium

Wenn sich z.B. zwei verfeindete Jugendbanden auf neutralem Territorium treffen, passiert sehr wahrscheinlich nichts. Treffen sie sich aber auf dem Territorium der einen Bande, wird möglicherweise viel Blut fließen, denn die dort beheimatete Gang fühlt sich durch die grenzüberschreitenden Feinde bedroht. Es kling vielleicht allzu kitschig nach West Side Story, aber es ist so: Die männlichen Vertreter einer Gattung lassen sich bereitwillig auf Machtkämpfe ein. Das Problem ist sicher nicht ausschließlich männlich, aber weibliche Vertreter sind in dieser Art von Revierkämpfen doch viel seltener anzutreffen.

Mizzi, bis anhin absolut zufrieden und ausgeglichen im Kreise seiner Familie, fühlt sich wahrscheinlich ganz ähnlich wie die Mitglieder der bedrohten Jugendbande, wenn eines Tages eine fremde Katze in sein Territorium einbricht. Von einer Minute zur andern gerät Mizzis Welt aus den Fugen; er hatte ja keine Gelegenheit, sich irgendwie auf die neue Situation vorzubereiten.

Deshalb können Sie der ganzen Angelegenheit viel von ihrer Brisanz nehmen, wenn Sie die beiden Katzen ganz behutsam und *auf neutralem Territorium* miteinander bekannt machen. Gehen Sie mit Ihrer Katze z.B. zu Freunden, wo sich die neuen Partner das erste Mal auf neutralem Boden begegnen können, und nehmen Sie Mizzi danach wieder allein mit nach Hause. Lassen Sie dieser ersten Begegnung weitere folgen, wobei die beiden Katzen vielleicht schon miteinander spielen, aber lassen Sie die neue Katze noch bei ihren Freunden. Erst, wenn die Katzen sich offensichtlich mögen und entspannt miteinander umgehen, sollten Sie den großen Tag vorbereiten, an dem der neue Freund mit Mizzi nach Hause darf. Dann stehen die Chancen gut, daß alle friedlich vereint unter einem Dach wohnen.

Viele von Ihnen schütteln jetzt vielleicht den Kopf und denken: »Mein Gott, welch ein Aufwand! Ist das dem wirklich ernst?« Ich bestreite keine Sekunde, daß der Aufwand tatsächlich beträchtlich ist, aber ich garantiere Ihnen, daß er immer noch viel kleiner ist, als wenn Sie später mit zwei aggressiven Katzen zu kämpfen haben. Ein bißchen Vorsicht wirkt auch hier Wunder!

Gleich viel Beachtung ist wichtig

Natürlich wird jedermann von der neuen Katze eingenommen sein und viel Aufhebens um sie machen. Aber bitte tun Sie das nicht in der Gegenwart Ihrer »alten« Katze. Halten Sie pro Tag mehrere kurze »Privatsitzungen« mit jeder Katze einzeln. Wenn ein Familienmitglied sich der einen Katze und ein anderes der andern annimmt, kann damit viel Eifersucht verhindert werden. Wenn das Aufteilen nicht möglich ist, sollten Sie die eine Katze in einen möglichst großen, abschließbaren Raum bringen und dort allerlei nette Naschereien und Überraschungen für sie auslegen, damit sie beschäftigt ist. Drehen Sie zudem das Radio oder den Fernseher auf, damit die Katze, die allein im Zimmer ist, nicht mitbekommt, wie Sie mit der anderen schmusen und albern.

Partyzeit!

Richten Sie es so ein, daß Katze Nr. 1 das Gefühl bekommt, es geschähen lauter wundervolle Dinge, wann immer Katze Nr. 2 auftaucht. Tragen Sie ruhig ein wenig dick auf, so daß das neue Leben mit dem neuen Hausgenossen ein einziges Fest voller Extraschleckereien, Extraliebe und Extraspielen scheint. Wann immer Katze Nr. 1 in der Nähe von Katze Nr. 2 ist, sollten Sie so viel Lebensfreude verströmen, daß Nr. 1 das Gefühl bekommt, Sie gäben eine Party ganz allein für sie. Wenn Medium-Roastbeef das Größte ist, was Katze Nr. 1 sich vorstellen kann, servieren Sie ihr ein Häppchen davon, wenn Katze Nr. 2 anwesend ist. Geben Sie ihr das Gefühl, die neue Lottokönigin zu sein! Ich nenne diese Methode die Partyzeit-Assoziationsmethode. Katzen assoziieren bestimmte Ereignisse mit bestimmten Dingen. Wenn Ihre Katzen also all die Aufmerksamkeit und Leckereien mit ihrem gegenseitigen Zusammentreffen assoziieren, werden sie denken, daß das Leben doppelt so schön ist, seit die andere aufgetaucht ist, und Nr. 1 wird Nr. 2 kaum mehr als Eindringling empfinden. Die beiden werden im Gegenteil lernen, sich gegenseitig als Glücksbringer zu sehen.

Als nächstes sollten Sie dafür sorgen, daß genügend Spielsachen vorhanden sind, so daß keine Katze besitzergreifend wird; mit »genügend« meine ich nicht fünf oder sechs, sondern ein paar Dutzend. Wenn eine Katze eifersüchtig über ein paar wenige Lieblingsspielsachen wacht, wird sie über kurz oder lang aggressiv auf die Rivalin reagieren. Es kommt auch vor, daß eine Katze die andere aus schierer Langeweile zu plagen beginnt, wenn nicht genügend Beschäftigungsmittel vorhanden sind.

Haben Sie sich schon fast alle Knochen gebrochen, wenn Sie nachts im Dunkeln aufstehen und über all das Katzenzeugs gestolpert sind?

Falls nicht, haben Sie eindeutig zu wenig Spielzeug für die beiden Mizzis organisiert; das ist vor allem in der ersten Zeit wichtig, die die beiden Katzen miteinander verbringen. Es sollten alle möglichen Dinge herumliegen, damit die Katzen den ganzen Tag beschäftigt und abgelenkt sind, denn eine Katze mit hinterlistigen oder fiesen Absichten sagt sich nicht: 'Ganz ruhig, mein Junge. Du bist jetzt schön anständig und gehst stattdessen durch den Korridor, am Schlafzimmer vorbei, durch die Küche und ins Spielzimmer, wo du ein bißchen spielen wirst.' So funktioniert eine Katze leider nicht. Wenn Mizzi in einer solchen Stimmung ist, wird er sie sehr wahrscheinlich an seinem Hausgenossen ausleben. Wenn er hingegen durch möglichst viele verschiedene Spielsachen und Leckereien abgelenkt wird, ist die Chance, daß es zu einem Kampf kommt, doch schon viel geringer.

Und vergessen Sie nicht: Während dieser ersten Anwärmphase zwischen den beiden sollten Sie das Spielzeug häufig wechseln, damit das Interesse wach bleibt. Wechseln, erneuern, erweitern, verkleinern sie die Auswahl, so oft es Ihr Geldbeutel eben zuläßt.

Denken Sie auch an all die beliebten Katzenspielsachen, die nichts kosten: Papiertüten, Pappkartons, WC-Papier-Rollen (s. auch das spätere Kapitel über Spielzeug).

Die Sache mit dem Katzenklo

Erwarten Sie von Ihrer Katze nicht, daß sie eine andere Katze mit offenen Armen – Entschuldigung, Pfoten – auf ihrem ureigenen Katzenkistchen empfängt. Stellen Sie ein zweites Katzenklo auf, und zwar in respektabler Entfernung zum ersten, damit die gewohnte »Intimsphäre« Ihrer ersten Katze bewahrt bleibt. Es kann auch vorkommen, daß die eine oder andere Katze während der Eingewöhnungsphase ihre gute Kinderstube vorübergehend vernachlässigt, und so kann es hilfreich sein, mehrere Katzenkistchen aufzustellen. Auf diese Weise ersticken Sie eventuell auftauchende Probleme im Keim.

Das Charles-Bronson-Syndrom

Manche Katzen entwickeln eine Persönlichkeit, die derjenigen des Leinwand-Rauhbeins Charles Bronson nicht unähnlich ist. Sie wissen schon – ein ekelhafter Typ. Solche Katzen würden nicht Whiskas kaufen, sondern genietete Lederjacken, wenn sie könnten. Eine solche Katze ist grimmig entschlossen, nie und nimmer eine andere Katze in ihr Leben zu lassen. Punkt. Keine Widerrede.

Als erstes müssen Sie sich darauf einstellen, daß eine solche Katze gar nichts, was von einer anderen Hauskatze kommt, akzeptieren kann oder will. Deshalb müssen Sie ganz sachte das Puzzle zusammensetzen, indem Sie z.B. einmal die Stimme der Katze von Bekannten aufnehmen und diese Ihrer Katze mehrere Tage oder Wochen lang leise vorspielen, bis sie keine Reaktion mehr zeigt. Dann stellen Sie die Lautstärke langsam hinauf, bis Charlie Bronson auch keine Reaktion mehr zeigt, wenn die Katzengeräusche in lebensechter Lautstärke zu hören sind.

Als nächstes bringen Sie ein paar Sachen mit nach Hause, die nach fremder Katze riechen. Lassen Sie sie herumliegen, so daß Mizzi sie aufstöbern kann. Bringen Sie jeweils nach ein paar Tagen wieder neue Sachen mit, die frisch und stärker nach der anderen Katze riechen. Spielen Sie während dieser Gewöhnungsphase auch »Partyzeit« mit Mizzi, so wie ich es weiter oben beschrieben habe, mit vielen Extras und viel Beachtung.

Auf diese Weise kann Ihr kleiner Charlie sich ganz langsam an den Geruch und die Geräusche einer fremden Katze gewöhnen, ohne gleich mit der Inkarnation derselben konfrontiert zu sein. Wenn Sie immer noch Vorbehalte haben, können Sie zusätzlich eine möglichst lebensnahe Plüschkatze ins Spiel bringen, die vorher im Haus einer richtigen Katze war und danach riecht. Spielen Sie Mizzi dazu wieder die Katzenstimme auf dem Tonband vor. Indem Sie so die spätere Situation simulieren, können Sie viel abwehrendes Verhalten Ihrer Katze abbauen.

Wie schon besprochen, sollten sich die beiden Katzen zum ersten Mal auf neutralem Boden begegnen. Wenn sie dann später die neue Katze nach Hause nehmen, müssen Sie die Wohnung vorläufig unbedingt mit einem kletter- und durchschlupfsicheren Gitter in zwei »Territorien« teilen, in denen die Katzen bis auf weiteres getrennt leben. Lassen Sie es aber zu, daß die beiden sich durchs Gitter sehen und riechen können; erschrecken Sie nicht, wenn dabei viel Fauchen und eventuell Kreischen zu hören ist. Die beiden vierbeinigen Kindsköpfe verhalten sich wahrscheinlich genau wie zwei eifersüchtige Kinder, und jede wird versuchen, mehr Beachtung von Ihnen zu bekommen als die andere. Mit der Zeit – aber das kann dauern! – werden die beiden die ganze Sache nicht mehr so interessant finden und einander mehr oder weniger ignorieren.

Wenn das Verhalten der beiden immer noch durch das Gitter getrennten Katzen sich nach einigen Wochen beruhigt hat, können Sie damit beginnen, die Trennwand einige Zeit pro Tag wegzunehmen. Halten Sie dabei aber beide Katzen mit Geschirr und Leine fest (s. das entsprechende Kapitel). Dadurch haben die Katzen etwas Bewegungsfreiheit, aber doch nicht so viel, daß sie Unheil stiften können. Lassen Sie sich nicht davon entmutigen, daß in dieser Phase wahrscheinlich das ganze feindliche Getue mit Fauchen, Knurren und Kreischen wieder von vorn beginnt. Nach kurzer Zeit wird sich das legen. Denken Sie auch immer daran, daß es immer wieder vorübergehende Rückschläge geben kann, wenn man mit Katzen arbeitet, die Schwierigkeiten machen; es ist ganz normal, und ihre beiden Katzen verhalten sich so gesehen völlig im Rahmen des Erwarteten.

Bewahren Sie ruhig Blut und greifen Sie nicht zu schnell ein
Wenn zwei Katzen sich miteinander bekannt machen, tönt es manchmal, als würde eine Bombe explodieren. Dann muß man

Zwei Katzen müssen einander kennenlernen. Lassen Sie die beiden gewähren
(Ewing Galloway)

als besorgter Besitzer aufpassen, daß man nicht vorschnell eingreift. Was sich wie ein Kampf auf Leben und Tod anhört, ist oftmals nur ein artspezifisches Ritual, um aufeinander zuzugehen. Wenn Sie dabei ungeschickt eingreifen, entsteht bei den Tieren der Eindruck, daß wirkliche Gefahr droht, was mehr Aggression als nötig hervorrufen wird.

Die Entscheidung, *wann* man eingreifen soll, ist manchmal äußerst schwierig. Wie gesagt: Wenn Sie zu früh eingreifen, riskieren Sie eine Zuspitzung der gespannten Situation. Warten Sie hingegen zu lange ab, kommt es vielleicht tatsächlich zu einem ernsthaften Kampf, der hätte verhindert werden können. Da jede Katze verschieden im Charakter ist, gibt es darauf keine allgemeingültige Antwort. Versuchen Sie auf jeden Fall, die Körpersprache der Tiere genau zu erfassen (s. das Kapitel über Körpersprache): Ohrhaltung, geweitete Pupillen, eventuelle Schwanzbewegungen. Greifen Sie erst ein, wenn diese Anzeichen sehr ausgeprägt werden. Und wenn Sie nicht sicher sind, greifen Sie in Gottes Namen lieber einmal zu früh ein als gar nicht.

Geduld ist alles
Ich bin immer wieder erstaunt, wenn mir die Leute sagen, sie hätten alle meine Ratschläge befolgt, jedoch ohne Erfolg. Wenn ich sie dann frage, wie lange sie schon daran arbeiteten, bewegen sich die Antworten immer im Rahmen weniger Wochen. Manchmal werfen die Tierhalter schon nach zwei oder drei Wochen das Handtuch. Ich frage dann jeweils zurück, wie lange und wie oft sie versucht hätten, das Rauchen aufzugeben oder abzunehmen. (Ich kenne das, ich bin selbst an beidem immer wieder kläglich gescheitert, bis ich endlich bleibenden Erfolg hatte!) Eine schlechte Gewohnheit loszuwerden ist meistens eine langfristige Angelegenheit, das darf man nie vergessen.

Natürlich gibt es viele Leute, die mit meinen Ratschlägen in bezug auf Verhaltensprobleme ihrer Tiere sofort oder doch sehr bald Erfolg haben, und es mag dann so aussehen, als wäre ich der Welt größter Tierexperte; in Tat und Wahrheit jedoch können sich diese Leute sehr glücklich und privilegiert schätzen, daß es so schnell geklappt hat. Normalerweise braucht es einfach seine Zeit, bis ein bestimmtes Verhalten verändert werden kann, vor allem, wenn sich das betreffende Tier über Monate oder gar Jahre hinweg so verhalten hat. Wie lange es beim einzelnen Tier dauert, ist schwer vorauszusagen, denn das hängt sehr stark vom Charakter des Tieres und seinen Erfahrungen ab. Sehen Sie das Ganze wie den Lernprozeß in einer Psychotherapie an: Wie lange braucht ein Mensch, um tiefsitzende psychische Probleme zu lösen? Manche Menschen sind sehr schnell und können innert kurzer Zeit viel lernen und verändern, aber die Mehrzahl braucht die therapeutische Unterstützung über Jahre hinweg. Katzen brauchen zum Glück kaum je so lange, und trotzdem geben viele Katzenhalter einfach zu früh auf, vielleicht gerade kurz vor einem wichtigen Durchbruch.

Aggressives Verhalten abzubauen braucht besonders viel Zeit. Geben Sie nicht auf – Sie werden eines Tages für Ihre Mühe belohnt werden! Obwohl zwei verfeindete Katzen vielleicht nie dicke Freunde werden, lernen sie in über 90% der Fälle zumindest, einander zu tolerieren und friedlich unter einem Dach zu leben.

Und wer weiß – eines Tages geschieht vielleicht das Wunder. Sie kommen nach Hause, und da liegen die beiden Schnauze an Schnauze und schlafen den Schlaf des Gerechten. Eng beieinander, wie echte Freunde.

Katze und Sexualleben

Das Rendezvous ist sorgfältig vorbereitet. Alles stimmt. Er ist dunkel und attraktiv und ein bißchen atemlos, sie wartet voller Vorfreude, ihr goldenes Haar schimmert im Sonnenlicht. Beide sind sie schüchtern und unerfahren. Sie steht einfach so da, mit niedergeschlagenen Augen. Ach, könnte sie nur liebevoll in seine großen, seelenvollen Augen blicken. Aber sie starrt weiterhin hilflos auf ihre Füße – vier Füße.

Sie und er sind hochkarätige Perserkatzen mit Stammbaum, zusammengeführt, um einen Wurf kostbare Kätzchen zu produzieren. Aber an dem großen Tag wissen weder der Kater noch die Katze, wie sie sich verhalten sollen.

Ich bin sicher, daß Ihre Fragen über das Sexualleben Ihrer Haustiere nicht beim Züchten mit Edelkatzen aufhören. Katzenhalter haben jede Menge Fragen über die Sexualiät ihrer Katzen, getrauen sich aber kaum zu fragen. Nun, hier brauchen Sie keine peinlichen Fragen zu stellen – sie müssen nur die Antworten lesen.

Es gibt zu viele Katzen!

Oberstes Gesetz für das Sexualleben unserer Hauskatze: Es sollte gar nicht stattfinden. Es gibt so viele überzählige Katzen, daß jedes Jahr Millionen gesunder Tiere getötet werden müssen, weil sich einfach nicht für alle ein Heim finden läßt. Gemäß vorsichtigen Schätzungen kann eine einzige weibliche Katze in sieben Jahren sage und schreibe 420 000 Nachkommen haben. Wenn man sogar alle fruchtbaren Jahre einer langlebigen Katze zählt und nicht nur sieben, kommt man auf eine unvorstellbar hohe Zahl. Ich habe darüber schon viele Tränen vergossen und viele Katzen aus den Todeszellen der Tierheime gerettet, aber natürlich kann weder ein einzelner Mensch noch eine ganze Gruppe mehr als einen Tropfen auf einen heißen Stein bewirken.

Wenn Sie jemals durch die Gänge eines solchen Tierheims gegangen sind und all die Schnauzen und Pfoten hinter den Gittern erlebt haben, die in ihrem Gefängnis um ein kleines bißchen Zuwendung bettelten, werden Sie meine Trauer verstehen. Wenn Sie das noch nie erlebt haben, sollten Sie es ruhig einmal tun. Ich weiß, es wird Ihnen das Herz brechen, aber vielleicht hilft es Ihnen auch, angesichts solcher Tierschicksale verantwortungsvoll zu handeln und nicht noch mehr zur Überpopulation der Katzen beitragen.

Gibt es bei Katzen Homosexualität?

Diese Frage kommt sehr häufig, und die Antwort erstaunt die meisten Leute. Viele Tiere zeigen nebst einer vorherrschenden heterosexuellen Ausrichtung auch homosexuelles Verhalten. Es gibt Fachleute, die glauben, daß der Mensch das einzige Lebewesen ist, das diese Neigung unterdrückt. Auch Katzen sind manchmal an gleichgeschlechtlichen Partnern interessiert, aber sehr oft handelt es sich dabei weniger um sexuelle Absichten als vielmehr um eine Machtdemonstration, bei der ein Tier das andere dominieren will.

Aufreiten

Das sexuell gefärbte Aufreiten gehört wohl zu den für uns Menschen peinlichsten Aspekten unserer Haustiere.

Meine Lieblingsanekdote in diesem Zusammenhang betrifft einen meiner früheren Klienten, Rodney Dangerfield und seine Keno. Ich wurde zu Hilfe gerufen, weil Keno sozusagen Rodneys ganze Wohnung in New York unter Wasser setzte und das Faß schließlich zum Überlaufen brachte, als sie mit ihrem Urin Rodneys sündhaft teuren Hometrainer lahmlegte, die Nässe hatte einen Kurzschluß verursacht! Während ich also mit Keno arbeitete, erzählte mir Rodney die Sache mit dem Aufreiten, einem weiteren Problem, das er mit Keno hatte. Seine Geschichte rundete er ab mit einem typischen Dangerfield - Bonmot: »Von wegen kein Schamgefühl – meine Keno macht die Augen zu, bevor sie mein Bein besteigt!"

Das Aufreiten ist normalerweise vor allem ein Hundeproblem, aber es kann auch bei Katzen vorkommen. Unter Aufreiten versteht man, zivilisiert ausgedrückt, einerseits das Besteigen eines Gegenstandes, der den Geschmack eines Menschen trägt, z.B. ein Kissen oder einen Morgenmantel; andererseits das sexuelle Besteigen eines anderen Tieres oder aber eines menschlichen Beins, meistens das eines ahnungslosen Gastes und meistens im dümmsten Augenblick. Unsere Tiere scheinen ein untrügliches Gefühl für den peinlichsten Moment zu haben und sind wahre Meister darin, ihren Meister vor dem Chef oder einer neuen Flamme zu blamieren!

Wenn das Aufreiten auch eine sexuelle Komponente haben mag, so hat es in den allermeisten Fällen doch sehr viel mehr mit dominantem Verhalten zu tun, d.h. es ist eine Art zu zeigen, wer hier der Boss ist. Wir Menschen mögen darin sexuelles Verhalten sehen – im Tierreich ist das Besteigen eines anderen Tieres aber auch noch ein erprobtes Mittel zur Unterwerfung.

Wenn Sie mit Ihrer Katze Probleme mit dem Aufreiten haben, kann es hilfreich sein, ihr mehr körperliche Ertüchtigung und mehr geistig-seelische Abwechslung zu bieten und sie gleichzeitig ein paar grundsätzliche Begriffe wie »nein« zu lehren. Das Problemverhalten könnte u.U. auch ein Hinweis darauf sein, daß Sie beim täglichen Lerntraining mit Mizzi etwas falsch machen.

Oft wird gefragt, ob das Aufreiten durch Kastration einzudämmen sei. Es kann, muß aber nicht, und ganz allgemein bin ich dagegen, Verhaltensprobleme mit dem Chirurgenmesser anzugehen.

Da betreffend Kastration und Sterilisation immer viele Fragen auftauchen, habe ich dem Thema ein wenig weiter hinten im Buch ein ganzes Kapitel gewidmet.

Gibt es bei Katzen Nymphomaninnen?

»Du meine Güte!« werden Sie jetzt wahrscheinlich denken, »das tönt ja wie der Titel einer drittklassigen Talkshow, die auf Teufelkomm-raus eine hohe Einschaltquote will!« Aber nein – weibliche Katzen können tatsächlich nymphomanisch veranlagt sein. Die Störung wird durch eine hormonelle Überproduktion verursacht und tritt auch bei Männchen auf – dort unter dem Namen Satyriasis. Das krankhafte Verhalten macht sich bei weiblichen wie männlichen Tieren bemerkbar im Drang, alles, aber auch wirklich alles, zu besteigen. Manche Katzen spielen auch Jekyll und Hyde, d.h. sie werden nur zu bestimmten Zeiten aufsässig und verhalten sich dann wieder ganz normal. Dieses Problem gehört in die Hände eines Tierarztes, der in den meisten Fällen eine Kastration vorschlagen wird (d.h. das *Entfernen* der Keimdrüsen und nicht bloß das Unterbinden von Ei- oder Samenleiter!).

Dauerrolligkeit

„Nein, nicht das auch noch!", werden Sie ausrufen. Nun, es kommt leider vor, daß weibliche Katzen sozusagen dauernd hitzig sind (oder, wie man bei Katzen sagt: rollig). Die Katze zeigt dann alle Anzeichen der Rolligkeit, nur daß kein Ende abzusehen ist oder sie fast übergangslos von einer Hitzeperiode in die andere fällt und die Kater die ganze Zeit an ihr interessiert sind. Falls Ihre Katze solche Symptome zeigt, sollten Sie sie dem Tierarzt zeigen; u.U. wird er auch in diesem Fall zur Kastration raten.

Was es nicht alles gibt
Interessant ist die Tatsache, daß eine unkastrierte, unsterilisierte Katze, die draußen ein freies Leben führt, während der kalten Monate oftmals überhaupt nicht rollig wird. Der Zyklus setzt erst wieder mit zunehmendem Tageslicht ein, das die Hormonausschüttung steuert. Auf diese Weise sorgt die Natur dafür, daß die Jungen während der warmen Monate geboren werden und so bessere Überlebenschancen haben. Ich bin immer wieder berührt und fasziniert davon, wie gut Mutter Natur vorsorgt.

Lassen Sie eine unkastrierte Katze nicht frei herumlaufen und zur Übervölkerung der Katzen beitragen *(Melanie Neer)*

Andererseits geraten die Zyklen unserer im Haus gehaltenen Katzen manchmal eben durcheinander, weil für diese Tiere keine Temperatur- und Lichtschwankungen mehr wahrnehmbar sind. Unter solchen Umständen kann eine Katze alle zwei bis drei Wochen rollig werden und die Rolligkeit bis zu zehn Tagen ausdehnen, wenn keine Begattung stattfindet.

Wußten Sie, daß die Kätzchen desselben Wurfes verschiedene Väter haben können? Eine Katze läßt sich während der Rolligkeit manchmal von mehreren Katern decken, und da jeder Eisprung erst bei der Begattung stattfindet, können so auch Junge von den verschiedenen Vätern entstehen.

Scheinschwangerschaft
Manche unserer Haustiere strafen sogar die alte Weisheit: »Ein *bißchen* schwanger sein gibt es nicht« Lügen. Tiere können »eine Art schwanger« werden, auch wenn weit und breit kein männliches Exemplar zu sehen war. Auch dieses Phänomen trifft man häufiger bei Hunden als bei Katzen an. Eine Scheinschwangerschaft kann durch Hormonstörungen, aber auch durch seelische Nöte verursacht werden.

Scheinschwangerschaft heißt die Störung, weil das Tier zwar alle oder mehrere Symptome einer Schwangerschaft zeigt, jedoch nicht wirklich schwanger ist. Die harmloseste Form davon ist wohl das Nestbauen, wobei die Katze vielleicht ein paar Lieblingsspielsachen oder persönliche Gegenstände ihres Besitzers wie Junge bemuttert; in Frage kommen weiche Pantoffeln, kuschelige Pullover oder ein Plüschtier. Oftmals finden sich diese Gegenstände dann in einem dichten Haufen zum Beispiel hinter einem Sessel wieder, naßgeschleckt von der verwirrten Mama, die ihre Ersatzkinder wie Junge gepflegt hat. In schwereren Fällen bekommt die Katze einen runden Bauch wie in einer wirklichen Schwangerschaft, manchmal schwellen auch die Zitzen, und es kann sich sogar Milch bilden. Bei mildem Krankheitsverlauf greifen manche Tierärzte nicht ins Geschehen ein, sondern lassen das Tier diese Phase ruhig durchmachen. In den schwereren Fällen wird wahrscheinlich eine medikamentöse Behandlung oder Kastration helfen. Bei Scheinschwangerschaften, die rein psychisch und nicht hormonell bedingt sind, hilft manchmal alles Kastrieren nichts: die Tiere werden weiterhin scheinschwanger. Psychologische Probleme können kaum mit chirurgischen Eingriffen gelöst werden.

Die konsequenteste Form der Geburten-kontrolle: das Kastrieren

Jede Katze, die mit Katzen des anderen Geschlechts zusammenkommen kann, sollte kastriert werden, ganz gleich, wie süß und fortpflanzungswürdig Sie sie finden. Die einzige Ausnahme von dieser Regel betrifft Edelkatzen, die besonders gelungene, typische Vertreter ihrer Rasse sind und deshalb als Zuchttiere verwendet werden. Wie gesagt bin ich persönlich sehr betroffen von der massenweisen Tötung von völlig gesunden, aber überzähligen Katzen, die immer groteskere Formen annimmt, und ich bin der Meinung, daß das ziellose Vermehren von Katzen eine Sünde ist.

Mit Kastration wird das Entfernen der Keimdrüsen bei beiden Geschlechtern bezeichnet; Sterilisation hingegen bedeutet lediglich das Unterbinden von Samen- oder Eileiter. Eine Sterilisation ändert nichts am (Sexual-)Verhalten des Tieres. Manche Tierärzte glauben, daß das Kastrieren oder Sterilisieren auch vorbeugend gegen Krebs der Fortpflanzungsorgane wirken kann.

Bringt die Kastration automatisch eine Verbesserung des Verhaltens?
Oftmals wird das Kastrieren oder Sterilisieren bei Verhaltensproblemen oder Überaktivität als Allheilmittel angesehen. Ich bin da nicht so optimistisch. Eine Katze sollte aus Gründen der Gesundheitsvorsorge und Geburtenregelung kastriert resp. sterilisiert werden, und nicht, weil man glaubt, damit würden alle Verhaltensprobleme wie durch ein Wunder aus der Welt geräumt!

Solche Probleme müssen mit einem gezielten Lernprogramm und einer »Therapie« behoben werden, vor allem, wenn sie schon die Form von schlechten Gewohnheiten angenommen haben.

Ein Kater, der mit seinem Urin überallhin markiert, kann z.B. nicht allein durch Kastration von diesem Verhalten abgebracht werden.

Mißverständnisse betreffend Kastration und Sterilisation

Das größte Mißverständnis ist die fälschliche Auffassung, daß eine kastrierte oder sterilisierte Katze faul und fett werde. Nur diejenigen Katzen werden fett, deren Besitzer eine zu lockere Hand am Dosenöffner hat.

Kastrieren oder Sterilisieren hingegen verändern weder das Verhalten noch das Aussehen einer Katze. Eine schöne Katze bleibt eine schöne Katze, wenn... – siehe oben.

Es stimmt nicht, daß eine Katze mindestens einmal geboren haben sollte – aus welchen Gründen auch immer. Es ist auch keine gute Idee, seinen Kindern anhand der Katze das Wunder der Geburt vor Augen führen zu wollen.

Wann ist der richtige Zeitpunkt zum Kastrieren oder Sterilisieren
Über den idealen Zeitpunkt gibt es unter Tierärzten verschiedene Auffassungen, aber die meisten sind heutzutage der Meinung, daß es am besten im ersten Lebensjahr gemacht werden sollte; im Moment herrscht die Tendenz vor, den Eingriff möglichst früh zu machen. Die Operation ist aber auch bei einer älteren Katze problemlos, solange sonst keine gesundheitlichen Störungen vorliegen, die gegen eine Narkose sprechen. Ihr Tierarzt wird Sie darüber beraten.

Alternativen zum Kastrieren
Wenn Sie wirklich gute Gründe gegen das Kastrieren oder Sterilisieren Ihrer Katze haben, können Sie auf die zweitbeste Methode ausweichen: Lassen Sie ihre Katze nie unbeaufsichtigt im Freien laufen, sondern nehmen Sie sie an die Leine (s. das Kapitel über das Leinentraining); auf diese Weise verhindern Sie dennoch, daß Sie und Ihre Katze zu der Tragödie der überzähligen Katzen beitragen. Außerdem müssen Sie dann dafür sorgen, daß Mizzi zu kritischen Zeiten nicht mit Katzen des anderen Geschlechts im Haus drinnen in Kontakt ist. Es gibt heute verschiedene Medikamente zur Beeinflussung des Fruchtbarkeitszyklus; sie sind aber im allgemeinen eher als kurzfristige Lösungen gedacht.

Au weia! Was sind denn das für sechs winzige Würstchen im Kleiderschrank?

Sollte Ihre Katze allen Vorsehungen zum trotz doch schwanger werden, kann der Tierarzt die Schwangerschaft bis zu einem gewissen Stadium abbrechen. Falls Sie persönliche Einwände gegen jeglichen Schwangerschaftsabbruch haben oder falls Sie eines Tages ahnungslos über einen Wurf Kätzchen stolpern, müssen Sie natürlich die volle Verantwortung für diese Kätzchen übernehmen. Und das heißt nicht, daß Sie den Wurf beim Tierheim um die Ecke abliefern, das ohnehin schon überbelegt ist und in den roten Zahlen steckt. Nein, für diesen Wurf müssen Sie sich persönlich einsetzen. Suchen Sie rechtzeitig für alle die Kleinen, deren weiteres Leben ganz von Ihrem Einsatz abhängt, einen wirklich guten Platz. Und bitte lassen Sie jetzt Ihre Katze kastrieren!

Für die Züchterherzen unter Ihnen

Rassekatzen mit exzellenter Abstammung, mit typischem Rassestandard, wie er vom entsprechenden Rasseklub vorgeschrieben wird, sowie mit ausgezeichneten Bewertungen an Katzenausstellungen – und wirklich nur solche Prachtsexemplare – sollten zum Züchten in Betracht gezogen werden. Der Rasseklub wird Ihnen wahrscheinlich auch bei der Suche nach dem idealen Partner für Ihre Katze behilflich sein.

Eine Katze darf erst zur Zucht verwendet werden, wenn sie völlig ausgewachsen ist. Über den entsprechenden Zeitpunkt herrscht aber Uneinigkeit; persönlich glaube ich, daß eine Katze nicht vor zweijährig ausgewachsen ist, manchmal auch dann noch nicht. Jüngere Katzen sind oftmals entweder physisch oder psychisch noch unreif, was sich beim Züchten nachteilig auswirken kann.

Zumindest einer der beiden Sexualpartner sollte erfahren sein. Natürlich können auch zwei Unerfahrene Gefallen aneinander finden, aber sie wissen eventuell nicht, was sie tun müssen... In diesem Fall ist es an den Besitzern, sachte helfend einzugreifen, auch wenn es sicher nicht jedermanns Sache ist, Mizzi in ihrem Intimleben Nachhilfestunden zu erteilen.

Falls alles gut geht, nehmen sowohl Appetit wie Bauchumfang der Katze schon bald gehörig zu, und ungefähr 59 bis 68 Tage nach dem großen Ereignis werden Sie einen Wurf allerliebster Kätzchen bestaunen können.

Zögern Sie nicht, Ihrem Tierarzt eventuelle Fragen über das Sexualleben der Katze zu stellen – daran ist nichts Anstößiges. Je besser Sie Bescheid wissen, desto glücklicher und gesünder wird Mizzi leben.

5. Mizzi im Kindergarten

Beginnen Sie früh genug mit der Erziehung

Sobald Mizzi bei Ihnen einzieht, kann ihre Erziehung auf Kindergartenstufe beginnen. Machen Sie alles spielerisch und gehen Sie nicht stur nach einem Plan vor. Führen Sie Ihr Kätzchen vielmehr sachte in die von Ihnen gewünschte Richtung, ohne jemals negativ einzuwirken, dafür aber mit viel Lob und Liebe.

Manche Leute reagieren auf dieses Konzept skeptisch, weil sie finden, ich fange zu früh mit der Erziehung an. *Ich* finde, Mizzi ist alt genug zu lernen, sobald sie alt genug ist, Dummheiten anzustellen. Ein Kätzchen, das im zarten Alter von wenigen Wochen den Haushund in Schach hält, kann genauso gut im zarten Alter von wenigen Wochen lernen, sich mit dem Haushund anzufreunden. Und jeder kleine Schlaumeier, der alt genug ist zu kapieren, daß er uns hinter sich herrennen lassen kann, bis wir erschöpft aufgeben, ist auch alt genug, ein bißchen Benimm zu lernen. Je früher man eine kleine Katze auf spielerische Art an gewisse Dinge gewöhnt, desto leichter wird ihr später das Lernen fallen. Auf diese Weise wird auch das Selbstvertrauen der jungen Katze gefördert, die dann das Gefühl bekommt, hier zu Hause zu sein und zu wissen, wo's lang geht.

Das einzige, was von dieser Früherziehung ausgeschlossen sein sollte, sind Ausflüge im Freien. Konsultieren Sie Ihren Tierarzt, der Ihnen sagen wird, wann Ihre kleine Katze alle notwendigen Impfungen gehabt hat, um für draußen gewappnet zu sein.

Probleme rund ums Katzenklo

Jede Katze findet den Weg aufs Katzenklo von alleine, rein instinktmäßig. Richtig oder falsch?

Falsch. Machen Sie sich nichts draus, wenn Sie »richtig« dachten – viele Leute sind diesbezüglich falsch informiert. Falls Sie mit »falsch!« antworteten, gehören Sie wahrscheinlich zu jenen Leidgeprüften, die wissen, wie es ist, wenn das eigene Haus nach Stall riecht. Wahrscheinlich gehören Sie auch zu denjenigen, die jedes Putzmittel zur Beseitigung jeglicher Gerüche kennen, außer einem: Katzenurin.

Die allerhäufigste Frage von Katzenhaltern ist denn auch: »Wie kann ich meine Katze dazu bringen, das Katzenklo zuverlässig zu benützen?« Die Leute sind echt verzweifelt, denn es gibt wirklich nichts Ärgeres als eine Katze, die ihr Geschäft irgendwo in der Wohnung verrichtet statt im Katzenkistchen. Eine solche Katze hat offensichtlich das Gefühl, daß ihr Zuhause ein einziges großes Badezimmer ist – wunderbar!

Die Probleme können ganz verschiedene Gründe haben
Die Gründe für die Nichtbenützung des Katzenklos können vielseitig sein. Da gibt es die empfindsamen Katzenseelen, die das Kistchen zwar die meiste Zeit benützen, sich zwischendurch aber immer wieder mal »daneben benehmen«; andere haben ihre guten und schlechten Phasen und sind etwa zu 50% stubenrein. Dann gibt es die hochsensiblen Katzen, bei denen ein wenig seelischer Streß wie etwa eine Scheidung oder Geburt in der Familie genügt, damit sie ihre guten Manieren über Bord werfen. Und wieder andere haben ganz einfach die Sache mit dem Kistchen noch nicht begriffen. Diese Katzen ziehen für ihr Geschäft ganz einfach Ihren Wäscheschrank, Ihren Schuh, Ihr Buch, die Mitte des teuersten Teppichs oder – Gott bewahre! – Ihr Kopfkissen vor. Ich weiß, wie Ihnen zumute ist. Sie haben mein ganzes Mitgefühl.

Da bin ich wahrlich ein Glückspilz mit Mowdy. Er ist in dieser Beziehung ein richtiger Gentleman. Auch wenn er mit mir auf Reisen ist, kann ich irgendwo, z.B. in einem fremden Hotelzimmer, sein Klo aufstellen, und er wird es ohne Anstände benützen. Das kann *Ihre* Katze aber auch. Jede Katze kann das Einmaleins der Hygiene lernen.

Ihre Katze meint es nicht so
Begreiflicherweise sind Sie entsetzt, wenn Ihre Katze nicht ihr Kistchen benützt, sondern die Wohnung verschmutzt. Aber bitte denken Sie daran, daß in 99,9% der Fälle nicht böser Wille Ihrer Katze dahintersteckt! Katzen grübeln nicht nächtelang darüber, wie sie Ihnen eins auswischen könnten. Katzen wälzen sich nicht schlaflos im Bett und denken sich jede Menge Racheakte aus. Nein – Katzen reagieren eigentlich immer auf einen bestimmten Umstand oder eine Kombination unglücklicher Umstände, und die Nichtbenützung des Katzenklos macht da keine Ausnahme.

Das Hänsel- und Gretel-Syndrom

Wenn Sie vor dem Rätsel stehen, weshalb Mizzi sein Geschäft auf Ihrem Kopfkissen erledigt, während ein Familienmitglied fehlt, dann sollten Sie als Grund eine Möglichkeit in Betracht ziehen, die ich als Hänsel-und-Gretel-Syndrom bezeichne. Katzen wie auch andere Tiere vermitteln nämlich mit ihren Exkrementen auch Botschaften an andere Tiere. Zum einen teilt der Geruch einer eindringenden fremden Katze mit, daß hier das Revier von Mizzi beginnt, zum andern kann der Geruch auch anziehend auf andere Katzen wirken, die Mizzi vielleicht gerne näher kennen – lernen möchte. Die Duftspur hilft aber Mizzi auch, wieder nach Hause zu finden, gerade wie die Brotkrümel im Märchen von Hänsel und Gretel, die dank des gestreuten Brotes den Weg aus dem Wald herausfanden. Es kann also sein, daß Mizzi mit ihren »Duftbotschaften« dem fehlenden Familienmitglied den Weg nach Hause signalisieren will und deshalb vor allem auch Gegenstände markiert, die nach dem fehlenden Familienmitglied riechen. Von Ihrem Standpunkt aus sieht das Ganze natürlich wie ein Akt mutwilliger Bosartigkeit aus, vor allem, weil es immer dann passiert, wenn Sie außer Haus sind... Von Mizzis Standpunkt kann die Sache aber wie gesagt ganz anders aussehen.

Probleme mit dem Katzenklos werden immer häufiger
Die einfachste Antwort auf das Warum dieser Tatsache ist die, daß die Zahl der Hauskatzen stark zugenommen hat, weil die

Katze als Haustier immer attraktiver wird; schließlich ist sie nicht nur billiger im Unterhalt als ein Hund, man muß mit ihr auch nicht mitten in der Nacht Gassi gehen. Aber je mehr Katzen es gibt, desto mehr Verhaltensprobleme tauchen natürlich auch auf. Ein großer Teil davon geht auf das Konto von Anfängern in Sachen Katzenhaltung, die natürlich noch nicht die Raffinesse im Umgang mit den schlauen Samtpfoten haben wie ihre langjährig herausgeforderten und erprobten Kollegen.

Außerdem halten sich immer mehr Leute nicht nur eine Katze, sondern zwei oder mehrere. Und die Chance, daß in einer Gruppe von Katzen eine Probleme macht, ist natürlich gegeben.

Ein weiterer Grund für immer mehr Probleme u.a. mit der Sauberkeit ist der, daß immer mehr Katzen in Familien leben, deren Mitglieder alle arbeiten gehen und kaum Zeit haben, ihre Katze zur Stubenreinheit zu erziehen. Das mag zwar verständlich sein, ist aber weder für Sie noch die arme Katze von Vorteil.

Der Kampf ums Kistchen
Die Auswahl des richtigen Katzenkistchens hängt natürlich sowohl von Ihrem wie von Mizzis Geschmack ab, aber das letzte Wort sollte schon Mizzi haben. Wenn sie Einwände gegen Ihre Auswahl hat, sind Sie jedenfalls am kürzeren Hebel.

»Klo ist Klo« denken sicher viele unter Ihnen. Weit gefehlt! Es gibt kleine, rechteckige Kistchen, große rechteckige, solche mit hohen Wänden, solche mit Deckel und sogar solche mit eingebautem Filter im Deckel. Wenn Ihre Katze eine bestimmte Art Kistchen offensichtlich nicht mag, müssen Sie in Gottes Namen die nächste Sorte ausprobieren, bis Sie das richtige getroffen haben.

Ein offenes Klo ist nicht jedermanns Sache
Manche Katzen mögen zwar ein weites, offenes Kistchen, aber viele ziehen die Privatsphäre eines gedeckten vor. Falls Sie ein Klo mit Deckel haben möchten, Ihre Katze aber eines ohne, können Sie es trotzdem mal nach Ihrem Wunsch versuchen. Während der ersten zwei oder drei Wochen lassen Sie einfach den Deckel weg, legen ihn aber in der Nähe des Kistchens auf

den Boden. Falls Mizzi sich nicht daran stört und alles gut geht, können Sie nach ein paar Wochen den Deckel fürs erste mal aufsetzen, aber so, daß er gerade aufgerichtet steht oder das Kistchen höchstens zu einem Viertel bedeckt. Die nächsten Schritte bestehen dann darin, den Deckel so zu fixieren, daß er das Kistchen wie ein schräges Dach zuerst halb, nach einiger Zeit dann zu drei Vierteln abdeckt, bis Sie ihn eines Tages ganz aufsetzen. Auf diese Weise kann sich Mizzi an die Bedeckung gewöhnen und wird wahrscheinlich keine Schwierigkeiten mehr machen.

Mizzis Boudoir

Manchen Katzen ist es peinlich, wenn sie jemand auf dem Klo beobachtet. Um Ihrer zartbesaiteten Mizzi entgegenzukommen, können Sie einen Sichtschutz in Form eines Boudoir-Schirms installieren, was Ihnen gleichzeitig auch den wenig erquicklichen Anblick des Plastikkistchens erspart. Sie kennen sicher die altmodischen Wandschirme in den alten Hollywoodfilmen, hinter denen sich immer eine schöne Frau umzieht, während vorn im Raum ein Mann unruhig hin- und hertigert.

Einen solchen Sichtschutz können Sie selbst basteln; vielleicht kennen Sie aber auch ein modernes Zoofachgeschäft, das sowas verkauft.

Katzenstreu – die Qual der Wahl

Ich glaube, der häufigste Grund, weshalb Katzen ihr Kistchen verschmähen liegt in der Wahl der Katzenstreu. Vor Jahren beschränkte sich die Auswahl auf Sand, Gartenerde und eine einzige Sorte Katzenstreu, die im Handel erhältlich war. Heute stehen wir hilflos vor einer schier endlosen Reihe von Streu-Varianten – geruchlos, parfümiert, organisch abbaubar, aus Altpapier, aus vulkanischer Erde, in grün, in rot, in sand, grobkörnig, feinkörnig, klumpend, garantiert nicht stäubend, in 500 gr Packungen, in 20-kg-Säcken.... Es ist zum Verrücktwerden.

Bei diesem Überangebot sind nicht nur wir überfordert, sondern auch unsere Katzen. Wir dürfen nämlich nicht vergessen, daß auch Katzen Gewohnheitstiere sind. Sie scheren sich einen

Deut um unsere neusten Streu-Kreationen, sind nicht interessiert an Fichtennadelduft, Kompostierbarkeit und Farbnuancen – sie wollen einfach nur ihr gutes altes Kistchen wieder haben! Und unter uns gesagt, ist es doch uns auch am wohlsten im vertrauten alten Badezimmer, oder nicht?

Und außerdem – haben Sie mal an den neuen Duftsand-Kreationen gerochen? Manche stinken gottserbärmlich nach billigem Aftershave, und wenn *ich* dieses Zeugs auf meinem Klo vorfinden würde, dann passierte mir wahrscheinlich auch ein Mißgeschick auf dem Wohnzimmerteppich... Katzen haben einen sehr feinen Geruchsinn, einen viel feineren als wir. Ich persönlich bin überzeugt, daß viele der sogenannten bahnbrechenden Neuerungen in Sachen Katzenstreu zu den Versäuberungsproblemen bei unseren Katzen beigetragen haben. Denn es ist auffallend, wie viel mehr solche Probleme auftauchen, seit all diese neumodischen, »stinkenden« Produkte auf dem Markt sind.

Aber bitte verstehen Sie mich nicht falsch. Wenn Ihre Katze mit einer solchen Streu glücklich und zufrieden ist, um so besser. Sie können dann vielleicht tatsächlich von einer Katzenstreu profitieren, die leicht parfümiert, nicht-stäubend etc. ist. Wenn Sie in der glücklichen Lage sind, eine anpassungsfähige Katze zu haben, dann bleiben Sie ums Himmels willen bei der jetzigen Streu. Aber wenn Sie immer wieder kleine Mißgeschicke in der Wohnung aufputzen müssen, sollten Sie einmal ausprobieren, ob es besser wird, wenn Sie eine altmodische, unparfümierte Katzenstreu kaufen.

Sauberkeit ist oberstes Gebot

Ein weiterer häufiger Grund für die Nichtbenützung des Katzenklos ist ganz einfach der, daß das Kistchen zu wenig oft und gut gereinigt wird. Wir alle wissen, daß Katzen sehr ordentliche, saubere Tiere sind, und zu dieser Regel gibt es wirklich nur ganz wenige Ausnahmen. Weshalb nur werden dann die Katzenkistchen oftmals so schlecht geputzt? Viele Katzenhalter säubern das Katzenklo höchstens ein- oder zweimal die Woche, während die Pflichtbewußten unter ihnen den Kot und Urin

etwas häufiger entfernen. Falls Sie und Ihre Katze Probleme mit dem Katzenklo haben, könnte es sehr wohl sein, daß Sie das Kistchen ganz einfach nicht sauber genug halten.

Ich werde nie den Fall eines hochangesehenen Managers einer großen Firma vergessen, der schon zwei Katzen besaß, als seine Frau eine dritte nach Hause brachte. Damit fingen die Probleme an. Die drei Katzen weigerten sich von einem Tag auf den andern, das Katzenklo zu benützen, und so fanden sich bald überall in dem luxuriösen New-Yorker-Apartment Kothäufchen und Urinseen. Daraufhin rief mich die Frau verzweifelt an, denn unter diesen Umständen konnten sie unmöglich die hochkarätigen Geschäftspartner Ihres Mannes einladen.

Wir vereinbarten einen Termin für den nächsten Tag. Das Haus stand an bester Adresse, die Wohnung war voller Kostbarkeiten. Ich bin ja in Sachen Katzen-»Düfte« gewiß einiges gewöhnt, aber der Gestank, der mich in dieser Wohnung empfing, haute mich fast um. Es war mir unvorstellbar, wie man das Problem so lange hatte schliddern lassen können. Nun, wir machten uns sofort an den Versuch einer Lösung.

Es gab vieles zu beanstanden: falscher Speisezettel der Katzen, falsche Putzmittel, zu viel liebloses Kritisieren und Schimpfen. Am meisten zu beanstanden gab aber das Katzenkistchen an sich: Als ich es begutachtete, meinte ich, eine der modernen Skulpturen vor mir zu haben, die überall in der Wohnung herumstanden – so viele halb zugedeckte Kothaufen starrten mir entgegen! Im Ernst – es war das dreckigste, ungepflegteste Katzenklo, das ich je gesehen hatte. Kein Wunder, weigerten sich die Katzen, es zu benutzen; man hätte sie mit einem Orden ehren müssen, wenn sie nur eine Pfote da hinein gesetzt hätten! Stellen Sie sich mal vor: Wenn Sie eine dieser Katzen gewesen wären, hätten Sie ein solches Kistchen benutzt? Denken Sie nur, wie es einem manchmal zumute ist, wenn man dringend ein Klo bräuchte und das einzige weit und breit so schmutzig ist, daß man sich's nochmals anders überlegt... Ich kenne viele Leute, die unverzüglich kehrt machen, wenn das Klo nicht sauber ist, und ich begreife das gut. Weshalb also soll die Katze nicht die Sauberkeit hinter dem Sofa dieser Schweinerei vorziehen?

Mein eindringlichster Ratschlag an diese Leute war, das ganze Kistchen einmal pro Tag zu leeren und neue Streu einzufüllen. Außerdem schlug ich zusätzliche Kistchen vor, vor allem auch eins im zweiten Stock, denn manche Katzen finden es sehr unattraktiv, nachts in der Dunkelheit treppab und durch die ganze Wohnung zu gehen, um endlich ein Klo zu finden.

Das Problem löste sich innerhalb weniger Tage nach meinem Besuch in nichts auf. Die Leute waren überzeugt, ich hätte Wunder gewirkt und empfahlen mich allen ihren Bekannten, dabei hatte ich wirklich nichts Besonderes getan. Der gesunde Menschenverstand sagt einem eigentlich schon, daß so heikle Tiere wie die Katzen wohl kaum Freude an einem verschmutzten Katzenklo haben, und auch nicht an einem Kistchen, das nach scharfen Putzmitteln stinkt. Genauso wie wir Menschen gerne ein Badezimmer haben, das weder stinkt noch dreckig ist, haben unsere Katzen gerne ein Klo, das ihren Vorstellungen von Hygiene entspricht.

Sicher sind manche Katzen von Geburt an heikler als andere oder entwickeln im Laufe ihres Lebens ein besonders ausgeprägtes Sauberkeitsverhalten. So oder so: Jedes Katzenklo sollte mehrmals pro Woche gründlich gereinigt werden, und damit meine ich, daß man nicht nur den Dreck hinausschaufelt, sondern die ganze Streu wechselt. Und eine Katze, die mit dem Kistchen Probleme macht, sollte jeden Tag ein- oder sogar zweimal ein frisch eingestreutes Klo vorfinden. Diejenigen unter Ihnen, die jetzt fieberhaft die Kosten für all die zusätzliche Katzenstreu berechnen und sich fragen, ob ich wohl beim Einatmen all dieser Katzenhaare den Verstand verloren habe, kann ich insofern beruhigen, als man ein Katzenklo *nicht* bis zum Rand mit Streu zu füllen braucht, auch wenn das viele Leute immer wieder meinen. Man braucht es nicht einmal halb zu füllen; den meisten Katzen genügt es vollkommen, wenn so viel drin ist, daß sie einen Kothaufen damit zudecken können.

Das richtige Putzmittel

Viele Fehler werden bei der Wahl des Putzmittels gemacht, mit dem man Mizzis Mißgeschick reinigt. Die meisten Leute greifen dabei auf ein ammoniakhaltiges Mittel. Nun enthalten aber sowohl Kot wie Urin selbst Ammoniak (was Ihnen vielleicht beim Babywickeln auch schon aufgefallen ist...), und wenn man jetzt Mizzis Mißgeschick mit ammoniakhaltigen Mitteln wegputzt, so riecht das für Mizzi so, als ob Sie ihren Geruch mit einem fast identischen Geruch überlegen würden. Gerade so gut könnten

(Melanie Neer)

Sie Mizzi eine schriftliche Einladung zur Wiederholung der Tat senden mit den Worten: »Brave Mizzi, mach nur weiter so, tu's doch nochmal hinter dem Sessel, und unter dem Eßtisch, und warum nicht auch noch ein wenig beim Bett – braves Kätzchen?« Aber das ist ja wohl kaum, was Sie beabsichtigen, oder? Vermeiden Sie diesen Teufelskreis, indem Sie ein Produkt benützen, das den Geruch *neutralisiert* (in guten Fachgeschäften erhältlich). Achten Sie aber darauf, daß das Produkt auf dem Etikett ausdrücklich als geruchsneutralisierend deklariert ist, denn es gibt auch viele Pseudo-Neutralisierer, die zwar für den menschlichen Geruchsinn den Gestank überdecken, nicht aber für die feinere Nase unserer Katzen.

Verlassen Sie sich auch nicht auf eine Teppichreinigungsfirma, denn diese Leute sind auf die Entfernung von Flecken und Gerüchen nach menschlichen Maßstäben spezialisiert. Nur weil etwas für unsere Nase wohlriechend ist, heißt das aber noch lange nicht, daß Mizzi ihr »Örtchen« auf dem Teppich nicht wieder findet. Fragen Sie deshalb die Reinigungsfirma, was für eine Art Mittel sie braucht, engagieren Sie sie nur, wenn sie ein Mittel ohne Ammoniak benützt, und fragen Sie, ob Sie etwas von Ihrem Geruchsneutralisierer beifügen können. Das wird Ihnen viel Mühe und späteren Ärger ersparen.

Wenn Sie den Teppich selbst shampoonieren wollen, sollten Sie auf jeden Fall auf dem Etikett nachlesen, was das Mittel alles an Chemikalien und Giften enthält, und äußerst zurückhaltend damit umgehen, so daß weder Sie noch die Katze oder ein anderes Lebewesen Schaden erleidet.

Ein paar Tricks gegen Katzenklo-Probleme

Mein Motto bezüglich Verhalten heißt: Vorbeugen ist besser als heilen. Viel lieber als ein Tier zu korrigieren, kritisieren, dominieren oder autoritär und strafend zu behandeln versuche ich, von allem Anfang an eventuell drohende Verhaltensauffälligkeiten zu verhindern. Am wohlsten ist mir, wenn ich eine verhaltensauffällige Katze so spielerisch leicht von ihrem unerwünschten Verhalten ablenken kann, daß sie gar nicht merkt, was vor sich geht. Weil es so viele verschiedene Fragen in bezug auf die (Nicht-)Benützung des Katzenklos gibt, habe ich im folgenden eine Liste zusammengestellt, so daß Sie besser sehen, in welche Kategorie Ihr Problem gehört.

Was ist, wenn...

Nr. 1: Die erste Frage betrifft jene Katzenhalter, die möchten, daß Ihre Katze das Menschenklo benutzt. Ich schwöre Ihnen, daß ich Leute kenne, die Ihre Katze so weit gebracht haben, und in den letzten Jahren sind sogar spezielle Toilettensitze für Katzen und andere Erziehungshilfen auf den Markt gekommen. Für Mowdy und mich kommt das allerdings nicht in Frage. Unser Abkommen ist einfach: Ich habe mein Klo für mich, er sein Kistchen für sich. Ich habe nun wirklich keine Lust, vor meinem eigenen Badezimmer anzustehen, weil die Katze gerade drin ist... Und außerdem vergißt er doch immer zu spülen. Wenn Sie aber Ihre Katze auf Menschenklo umerziehen möchten – bitte schön – ; aber überlegen Sie sich vorher gut, welche Konsequenzen das u.U. haben kann.

Meine Lieblingsgeschichte in dieser Beziehung stammt von Ron Reagan Junior. Er erzählte mir, daß in einer seiner früheren Wohnungen das Badezimmer neben dem Wohnzimmer lag und daß man von der Sitzgruppe aus direkt zur Badezimmertür sah und umgekehrt. Nun konnte aber die Badezimmertür nicht richtig geschlossen werden, und das wußte Rons Katze. Wenn immer nun jemand im Badezimmer verschwand, marschierte die Katze nach einer kurzen Weile hinüber und stieß die Tür auf, so daß jedermann freien Blick auf die betreffende Person auf dem Sie-wissen-schon-was hatte.

Nr. 2: Dies betrifft Leute, deren neue Katze weder weiß noch wissen will, was ein Katzenklo ist und der Mutter Natur nur einflüstert, daß jeder Ort das richtige Örtchen sei... Fangen Sie ganz von vorne an. Bauen Sie um ein rund 1 Meter 50 langes und breites Quadrat in Ihrer Wohung eine kleine Festung, stellen Sie am einen Ende dieses »Laufgitters« ein sauberes Katzenkistchen auf, am anderen Ende etwas Futter und Wasser, und verstreuen Sie jede Menge Katzenspielzeug auf der ganzen restlichen Fläche. Wann immer Sie nun Mizzi nicht überwachen können, setzen Sie sie in dieses Laufgitter – aber wirklich nur dann. Achten Sie auch darauf, daß sie sich nicht verletzen kann, wenn sie eventuell versucht, herauszuspringen. Da sozusagen jeder Zentimeter des eingezäunten Raumes mit Kistchen, Futter und Spielzeug bedeckt ist, bleibt der Katze eigentlich gar nichts anderes übrig, als das Kistchen zu benützen, denn sie wird keinesfalls das Futter oder ihre Spielsachen verschmutzen wollen. Außerdem können Sie den Boden des Kistchens mit einigen Tropfen in Wasser verdünntem Ammoniak verlockend »parfümieren« – das wird Mizzi erst recht auf die richtige Idee bringen.

Wichtig: Ausschlaggebend für den Erfolg dieser Methode ist, daß Sie Mizzi wirklich immer im Auge behalten, wenn sie frei herumläuft und immer in ihr Laufgitter verbannen, wenn das nicht möglich ist. Sie wissen ja: kleine Katzen sind flink, und wenn Ihre Aufmerksamkeit nur eine Minute nachläßt, wird das kleine Fellbündel die Gelegenheit ergreifen und Sie einmal mehr zum Narren halten. Wenn Sie wirklich konsequent sind, können Sie das Quadrat alle paar Tage etwas vergrößern, sobald Mizzi beginnt, zuverlässig das Klo zu benutzen. Wenn Sie nachlässig werden und nicht verhindern, daß die Katze trotzdem zwischendurch immer wieder mal auf den Boden macht, verzögert das einfach den Lernprozeß und verlängert die Dauer von Mizzis Eingesperrtsein. Überwachen Sie aber Mizzi konsequent resp. bieten Ihr in ihrem Viereck immer ein sauberes Kistchen, Futter in größtmöglicher Entfernung vom Kistchen und einen Fußboden voller Spielzeug an, werden Sie schon bald wie alle anderen glücklichen Katzenbesitzer ein zuverlässig benutztes Katzenklo bewundern können.

Nr. 3: Hat Ihr kleiner Liebling ein paar bestimmte Lieblings-»Örtchen« in der Wohnung? Diese Art von Unsauberkeit ist eigentlich die häufigste, denn die meisten Katzen, die das Katzenklo nicht benutzen, wählen ein bis drei Lieblingsplätze für ihr Geschäft aus, in schwereren Fällen können es auch mal bis zu einem halben Dutzend verschiedener solcher Versäuberungsorte sein. Als erstes müssen Sie wieder sicherstellen, daß das Katzenklo immer peinlich sauber ist, daß die Einstreu Ihrer Katze zusagt und daß auch das Putzmittel und/oder der Duftneutralisierer von ihr akzeptiert werden. Wenn all diese Faktoren nicht zuerst in Ordnung gebracht werden, laufen Sie nämlich Gefahr, daß Mizzi sich in der Folge noch weitere Versäuberungsörtchen in der Wohnung sucht.

Da Katzen wie gesagt sehr reinliche Tiere sind – nach jeder Mahlzeit wird geputzt und geschleckt – besteht ein ganz einfacher Trick gegen Versäuberungsprobleme darin, daß man der Katze überall dort Futter anbietet, wo sie vorher einmal hingemacht hatte. Katzen hassen es, in nächster Nähe zu einem Futterplatz Kot oder Urin abzusetzen, und so werden jedenfalls diese Futterstellen und ihre Umgebung verschont bleiben.

Verteilen Sie einfach Mizzis normale Futterration auf seinen üblichen Teller plus auf einige Pappteller – eben soviele, wie es in der Wohnung Versäuberungsörtchen gegeben hat. Ist Mizzis Lieblingsörtchen z.B. die Badewanne (sehr beliebt bei vielen Katzen!), die Speisekammer und der Korb mit der schmutzigen Wäsche, dann sollten Sie im ganzen vier Teller vorbereiten. Der übliche Futternapf wird mit einem Viertel der Futterration an der üblichen Stelle angeboten, von den anderen drei Tellern stellen Sie je einen mit einem weiteren Viertel Futter in die Speisekammer, auf den Wäschekorb und in die Badewanne. Sie finden es widerlich, z.B. in der Badewanne einen Teller mit Katzenfutter zu haben? Aber finden Sie nicht auch, daß das viel weniger widerlich ist als die Bescherung, die Sie vorher hatten? Lassen Sie die Papierteller stehen, wenn Mizzi sie ausgegessen hat – sozusagen als Mahnmal.

Wenn Mizzi nach ein paar Wochen bewiesen hat, daß er seine alten Gewohnheiten abgelegt hat, können Sie mal den einen oder anderen der Pappteller einen Tag lang entfernen und am nächsten Tag wieder für einige Tage hinstellen. Wiederholen Sie dieses Prozedere ein paar Mal. Nach zwei bis drei Wochen ohne ein einziges Mißgeschick können Sie den ersten der Pappteller endgültig entfernen. Beobachten Sie wieder eine Woche lang, was passiert. Wenn nichts »passiert«, entfernen Sie den zweiten Teller, beobachten eine Woche lang, entfernen den dritten Teller, wenn mit dem zweiten alles gut geht, und so weiter. Falls Mizzi nach einer Weile doch wieder an den alten Orten ihr Geschäft verrichtet, sind Sie zu schnell vorwärtsgegangen. Fangen Sie nochmals von vorne an und belassen Sie diesmal die Teller noch etwas länger an ihren Orten als beim ersten Mal. Gehen Sie lieber ganz langsam als ein kleines bißchen zu geschwind vor!

Falls Sie aus irgend einem Grund an einen Ort keinen Futterteller hinstellen können, versuchen Sie es mit Aluminiumfolie. Viele Katzen mögen das Geräusch von Aluminiumfolie überhaupt nicht und vermeiden es auch, darauf zu treten.

Nr. 4: Wie gewöhnt man eine Katze, die bisher freien Auslauf hatte, ans Leben ausschließlich im Haus? Eine Katze, die bisher draußen nach Lust und Laune einen passenden Versäuberungsort aussuchen konnte, wird erstmal sehr verwirrt sein. Sie können versuchen, ihr die Umgewöhnung leichter zu machen, indem Sie Erde oder Sand (falls das dem Boden draußen näher kommt) ins Kistchen einstreuen. Nach ein paar Wochen, wenn Mizzi sich schon etwas eingewöhnt hat, können Sie allmählich eine handelsübliche Katzenstreu beimischen. Fangen Sie etwa im Verhältnis 75% Erde oder Sand und 25% Streu an und verschieben Sie das Verhältnis jeweils um 25% zugunsten der Katzenstreu, bis gar keine Erde oder kein Sand mehr dabei ist.

Nr. 5: Wenn einer älteren Katze ein Mißgeschick auf dem Fußboden passiert, liegen dahinter wahrscheinlich mehrere Rentner-Probleme. Katzen in der zweiten Lebenshälfte sind etwas ganz Spezielles; ich jedenfalls habe sie besonders ins Herz geschlossen. Sie haben die besten Jahre ihres Lebens mit uns geteilt, und das Mindeste, was wir für sie tun können, ist, ganz für sie da zu sein, wenn sie uns jetzt mehr brauchen. Aus diesem Grund habe ich ihnen ein ganzes eigenes Kapitel gewidmet. Bitte lesen Sie im Kapitel über Katzen-Senioren nach, welches ihre speziellen Bedürfnisse nicht nur betreffend Katzenklo sind, sondern ganz allgemein, damit sie einen gesunden und glücklichen Lebensabend mit uns verbringen können.

Spenden Sie Lob!

Loben Sie Mizzi für alles, wirklich alles, was sie gut macht! Sobald sie ihr Geschäft in ihrem Klo verrichtet hat, sollten Sie sie geradezu mit Lob überschütten! Übertreiben Sie dabei ruhig ein bißchen. Sagen Sie ihr, daß sie einfach wundervoll ist, die beste, größte Katze auf Erden! Umarmen Sie sie, streicheln Sie sie, flöten Sie süße Worte – minutenlang. Soviel Liebe und Aufmerksamkeit *muß* Mizzi auf die richtige Idee bringen! Ein bißchen nebensächliches Tätscheln auf den Kopf und ein schnelles »brav« hingegen werden wohl kaum die erwünschte Wirkung haben. Nein – Mizzi soll glauben, sie sei der absolute Star des Tages!

Wenn nur noch Strenge hilft...
Wie gesagt bin ich kein Anhänger von Strafmaßnahmen, um ein unerwünschtes Verhaltensmuster zu ändern. Wenn aber alles andere bisher versagt hat, können Sie es noch damit versuchen, daß Sie Ihre Katze eine Weile mit ihrem eigenen Kot oder Urin konfrontieren. Urin können Sie mit etwas Haushaltpapier aufnehmen und das Papier dann unmittelbar neben die Katze legen. Lassen Sie Mizzi damit während 20 Minuten allein (aber wirklich nur 20 Minuten), wobei Sie nach 10 Minuten kurz hereinschauen und dabei ein bestimmtes »Nein!« aussprechen. Außer diesem scharfen »Nein« dürfen Sie aber gar nichts sagen; die empörte Klage über Ihr Entsetzen und Mizzis »Vergehen« müssen Sie also hinunterschlucken oder sonstwo halten. Nach Ablauf der 20 Minuten entlassen Sie Mizzi aus Ihrer unangenehmen Situation, vergessen das Intermezzo und verzeihen Ihrer kleinen Sünderin.

Indem Sie Mizzi ihrem eigenen Kot oder Urin aussetzen, geben Sie ihr zu verstehen: »Du kannst in unserem Haus tun oder lassen, was du willst. Geschieht aber ein solches Mißgeschick, dann mußt du es auch ausbaden.« Die Idee dahinter ist die gleiche, wie wenn man ein unfolgsames Kind eine Weile in sein Zimmer schickt, damit es dort darüber nachdenken kann, was es getan hat. Mit dem Unterschied, daß Sie die Katze dem »Stein des Anstoßes« direkt aussetzen, damit sie daran erinnert wird.

Stoßen Sie um Gottes Willen nicht Mizzis Nase in das Häufchen oder die Pfütze, tragen Sie sie auch nicht tobend und schreiend zum Ort der Handlung. Sie sollen der Katze nur sagen, daß sie nicht an dieser bestimmten Stelle ihr Geschäft erledigen darf. Das nächste Mal wird sie wahrscheinlich an einen anderen Ort gehen, und Sie müssen dann die Prozedur dort wiederholen.

Ein kleiner Trost...

Je länger ein bestimmtes Verhalten für die Katze zur Gewohnheit geworden ist, desto länger braucht es, bis diese Gewohnheit grundlegend geändert werden kann. Das hat nichts mit dem Alter des Tieres oder sonst einem äußeren Umstand zu tun, sondern wirklich nur damit, daß die schlechte Gewohnheit eben schon so lange gelebt wurde.

Lassen Sie sich auf keinen Fall von einem oder mehreren Rückschlägen entmutigen; Rückschläge gehören zu jedem Lernprozeß. Auch wir scheitern oft beim ersten, zweiten, dritten Anlauf, wenn wir uns etwas abgewöhnen wollen. Trotzdem lernen wir bei jedem Versuch Entscheidendes, das uns hilft, beim nächsten Versuch sicher erfolgreicher zu sein – bis es ganz klappt. Genau denselben Prozeß müssen unsere Katzen durchlaufen, wenn sie etwas Neues lernen oder eine alte Gewohnheit ablegen sollten.

Kratzen, Krallenwetzen und andere Gefahren fürs Mobiliar

Sie haben es satt, Ihre Wohnung in ein Schlachtfeld verwandelt zu sehen? Hat Mizzi einen Sessel zu dem ihren erkoren – nicht zum Schlafen, sondern zum Krallenwetzen? Sind Sie zum Entschluß gekommen, daß Sie nicht mehr den ganzen Zahltag für die Wiederherstellung Ihrer von Mizzi abgeänderten Wohnung hergeben wollen? Also: Wenn Ihre Wohnung ausschaut, als würden Tiger, Löwen und ein Leopard darin hausen, obwohl nur eine kleine Mieze hier wohnt, dann ist dieses Kapitel für Sie. Es ist eigentlich erstaunlich, welchen Schaden ein so kleines Tier anrichten kann, aber diese zehn Pfund Niedlichkeit und weiches Fell können tatsächlich eine ganze Wohnung auf den Kopf stellen und einen erwachsenen Menschen zur Verzweiflung bringen.

Die ersten Anzeichen dafür, daß etwas im Tun ist, sind mysteriöse, noch fast unsichtbare Spuren an den Zimmerwänden oder kleine Stückchen von der Tapete, die Sie zur Ihrer großen

Verwunderung auf dem Fußboden finden. Wenn dann kleine Fetzchen aus der Sesselpolsterung an Mizzis Krällchen kleben, wissen Sie, sollte bei Ihnen die Alarmglocke läuten!

Wenn die beschriebene Situation auf Ihren kleinen Krieger zutrifft, dann weiß ich, daß mit Sicherheit ein Problem im Rahmen von Kratzen, Krallenwetzen oder Kauen (tatsächlich, manche Katzen kauen und beißen sich auch durch die Möbel) vorliegt. Ihre Wohnung spricht wahrscheinlich für sich selbst, wenn das gepflegte Heim plötzlich ausschaut wie ein drittklassiges Möbelhaus im Ausverkauf. Wahrscheinlich tragen einige Sessel und Sofas verhüllende Tücher, aber vergeblich – der Schaden ist da. Das ist überall auf der Welt so, denn überall versuchen geplagte Katzenhalter mit kunstvoll drapierten Tüchern den Schaden zu verbergen – aber wir Fachleute wissen unterdessen, daß in einem solchen Haus unweigerlich eine Katze lebt, die ihre Pfoten nicht von den Möbeln lassen kann.

Immer, wenn ich Leute auf diesem Gebiet beraten muß, überkommt mich eine seltsame Lust zum Kichern. Nicht, daß ich die

Wie sieht's denn hier wieder aus! Haben Sie manchmal genug von diesem Chaos? *(Ewing Galloway)*

Geschichte so lustig fände oder kein Mitleid mit den Leuten hätte – aber die Situation erinnert mich unweigerlich an einen meiner Klienten, einen bekannten Anwalt. Zuerst muß ich noch anfügen, daß Juristen oftmals sehr gute Tierhalter sind, weil sie in fairer Art und Weise mit den Problemen mit ihrem Tier umgehen. Wahrscheinlich kommt das von ihrem Beruf, wo auch oft Kompromisse gefunden werden müssen; jedenfalls habe ich gemerkt, daß Juristen oftmals gar nicht erwarten, daß sie zu hundert Prozent gewinnen. Dieser bestimmte Anwalt jedoch war anders, er war einer, der alles besser wußte. Als seine sechsmonatige Katze anfing, den Rücken seines Lieblingssessels mit ihren spitzen Krällchen zu bearbeiten, rannte seine Frau jeweils hinzu und schimpfte mit der Katze. Der Anwalt fand, es sei ganz falsch, was seine Frau da mache. »Meine Liebe«, sprach er mit seiner belehrenden Stimme, »so geht das nicht. Du mußt ihr zeigen, daß sie etwas Verbotenes tut, indem du sie hinausstellst. Das wird sie lehren!«

Gesagt, getan. Jedes Mal, wenn Mizzi den Sessel bearbeitete, nahm der Anwalt seine Katze auf und trug sie nach draußen, um diesen Lernprozeß zu festigen. Nun, Mizzi lernte sehr schnell. Sie lernte nämlich, daß sie nur die Krallen an diesen Sessel zu wetzen brauchte, wenn sie zum Spielen nach draußen wollte! Die Frau des Anwalts befolgte dann schließlich doch noch meine Ratschläge, um der Katze das Krallenwetzen abzugewöhnen, aber ihr Mann ist nach wie vor überzeugt, daß seine Methode die richtige war.

Weshalb überhaupt Kratzen und Krallenwetzen?

Betreiben wir einmal ein bißchen Katzen-Psychoanalyse. Dann werden wir sehen, daß auch dieses für uns zerstörerische Verhalten nichts mit bösem Willen von Mizzis Seite zu tun hat. Um Kratzen und Krallenwetzen zu verstehen, müssen wir uns einmal anschauen, woher dieses Verhalten kommt. Nur, wenn wir dies wissen und akzeptieren, können wir unangebrachte Strafaktionen unsererseits verhindern.

Als erstes gilt: *Alle* Katzen müssen von Zeit zu Zeit ihre Krallen wetzen, und zwar aus folgenden Gründen: Sie strecken und dehnen dabei ihre Muskeln nach einem Nickerchen, sie bringen ihre Krallen in Form, sie bauen damit innere Spannungen ab, sie imponieren mit der Geste den anderen und sie markieren nicht zuletzt auch auf diese Weise ihr Territorium mit ihrem Duft, so wie die Kater dies mit einigen Urinspritzern zusätzlich tun.

Langeweile wirkt wie eine Zeitbombe

Wenn wir in unserer Analyse noch weiter gehen, ergibt sich, daß der Hauptanlaß für das unerwünschte Verhalten häufig schiere Langeweile ist. Eine freilaufende Katze kann nach Lust und Laune an einem Baum die Krallen einhaken und die Muskeln dehnen, und auf einem umgefallenen Baumstrunk krallenwetzend ihr Imponiergehabe vorführen. Die Welt draußen ist voller wundersamer Dinge, die die Katze erforschen und ausprobieren kann. Wenn man eine Katze sich selbst überläßt, wird sie ein nomadisierendes Leben führen. Beobachten Sie nur einmal eine streunende Katze: Sie bummelt von einem interessanten Ort zum andern, erforscht schnüffelnd und kletternd ihre ganze Umgebung. Die meisten unserer Katzen kommen leider nicht in den Genuß eines solch interessanten Lebens, sondern müssen das Beste aus einem Leben ganz im Haus machen.

Das moderne Leben ist also für unsere Katzen einfach nicht mehr dasselbe, und viele Verhaltensweisen können sie in unseren Städten und zubetonierten Vororten gar nicht mehr ausleben. Nur noch wenige Katzen kommen in den Genuß von Abenteuern und Bewegung an der frischen Luft, und den zwangsweisen Stubenhockern fehlt die geistige und körperliche Anregung. Und wenn diese beiden wichtigen Bedürfnisse nicht abgedeckt werden, dann geht es eben nicht mehr lange, und der Sessel muß dran glauben...

Bitte keine harschen Strafmaßnahmen!

Leider wird immer noch oft der Ratschlag erteilt, eine krallenwetzende Katze mit Schreien, Schimpfen oder gar Hieben von ihrem Verhalten abzubringen. Auch manch ein professioneller Katzenexperte gibt solche Ratschläge, und ich habe bei diesen Leuten immer das Gefühl, daß das strafende, belehrende Element sie zu einem Beruf mit Tieren hingezogen hat. Wahrscheinlich brauchen sie etwas oder jemanden, den sie dominieren können. Es ist wirklich bedenklich, daß immer noch Holzhammermethoden wie der faule Trick mit dem Pfefferstreuen von solchen Leuten proklamiert werden.

Ich habe auch schon oft gehört, man solle eine Katze mit heißem Wasser begießen (es gibt auch die Variante Ammoniak statt Wasser) oder Mausefallen aufstellen, so daß die Katze sich eine Pfote oder möglicherweise die Zunge einklemmt, wenn sie in die Nähe der verbotenen Zone kommt... Solche und noch schlimmere Korrekturmaßnahmen findet man immer noch in Büchern, und es macht mich immer sehr betroffen zu denken, daß verzweifelte, aber liebevolle Tierhalter, die mit ihrem Tier nicht mehr klar kommen, sich solche »Ratschläge« gefallen lassen müssen. Ich kann mir vorstellen, wie entsetzt sie sind, wenn ihre geliebte Mizzi nach dem Kontakt mit den gestreuten Pfefferkörnern jammernd im Zimmer herumrennt und verzweifelt das unverständliche Brennen in ihrem Maul wegzureiben versucht. Die betroffenen Besitzer werden sich wohl nie verzeihen, daß sie ihren geliebten Pelzknäuel einem solch traumatischen Erlebnis ausgesetzt haben – und erst noch ohne jeglichen Lerneffekt.

Sanftere Methoden

Glücklicherweise gibt es eine ganze Reihe von sanften Alternativen zu diesen quälerischen Methoden.

Mein Motto in dieser Beziehung lautet: Man kann einer Katze nicht verbieten, an Dingen zu kauen oder kratzen, aber man kann ihr beibringen, *was* sie kauen oder kratzen darf. Kratzen und Kauen jedoch gehören zum natürlichen Verhalten einer jeden Katze. Beim Kratzen wetzt sie ihre Krallen und dehnt dabei gleichzeitig ihre Muskeln. Und manche Katzen sind von Natur aus so neugierig, daß sie gerne den Geschmack von unbekannten Dingen ausprobieren und dann eben darauf herumkauen. Dem Tier etwas austreiben zu wollen, was zu seinem natürlichen Verhaltensrepertoire gehört, könnte es u. U. so sehr durcheinander bringen, daß viel größere Verhaltensprobleme daraus resultieren, denn angeborene Verhaltensweisen zu bestrafen kann echte Neurosen hervorrufen. Sie müssen sich das ungefähr so vorstellen, wie wenn Sie einem kleinen Kind verbieten würden, mit seinen Händen die Welt zu erforschen.

Halten Sie Mizzi bei Laune!

Vielleicht fragen Sie sich jetzt: Wenn ich Mizzi nicht tadeln darf, ja, was *soll* ich denn tun? Die Antwort ist einfach: Unterhalten Sie Mizzi, halten Sie sie bei bester Laune! Wir Menschen brauchen die Abwechslung eines Abends im Theater oder eines kurzen Tapetenwechsels mit dem Club Med. Nun ja, Mizzi kann zwar nicht auf Hawai windsurfen gehen, aber wir Katzenbesitzer können doch einiges tun, um ihr Leben möglichst kurzweilig zu machen. Der allererste Schritt ist schon mal ganz einfach und wird doch häufig vergessen. Also: Wieviele Spielsachen hat Ihre Katze? Schauen Sie sich jetzt gerade von da, wo Sie sitzen, im Zimmer um. Suchen Sie den Raum nach Spielsachen ab, oder, noch besser, kriechen Sie auf Händen und Knien durchs Zimmer, um die Sache aus Mizzis Blickwinkel zu sehen. Ich wette mit Ihnen, daß im besten Fall ein paar wenige uralte Sachen herumliegen, die jegliche Attraktivität für Mizzi wahrscheinlich schon vor Monaten verloren haben. *Langweilig!*

Und versuchen Sie nicht, mir die Ausrede aufzutischen, die Sachen lägen halt alle unter den Möbeln verstreut. Was zählt ist einzig und allein ihr Vorhandensein, so daß Mizzi *jetzt* damit spielen könnte, wenn sie wollte. Sorgen Sie also dafür, daß Ihre Katze eine Unmenge an Spielzeug hat. Das gilt gerade für diejenigen unter Ihnen, die jetzt einwenden: »Aber meine Katze mag keine Spielsachen. Sie beachtet sie überhaupt nicht!« Darauf kann ich nur sagen: Unsinn. Ich kenne keine einzige Katze, die sich für absolut *kein* Spielzeug begeistern kann. Es stimmt, es gibt mäkelige Katzen auch in bezug auf Spielsachen; bei denen muß man dann halt eine Weile lang herumprobieren, bis man etwas gefunden hat, das ihr Interesse weckt. Versuchen Sie alles, was Sie im Laden kriegen oder zu Hause selbst basteln können. Ich bin überzeugt, daß Sie sozusagen immer irgendwann auf etwas stoßen, das auch Ihren Liebling erfreut.

Ich werde nie meine Arbeit mit Tess, einem von Lily Tomlins Tieren, vergessen. Tess konnte all die normalen Spielsachen nicht leiden. Ich versuchte Dutzende von Spielen, aber Tess blieb desinteressiert. Im sicheren Glauben, diesmal schlicht und

Geben Sie einer Katze nicht einfach Kinderspielzeug *(Melanie Neer)*

einfach versagt zu haben, ging ich eines sehr heißen Tages die Straßen von Beverly Hills entlang und dachte bei mir: »Was zum Teufel ist eigentlich in mich, einen Kerl aus der Bronx, gefahren, daß ich einen meiner seltenen Kalifornien-Aufenthalte damit verbringe, irgendwelchen Spielsachen für irgend so ein Biest nachzurennen? Ich könnte mich jetzt am Swimmingpool aalen oder sonst irgend etwas Schönes machen.« Aber nein! Da marschierte ich also in der Gluthitze von Laden zu Laden und hielt nach Tierspielzeug Ausschau! Schließlich fand ich die Lösung in Form eines Kinderspielladens. Das Ding, das meine Aufmerksamkeit sofort fesselte, hieß »Superball« und machte sehr hohe, sehr unvorhersehbare Sprünge. Erst sprang's nach rechts, dann juckte es nach links, prallte unversehens auf und entschwand wieder nach rückwärts, bevor es mit einer raschen Drehung wieder nach vorn schoß – es war echt unvorhersehbar.

Und das war genau, was Tess faszinierte. Als besonders kluges und waches Tier hatte sie die üblichen Spielsachen einfach zu fad gefunden – aber der Faszination dieses Superballs konnte sie nicht widerstehen! Das Wunderding forderte all ihre Geschicklichkeit heraus. Nun, Tess war zufrieden, und mein Ruf war auch gerettet!

Denken Sie also nicht, Ihre Katze sei zu abgeklärt oder zu zurückhaltend zum Spielen; es gibt sicher irgendwo ein Spielzeug und Spiele, die auch sie faszinieren. Nur brauchen Sie vielleicht etwas Phantasie und Geduld, um das Richtige zu finden.

Wechseln Sie die Spielsachen von Zeit zu Zeit aus
Welche Spielsachen auch immer Mizzi bevorzugt – sorgen Sie dafür, daß Sie reichlich davon im Vorrat haben. Und denken Sie daran, sie von Zeit zu Zeit auszuwechseln. Das heißt, daß Sie mindestens zwei verschiedene »Sets« Spielsachen haben sollten. Verteilen Sie also zum Beispiel das erste Set in den Räumen, während das zweite Set vor Mizzis Zugriff verschlossen bleibt. Nach vielleicht zwei Tagen wechseln Sie die beiden Sets aus. Wenn Sie dies alle paar Tage wiederholen, hat Mizzi immer ein abwechslungsreiches Angebot; es ist einfach so, daß intelligente Katzen, genau wie intelligente Kinder, es relativ schnell langweilig finden, wenn sie immer mit denselben alten Spielsachen spielen sollen. Ohne die abwechslungsweise Verteilung des Spielzeugs erzeugen Sie für Ihre Katze ungefähr dieselbe Situation, wie wenn Sie jeden Tag im Jahr Scrabble spielen müßten – am Anfang vielleicht ganz amüsant, dann aber rasch nur noch langweilig. Wenn Sie aber Mizzis Spielsachen jeweils nach ein paar Tagen wieder wegschließen, kommen sie ihr ein paar Tage später, wenn Sie sie wieder im Zimmer verteilen, ganz neu und interessant vor. Ich sag's nicht gern, aber es ist ja wohl so: Im Grunde genommen halten wir für einmal unsere Mizzi zum Narren.

Toll! Sie haben Mizzi einen Kratzbaum gekauft...
Die meisten Katzenhalter kaufen ihrer Katze einen Kratzpfosten. Tolle Sache, nicht. Nun, wie gesagt halte ich Katzen für sehr intelligente Tiere, jedenfalls einiges intelligenter als viele Leute denken. Und dieses intelligente Wesen *langweilt* sich mit einem einzigen Kratzbaum zu Tode! Sollten Sie also immer noch verräterische Fetzchen von Sesselpolsterung an Mizzis Krällchen kleben sehen, dann gehört Ihre Katze eindeutig in die Kategorie »Ich-bin-zu-clever-um-mit-einem-einzigen-Kratzbaum-zufrieden-zu-sein«-Kategorie. Diese Katze ist anspruchsvoll, und *ein* Kratzbaum genügt nicht, niemals!

Verwandeln Sie Mizzis Heim in ein Katzenparadies!
Wenn Sie nicht wissen, wohin mit dem Geld, können Sie sich natürlich viel Mühe sparen, indem Sie in der nächsten Zoohandlung verschiedenste Modelle von Katzenkratzbäumen und -pfosten mit allem Drum und Dran kaufen. Wechseln Sie auch diese nach demselben Muster wie die Spielsachen regelmäßig aus. Wenn Sie hingegen nicht Hunderte von Mark für Mizzis Zubehör ausgeben wollen, sollten Sie sich beim nächsten Lebensmitteleinkauf einmal nach Gratis-Papiertüten, -Pappkartons und dergleichen umsehen. Lassen Sie Mizzi aber ums Himmels Willen nie mit einer Plastiktüte spielen – die Katze könnte sich darin verfangen und elendiglich ersticken. Papiertüten und Pappkartons jedoch sind bei Katzen sehr beliebt, wie sicher jeder Katzenfreund weiß – stellt man solche Gegenstände ins Zimmer, beschnuppert wahrscheinlich jede Katze innerhalb weniger Minuten das komische Ding, läuft darum herum, steigt schließlich hinein, geht auf Erkundung. Die Neuheit dieser Dinge und ihr fremder Geruch machen die Faszination aus, und so können wir unseren Katzen keine größere Freude machen als mit solchen Gratis- oder Billigstnebenprodukten aus dem Supermarkt – ein wahres Katzenparadies!

Ein Katzenhaus
Seien Sie erfinderisch und gehen Sie beim Gebrauch der Pappkartons noch einen phantasievollen Schritt weiter – bauen Sie

Mizzi ein Katzenhaus! Sie können z.B. mehrere Kartons zusammenbinden und an verschiedenen Orten Löcher ausschneiden, so daß Mizzi ein- und aussteigen kann. Je phantasievoller, desto besser und günstiger für Ihren Geldbeutel. Die Außenseiten der Schachteln können Sie außerdem mit alten Teppichresten bekleben, und schon hat Mizzi eine wunderbare Kratzgelegen-

Viele Katzen lieben raschelnde Papiertüten mehr als teures Spielzeug aus dem Laden (© *John Chellman*, *Animals Animals*)

heit. Das Beste daran ist, daß diese Kratzteppiche nichts kosten und Sie sie also häufig auswechseln können, so daß Mizzi immer schön auf Trab gehalten ist.

Falls Sie keine Teppichreste auftreiben können, ist es immer noch günstiger, ein paar billige Türvorleger zu kaufen und als Krallentrimmer zu verarbeiten als einen handelsüblichen Kratzbaum.

Ihre Kreativität ist gefragt
Machen Sie nicht den bei Katzenhaltern häufig gesehenen Feh-

ler, Mizzi die feine Seite des Teppichs zum Krallenwetzen anzubieten. Viele Katzenbesitzer, die schwören, ihre Katze möge keine Kratzpfosten, sind einfach nicht auf die Idee gekommen, daß ihre Mizzi lieber auf einer rauhen Unterlage kratzt und wetzt. Andere Katzenhalter hingegen wissen das nur allzu gut: diejenigen nämlich, die tagaus, tagein viel Zeit damit verbringen, den Teppich wieder gerade hinzulegen, den Mizzi zum Zwecke des Krallenwetzens am Ende umgekehrt hat...

Ich hatte mal eine Klientin, die nicht besonders reich war und fand, sie lege ihr Geld am besten in Orientteppichen an. So kaufte sie also bei Gelegenheit immer wieder mal einen kostbaren Teppich und betrachtete diese Investition als Zukunftsgroschen in der festen Überzeugung, daß die Teppiche mehr als jedes andere käufliche Gut an Wert gewinnen würden. Die Teppiche bewahrte sie in einem ungenutzten Zimmer auf, das sie nur selten betrat. Eines Tages aber, als sie wieder einmal in das Zimmer ging, erlebte sie den Schreck ihres Lebens. Sie mußte nämlich feststellen, daß jeder Teppich auf der Unterseite zerkratzt und aufgerissen war. Ihre Katze hatte sich ein Vergnügen daraus gemacht, in die zusammengerollten Teppiche zu schlüpfen und sie von unten her mit ihren scharfen Krällchen zu bearbeiten. Zum Glück hinterließ sie ihre Spuren nur auf der Rückseite der Teppiche, so daß diese zwar etwas an Wert verloren, jedoch von der Vorderseite betrachtet nicht arg beschädigt waren. Mizzis Hobby hatte hier also noch einigermassen tragbare Folgen für die Besitzerin.

Also: Experimentieren Sie ein wenig herum, was Ihre Katze gerne verkratzt; machen Sie einen Präferenzentest mit ihr. Bieten Sie der Katze z.B. die rauhe Unterseite und die feinere Oberseite eines Teppichs an und schauen Sie, was die kleine Kratzexpertin vorzieht. Und um ganz sicher zu gehen, daß Mizzi alles andere in Ruhe läßt und dennoch befriedigt ist, können Sie ihr ja von jeder Sorte ein paar Kratzgelegenheiten basteln.

Wie wär's mit einem Baumstamm?
Ja, Sie haben richtig gelesen – ein Stück Holz etwa von der Größe eines großen Kaminfeuer-Holzes. Viele Katzen ziehen

Holz allem anderen vor und verschmähen sonst alles, was Sie zum Kratzen angeboten bekommen. Untersuchen Sie das Stück Holz aber zuerst nach Ungeziefer, bevor Sie es ins Haus schleppen; legen oder stellen Sie es dann dorthin, wo Mizzi gerne ihre Kratzübungen macht. Falls Ihre Katze auf Holz anspricht, wird sie dieses neue Requisit natürlich mit offenen Klauen empfangen. Am schönsten ist es für sie, wenn Sie von Zeit zu Zeit wieder ein neues Stück Holz heimbringen und das alte auswechseln.

Wenn Sie selbst keinen eigenen Holzlieferanten haben, kennen Sie vielleicht einen Nachbarn mit Kamin, der Ihnen von Zeit zu Zeit ein Stück überläßt. Ihre Mühe wird von den leuchtenden Augen Ihrer Katze reich belohnt werden, und außerdem lohnt es sich auch für Sie, weil Mizzi dann nämlich Ihre Einrichtung mit aller Wahrscheinlichkeit in Ruhe läßt.

Zur Abwechslung außer Haus

Mizzi sitzt also tagein, tagaus zu Haus. Puh, das wird langweilig. Mizzi braucht unbedingt etwas Abwechslung. Nun denn, nehmen Sie sie mit nach draußen, machen Sie wieder einmal einen Ausflug mit ihr, geben Sie ihr Anlaß, etwas anderem nachzugrübeln als der Frage, welches Möbelstück sie denn heute attackieren soll.

Korrekturmethoden gegen Kauen und Kratzen

Auf die Gefahr hin, mich zum x-ten Mal zu wiederholen, möchte ich noch einmal betonen, daß ich kein Freund von kritisierenden Korrekturmaßnahmen bin, um ein unerwünschtes Verhalten zu ändern.

Viel besser scheint es mir, dem *Grund* nach Mizzis »Fehlverhalten« nachzugehen und dann die Umstände so zu ändern, daß die Katze sich gar nicht mehr so verhalten *muß*. Wenn man artgerecht auf Mizzis Bedürfnisse eingeht, ändert sie ihr Verhalten in den meisten Fällen nämlich von selbst. Keine Katze auf der Welt ist aus bösem Willen »ungezogen«, sondern wird vom Tun – oder auch Nicht-Tun – ihrer Besitzer eben oftmals so gelenkt, daß sie sich gar nicht anders verhalten kann.

Wenn Sie trotzdem das Gefühl haben, es gehe nicht mehr ohne korrigierendes Eingreifen Ihrerseits, dann versuchen Sie doch folgendes:

In jeder Zoohandlung gibt es für Katzen eklig riechende Produkte, die man auf die bekauten/bekratzten Stellen schmieren kann, um die Katze davon abzuhalten. Nicht jedes Tier spricht auf das gleiche Produkt gleich gut an, und so müssen Sie vielleicht ein paar verschiedene »Geschmackssorten« ausprobieren. Das einzige Problem dabei: Vieles von dem Zeug stinkt so abscheulich, daß es nicht nur Katzen verscheucht, sondern auch Menschen...

Ballone sind eine weitere Möglichkeit. Befestigen Sie an der Wand oder am Sessel, wo Mizzi mit Vorliebe ihre Krallen wetzt, einen aufgeblasenen Ballon. Wenn Mizzi mit den Krallen den Ballon verletzt, platzt er natürlich und hat damit eine abschreckende Wirkung, ohne daß Sie im Haus sein müssen. Streichen Sie den Ballon zusätzlich mit einem der oben beschriebenen Abwehrmittel ein.

Achtung: Brauchen Sie Ballone nur dann, wenn es sich ausschließlich um ein *Kratz*-Problem handelt und Sie hundertprozentig sicher sind, daß Ihre Katze sich nicht mit den *Zähnen* daran zu schaffen macht oder gar kleine Fetzen von dem Gummi zu schlucken versucht.

Auch Aluminiumfolie kann sehr abschreckend wirken. Legen Sie rund um die von Mizzi bevorzugten Kratz- oder Kaugegenstände Aluminiumfolie aus; die meisten Katzen mögen diese merkwürdig tönende, metallische Unterlage nicht betreten.

Ein andere Möglichkeit: Füllen Sie in eine leere Alu-Getränkedose ein paar Geldstücke, kleben Sie die Öffnung zu und legen Sie diese Rassel dorthin, wo Mizzi verbotenerweise springt, kratzt oder kaut. Auch hier müssen Sie nicht anwesend sein, und Mizzi wird einsehen, daß sie auch in Ihrer Abwesenheit schlechte Erfahrungen in diesen Tabuzonen macht. In dem Moment, da Mizzi z.B. auf den Tisch springt, um sich an Essen zu bedienen oder auf ein Möbelstück hinauf, um es mit Zähnen und Krallen zu bearbeiten, wird die Dose scheppernd hinunterfallen und die Katze nachdrücklich verschrecken.

Wenn bei Ihrer besonders hartnäckigen Katze all das nichts nützt, können Sie es noch mit einem batteriebetriebenen Türalarm versuchen. Es gibt ganz flache, die man unter die Tür schieben kann und die besonders für unterwegs angepriesen werden – sie sind aber nicht ganz leicht zu finden. Solche Türalarme können Sie an den von Mizzi bevorzugten Stellen plazieren, so daß sie losgehen, wenn die Katze darauf tritt.

Falls Ihre Katze Grünpflanzen anknabbert, hilft vielleicht ebenfalls eine der beschriebenen Methoden. Eventuell hilft es auch, wenn Sie Ihrer Katze eine eigene (ungiftige!) Pflanze kaufen (z.B. in Zoohandlungen) oder einen Topf Katzengras. Viele Katzen brauchen wirklich etwas Grünzeug, um sich körperlich wohl zu fühlen, z.B. um schwerverdauliche Nahrung wieder hervorzuwürgen (das Gras kitzelt den Verdauungstrakt und reizt zum Erbrechen). Vorsicht: Ob Ihre Katze nun zu den Pflanzenfressern gehört oder nicht – als Tierhalter dürfen Sie auf jeden Fall nur ungiftige Pflanzen im Haus haben! Bitte erkundigen Sie sich bei jeder Pflanze genau, denn es gibt unzählige, die giftig sind.

Mizzi soll fit bleiben

Die Spielzone Ihrer Katze sollte auch viele Möglichkeiten zur körperlichen Ertüchtigung haben. Eine solch abwechslungsreiche Umgebung hält Mizzi auch sehr effektiv davon ab, aus Langeweile dumme Gewohnheiten zu entwickeln, die Sie ihr dann wieder mühsam abgewöhnen müssen. Somit ist nicht nur die Katze glücklicher, sondern auch Sie, bleibt doch Ihr Heim dabei weitgehend intakt. Und vor allem: Mizzi hat dank der Turnübungen mehr Spaß am Leben.

Krallen operativ entfernen – ein heißumstrittenes Thema*

Nennen Sie mich von mir aus altmodisch oder sentimental; aber ich hasse es nun mal, Mutter Natur ins Handwerk zu pfuschen, nur weil es so für uns Menschen bequemer ist. Ich glaube, damit habe ich meine Meinung betreffend Krallenamputation deutlich gemacht. Die Schöpfung hat in Gottes Namen vorgesehen, daß Katzen Krallen haben, und ich maße mir nicht an, in diesen Schöpfungsplan einzugreifen.

Meiner Meinung sollte keine Katze ihrer Krallen beraubt werden, ganz sicher aber keine Katze, die Auslauf ins Freie hat, denn draußen braucht eine Katze ihre Krallen, um sich zu verteidigen oder um auf einem Baum Zuflucht suchen zu können.

In den allermeisten Fällen werden einer Katze die Krallen entfernt, um das Zerkratzen der Möbel zu verhindern. Wie Sie aber gesehen haben, kann man einer Katze durchaus beibringen, wo sie ihre Krallen wetzen darf und wo nicht. Man darf nur nicht vergessen, daß man einer Katze das Krallenwetzen nicht abgewöhnen, sondern es nur in tolerierbare Bahnen umlenken kann.

Der zweithäufigste Grund für eine Krallenamputation sind handgreifliche Auseinandersetzungen zwischen zwei Katzen, die im selben Haushalt leben. Aber gerade in diesem Fall funktioniert die Sache auf keinen Fall! Zwei krallenlose Katzen können sich zwar nicht mehr gegenseitig mit den Krallen verletzen, aber die viel schlimmeren Verletzungen durch Beißen werden so natürlich nicht verhindert. Bißwunden entzünden sich gerne, weil sie tief und schmal sind, und so sollte man sich nicht in falscher Sicherheit wähnen, wenn man seine verfeindeten Katzen der Krallen beraubt. Besser ist es, der Antipathie der beiden Katzen auf den Grund zu gehen und herauszufinden, warum die beiden Katzen sich bekämpfen (siehe dazu das Kapitel »Katzenpsychologie: So machen Sie Mizzi mit einem zweiten Haustier bekannt...).

Darüber, ob das Krallenamputieren einer Katze gesundheitlich schaden kann, gehen die Meinungen auseinander. Manche Leute finden, es handle sich dabei bloß um einen kleinen chirurgischen Eingriff. Andere weisen darauf hin, daß die Röntgenbilder der Gliedmassen vor und nach der Amputation Veränderungen im Knochenbild aufzeigen, weil eine Katze ohne Krallen die Beine und Füße anders belastet. Durch das Fehlen der Krallen werden die Extremitäten tatsächlich auf unnatürliche Art und Weise belastet, was auf die Dauer Schäden hervorrufen kann.

Ganz besonders lieb ist mir das Argument von Amputations-Befürwortern, das Entfernen der Krallen tue der Katze ja nicht weh. Daran stört mich nur eins: Es wurde mir noch nie von einer Katze bestätigt.

Falls Sie bei Ihrer Katze die Krallen schon entfernen ließen, sollten Sie sich jetzt aber nicht hinterher Vorwürfe machen. Es ist nun mal so, und wahrscheinlich dachten Sie damals, Sie täten das Richtige. Aber überlegen Sie sich diesen Schritt in Zukunft bei jeder Katze bitte sehr, sehr gut. Ich glaube, der Mensch sollte nicht in die Natur und Gottes Schöpfungsplan eingreifen, schon gar nicht, wenn keine dringende medizinische oder notlindernde Indikation vorliegt. Das operative Krallenentfernen ist eine schnelle und für den Menschen einfache Lösung bei Problemen mit dem Krallenwetzen, aber die eigentliche Lösung läge darin, die Katze entsprechend zu erziehen. Abgesehen davon entwischt auch eine Wohnungskatze in ihrem Leben meistens ein-, zweimal ins Freie, und es ist unverantwortlich, sie den Gefahren dort draußen so ungeschützt – eben, ohne Krallen – auszusetzen.

* Anmerkung der Verlages: In der Schweiz, in Deutschland und Österreich ist, wie in vielen anderen Ländern, das Amputieren der Krallen verboten.

So lernt Mizzi an der Katzenleine gehen
Von all den unkonventionellen Ideen über Katzenhaltung, die ich in diesem Buch proklamiere, kann das Gehen an der Leine das Leben Ihrer Katze am grundlegendsten verändern. Wenn ich dies schreibe, weiß ich bereits, daß mir der Postbote in Zukunft viel schriftliche Kritik an dieser Aussage ins Haus bringen wird. Die Leute werden wie die Wölfe über mich herfallen. Sie werden anführen, daß das Gehen an einer Leine die Würde und Unabhängigkeit der Katze verletzt. Damit kann ich umgehen – schließlich bringt jede Neuerung einen gewissen Prozentsatz von negativen Stimmen mit sich. Manche Leute sind wirklich überzeugt von ihrem Standpunkt, andere sind einfach aus Prinzip erst einmal dagegen. Als eine Art Pionier in Sachen Tierverhalten bin ich solche Kritik gewohnt, und oftmals mußte man mir schließlich und endlich doch recht geben, weil meine Vorschläge das Leben vieler Tiere in unserer modernen Gesellschaft angenehmer machen.

So wurde ich z.B. in den frühen 70er Jahren von Kritik überschwemmt, weil ich Haustiere als Helfer für körperlich und geistig behinderte Menschen einsetzte und in der Folge von den Medien fast aufgefressen wurde. Damals hatte man noch keinen Namen für diese neue Art von Therapie; ich hatte selbst auf die Idee kommen müssen, indem ich meinen gesunden Menschenverstand einsetzte. Es brauchte wahrlich kein Genie, um zu begreifen, daß die Bindung zwischen einem zutraulichen Tier und einem kranken Menschen einen positiven Einfluß haben könnte. Ich fand und finde auch nichts Besonderes dabei, daß ich versuchte, verschiedensten Tieren beizubringen, ein paar einfache Aufgaben für körperlich Behinderte auszuführen. Schon jahrelang hatte ich Hunde so trainiert, daß sie mit einem besonderen Geruch markierte Gegenstände (z.B. Apportierhölzer) auf Wunsch herbrachten, und dies auch an vielen Ausstellungen vorgeführt. Zum Aufnehmen und Herbringen von Gegenständen, die ein Mensch im Rollstuhl fallen gelassen hatte, war es dann ein kleiner Schritt. Indem ich meine Ausbildungsmethode erweiterte, konnte ich den Tieren als nächstes beibringen, einen gehörgeschädigten Menschen auf das Klingeln der Türglocke, das Pfeifen des Teekessels oder das Schreien des Babys aufmerksam zu machen. Auch Katzen können wichtige Aufgaben für behinderte Menschen übernehmen, und ihre geringe Größe und die Stubenreinheit macht sie besonders geeignet für Menschen, die mit einem größeren Tier wie einem Hund nicht mehr umgehen können oder völlig ans Haus gebunden sind und schon deshalb keinen Hund halten können.
Eine solche Katze war auch Missy. Sie bereicherte Elinores Leben mit ihrer Liebe und Freundschaft. Elinore war zwar schon Anfang neunzig, aber noch sehr wach im Geist und witzig; nur ihre arthritischen Knochen machten nicht mehr so recht mit. Elinore hatte aber das Glück, mit Hilfe von Krankenschwestern und Haushälterinnen immer noch im eigenen Haus wohnen zu können. Was der alten Dame fehlte, war ein bißchen Liebe und Wärme. Ihr Mann war schon vor Jahren gestorben, und ihre Kinder lebten alle weit weg ihr eigenes Leben. Es war schließlich eine Nachbarin, die mit mir Kontakt aufnahm, nachdem sie

162

gehört hatte, welch heilende Wirkung ein Haustier auf alte oder kranke Menschen haben kann. Wir suchten für Elinore eine ältere Katze aus, die aus den Kinderflausen längst heraus war, und vereinbarten, daß die Nachbarin die Katze übernehmen würde, falls Elinore eines Tages nicht mehr für sie sorgen könnte. Nachdem alles geregelt war, kam also Missy in Elinores Leben – und was für ein Leben die beiden miteinander hatten! Elinore redete mit Missy und Missy redete mit Elinore, und die beiden wurden rasch dicke Freunde. Gemeinsam nahmen sie ihre Mahlzeiten ein, machten ein Nickerchen in der Sonne, schauten sich im Fernsehen die Unterhaltungsshows an. Und so, als ob es das Schicksal besonders gut mit ihnen meinte, starben sie beide innerhalb weniger Tage unter natürlichen Umständen. Missy und Elinore hatten wunderbar zusammengepaßt und sich gegenseitig viel Liebe und Freude geschenkt.

Ich selbst hatte keine Ahnung, daß nebst mir nur ein paar Dutzend Leute auf der Welt auch so mit Tieren arbeiteten. Ich tat es einfach, weil es mir logisch und natürlich erschien, und ich hatte nie das Gefühl, etwas Besonderes zu tun. Aber offenbar war das doch der Fall. Heute, da der Einsatz von Tieren für behinderte Menschen überall bekannt ist, scheint es unglaublich, daß ich mir damals jeden kleinen Schritt der Anerkennung hart erkämpfen mußte. Bis meine »Hör-Hunde« für Hörbehinderte gleichermassen anerkannt wurden wie die »Seh-Hunde« für Sehbehinderte, brauchte es viel. Im Nachhinein scheint es fast unmöglich, daß ich noch vor nicht allzu langer Zeit auf gesetzlicher Basis dafür kämpfen mußte, daß Hör-Hunde ihre Besitzer überallhin begleiten dürfen, auch da, wo Hunde normalerweise nicht zugelassen sind.

Lassen Sie mich noch ein weiteres Beispiel anführen. Die folgende Geschichte illustriert vielleicht am besten, weshalb ich ungeachtet der vielen Einwände daran festhalte, daß das Gehen an einer Katzenleine grundsätzlich eine gute Sache ist. Held der Geschichte ist Mark, damals noch ein Junge, der am Down-Syndrom, also Mongolismus, leidet. Wie es behinderten Kindern so oft geschieht, wurde auch Mark von den anderen Kindern gemieden, und er zog sich infolgedessen immer mehr in seine eigenen Welt zurück. Ich wurde von Marks Familie zu Hilfe gerufen, damit ich ihm zeigen könnte, wie er mit seinem neuen, goldbraunen Hund Buffy umgehen und was er jeden Tag mit ihm üben sollte. Mark war eifrig dabei, und da er auch verantwortlich für Buffys Fellpflege war, sah der Hund immer aus wie aus dem Ei gepellt.

Am allermeisten wünschte sich Mark aber, daß sein Hund »tot« spielen könnte, wenn er von einem »Schuß« getroffen war und daß er zum Schluß der Vorführung seiner Tricks eine kleine Verbeugung mache. So zeigte ich Mark, wie er Buffy dazu bringen konnte, und innert kurzer Zeit zeigten die beiden stolz in der Nachbarschaft ihre Kunststücke vor. Jetzt wurden Mark und sein Hund plötzlich von allen Leuten auf der Straße freundlich gegrüßt; Mark und Buffy wurden unzertrennlich und gaben einander viel Liebe und eine ganz spezielle Art von Freundschaft. Die Geschichte wärmte mir das Herz und erfreut mich bis heute immer wieder.

Um so überraschter war ich, als ich wegen meiner Arbeit mit Tieren und behinderten Menschen so viel negative Kritik erntete. Eine angesehene New Yorker Zeitung brachte einen Artikel über Mark und den Hund, der das Leben dieses Jungen so verändert hatte. Am Schluß des Artikels wurde ein bekannter Arzt zitiert, der an einem nationalen Forschungsinstitut für Kinderkrankheiten tätig war. Dieser Arzt nun stellte allen Ernstes in Frage, daß ein Tier auf die Seele des Menschen eine heilsame, unterstützende Wirkung haben kann und fragte sich, wie denn die psychischen Fähigkeiten eines Tieres überhaupt gemessen werden könnten und wie sie sich auf den Menschen übertragen ließen. Er kam zum Schluß, daß das Ganze auf sehr wackligen Füßen stehe und wissenschaftlich nicht belegbar sei. Nun, schließlich und endlich habe ich, und mit mir zusammen viele andere Tierkenner, über solche Pessimisten triumphiert, denn die tierunterstützte Therapie ist heute allgemein anerkannt und überall auf der Welt Gegenstand regen Interesses.

Und so kommt es, daß ich als ein Pionier der tierunterstützten Therapie genannt werde, daß ich einer der ersten war, der Hör-Hunde ausbildete, einer der ersten, der den Leuten sagte, sie sollten ihre (gesunden) Tiere ruhig herzen und küssen, während die Neinsager uns allen einen vorzeitigen Tod wegen Ungezieferbefalls voraussagten. Ich ließ mich trotz aller Kritik nicht beirren und habe meine Überzeugung auch gegen viel Widerstand vertreten, und so wird es wohl immer sein.

Immer wieder fasziniert es mich, unsere Tiere zu beobachten, zu erleben, wie viel Liebe sie uns geben, wie oft sie auch an einem schlechten Tag ein Lächeln auf unser Gesicht zu zaubern vermögen. Und wenn ich etwas sehe, das nicht in Ordnung ist oder eine Erfahrung mache, die mir für viele andere auch wertvoll erscheint, braucht es nicht mehr viel, bis ich mich mit Leib und Seele der Sache angenommen habe. In unserem Fall mit Mizzi geht es darum, ein bestimmtes Verhalten zu ändern. Der Mensch hat der Katze leider ihre grenzenlose Freiheit genommen, indem er sie entweder in der Wohnung einsperrt oder riskiert, daß sie auf der Straße plattgewalzt wird. Jetzt geht es darum, aus dieser Situation das beste zu machen.

Sind Sie bereit?
Also denn: Der Satz, den Sie gleich lesen werden, wird wieder Tausende von Schreibmaschinen (oder sagen wir mal, Hunderte von PCs) zum Klappern bringen. Ich bin auf alles gefaßt – aber bevor Sie schreiben, sollten Sie erst mal weiterlesen.

Jede Katze sollte lernen, an einer Katzenleine (mit speziellem Schultergeschirr) zu gehen. Bitte beachten Sie, daß es heißt: *jede* Katze, nicht fast alle Katzen oder die meisten oder diejenigen, die so und so gehalten werden. Beginnen wir mit der Frage nach dem Warum.

Weshalb jede Katze an die Leine gewöhnt werden sollte

Zuerst einmal ist eine Leine natürlich das sicherste Mittel, wenn man eine Katze von einem Ort zum andern transportieren muß, wie z.B. wenn man sie zum Tierarzt bringt. Ein Transportkorb wird dann problematisch, wenn die Katze nicht korrekt daran gewöhnt wurde (was leider sehr oft der Fall ist), denn sobald Mizzi den Katzenkorb erblickt, entwischt sie wahrscheinlich für die nächsten paar Stunden unter das niedrigste Möbelstück. Haben Sie dann das Bündel Angst und Aggression endlich hervorgezerrt (hoffentlich ohne größere Verletzungen Ihrerseits), kommt der Schreckensmoment, wo Mizzi in den Käfig gestopft wird. Ich meine natürlich nicht, daß man sie hinein *stopfen* sollte, aber das ist genau das, was meistens passiert. An diesem Punkt streckt der kleine Kämpe wahrscheinlich alle vier Beine wie Eisenpfähle starr in vier verschiedene Richtungen, so daß es

Das Leinentraining ermöglicht es Mizzi, gefahrlos etwas von der großen Freiheit draußen zu schnuppern (© *John McDonald*, *Animals Animals*)

leichter wäre, 15 Schüler in eine Telefonzelle zu zwängen als Mizzi in diese Box. Uff – endlich geschafft! Die Katze steckt im Käfig, aber Sie sind beide so erregt, daß das wohl kaum die beste Methode sein kann für einen Transport. Jetzt kann das Drama auf verschiedene Art weitergehen: entweder Mizzi schreit und jault ohrenbetäubend in ihrem Gefängnis, oder sie klebt verschüchtert in der hintersten Ecke. Beide Verhaltensweisen sind wahrscheinlich von Streßsymptomen wie Zittern, Schwanzzucken, beschleunigter Atmung und u.U. unkontrolliertem Urinieren oder Koten begleitet. Sie haben an diesem ganzen Szenario sicher genau so wenig Freude wie ich. Das wäre also schon mal ein Punkt *für* das Gehtraining an der Leine und die dadurch gewonnene Freiheit.

Ein anderes sehr wichtiges Argument dafür ist schlichtweg die Langeweile. Ich wiederhole mich, aber es ist wirklich eminent wichtig: Katzen haben einen viel zu wachen Geist, um sich mit einem Leben in den gleichen vier Wänden zufrieden zu geben – tagein, tagaus, 365 Tage im Jahr, und das zehn bis zwanzig Lebensjahre lang. Wenn Sie mich fragen, so kommt eine solche Haltung einer Gefängnishaft und grausamster Bestrafung gleich; aber sogar Gefängnisinsassen dürfen jeden Tag einmal etwas an die frische Luft.

Wenn Mizzi lernt, an einer Leine zu gehen, eröffnen sich ihr und Ihnen ganz neue Möglichkeiten. Auf diese Weise kann auch sie ein wenig am Leben »draußen« teilnehmen und wird dadurch ausgeglichener sein. Schließlich möchte sie ja so gern ihre Menschen begleiten; sie will nicht den ganzen Tag allein eingesperrt sein, und sie hat sicher auch nichts dagegen, mal die Oma zu besuchen oder die Neffen wieder mal zu sehen. Mizzi kann nicht begreifen, weshalb sie am Sonntag nicht mit auf den Familienausflug darf oder mal schnell um die Ecke zum Einkaufen! Wäre Mizzi ein Hund, wären solche Freuden ganz selbstverständlich. Und wir wollen doch unsere Katzen nicht schlechter halten als unsere Hunde, nicht wahr? Soviel also zu Punkt 2 für das Leinentraining.

Die Angst, daß Mizzi entwischen könnte, ist sicher das häufigste Argument gegen solche Ausflüge mit der Katze. Die Angst, daß eine verschreckte Katze *ohne Leinensicherung* einem vom Arm springen und auf Nimmerwiedersehen verschwinden könnte, ist sicher berechtigt; es ist einfach unverantwortlich, eine Katze ohne Leine an einen ihr fremden Ort zu tragen. Eine Katze, die gelernt hat, an der Leine zu gehen, kann hingegen gefahrlos außerhalb des Hauses spazieren geführt werden. Und je häufiger eine Katze nach draußen kommt, desto entspannter wird sie ganz allgemein sein, wenn sie sich außerhalb ihrer gewohnten vier Wände befindet, was natürlich in vielen Situationen ein großer Vorteil ist. Alle sind auf diese Weise entspannter und zufriedener. Also noch ein Punkt, der für das Leinentraining spricht.

Dann gibt es auch Situationen, in denen die Katze ihre Besitzer auf einer Reise begleiten muß, so wie etwa Fred. Ich traf Fred und seinen Besitzer im Flugzeug von New York nach Los Angeles. Fred litt an einer Krankheit, die tägliche Spritzen erforderte, und der Mann, ein bekannter Schauspieler, wollte seinen vierbeinigen Freund nur von bestimmten Ärzten behandeln lassen. Das bedeutete eine Vielzahl von Reisen, die Fred aber nie in einem Transportkorb hinter sich brachte. Nein, er hatte gelernt, sich an einer Leine anständig zu benehmen, und so saß er im Flugzeug glücklich und zufrieden auf seines Besitzers Schoß und war der Star bei Passagieren und Personal. Mit seinem liebevollen, zutraulichen Charakter verkürzte er uns allen den Flug.

Einer Katze das Gehen an der Leine beizubringen ist nicht halb so schwierig, wie Sie jetzt vielleicht denken. Vielleicht finden Sie, es liege nicht in der Natur einer Katze, an der Leine zu gehen – aber liegt es in der Natur der Katze, in einer Wohnung eingesperrt oder von einem Auto überfahren zu werden? Unsere Gesellschaft verlangt ein gewisses Maß an Anpassung von allen – auch von unseren Katzen.

Schritt-für-Schritt-Training für die ersten Schritte im Freien

1. Schritt: Das richtige Zubehör kaufen
Dazu gehört in Mizzis Falls ein Katzengeschirr oder eventuell auch nur ein Halsband, wobei ein Geschirr aber aus verschiedenen Gründen unbedingt vorzuziehen ist. Aus einem gut sitzenden Schultergeschirr kann sich die Katze nicht hinausschlängeln wie aus einem einfachen Halsband. Zudem werden

Stöße von einem Geschirr viel sanfter aufgefangen als von einem Halsband, das die Katze würgt, wenn sie unvorgesehene Bewegungen macht, z.B. weil sie sich erschreckt hat. Der einzige Nachteil des Geschirrs ist das Anlegen desselben, denn es gibt Katzen, die nie und nimmer stillhalten, während man versucht, ihnen das Ding sachgemäß überzustreifen. Bevor Sie aber aufgeben in der Meinung, Ihre Katze hasse nun mal ein solches Geschirr, lesen Sie bitte sorgfältig die Anleitung zum Anlegen eines Geschirrs (s. das Kapitel »2. Schritt«). Die allermeisten Katzen gewöhnen sich über kurz oder lang an ein richtig sitzendes Geschirr.

Ich habe im Prinzip nichts dagegen, wenn jemand lieber nur ein Halsband anstatt eines Schultergeschirrs verwendet, vorausgesetzt allerdings, die Katze zieht nicht nach allen Seiten an der Leine und Genick- oder Halsverletzungen können ausgeschlossen werden. Zudem muß man sehr sorgfältig darauf achten, daß das Halsband perfekt sitzt, d.h. es muß so eng sitzen, daß die Katze auch bei Panik nicht den Kopf hindurchziehen kann. Schnallen Sie das Halsband also so eng, daß Sie es auf keinen Fall mehr über Mizzis Ohren ziehen können, aber achten Sie gleichzeitig darauf, daß es doch nicht so eng ist, daß Mizzi beim Atmen oder sonstwie behindert wird. Der richtige Sitz des Halsbandes ist außerordentlich wichtig – Nachlässigkeit kann sich hier fatal auswirken, wenn sich die Katze draußen losmacht.

Verwenden Sie keines der elastischen Halsbänder, die reißen oder nachgeben, wenn die Katze irgendwo hängen bleibt. Solche Halsbänder sind nicht zum Spazierenführen gedacht, sondern höchstens für den täglichen Gebrauch, denn stellen Sie sich vor, die Katze bleibt damit auf dem Spaziergang an etwas hängen und das Halsband löst sich – dann wäre sie ja frei.

Die Leine ist meist das kleinere Problem. Man bekommt in jeder Zoohandlung Katzenleinen, und auch eine leichte Leine für ganz kleine Hunde ist geeignet. Die Leine sollte auf jeden Fall aus sehr leichtem Material sein; dünnes, feines Leder oder Nylon oder Baumwolle eignen sich gut. Obwohl die Katzenleine natürlich nicht die Kraft einer Dogge aushalten muß, darf sie doch nicht allzu dünn und schwach sein. Sehen Sie sich die Leinen also im Laden gut an, vor allem rund um den Handgriff und den Haken, wo das Material doppelt genäht sein sollte. Halten Sie auch Ausschau nach eventuellen losen Nähten; billige Leinen sind oft schlecht genäht, und Sie sollten sich nicht scheuen, an einem losen Faden zu ziehen. Ich will damit nur sagen, daß eine Leine, die schon bei der Begutachtung im Laden lose Nähte aufweist, von Mizzi innert kürzester Zeit ganz auseinandergenommen werden wird. Am schlimmsten aber ist daran, daß Sie mit schlecht verarbeitetem Zubehör Ihre Katze gefährden, weil es eventuell im dümmsten Moment kaputtgeht.

Als nächstes müssen Sie den Haken, mit dem die Leine am Halsband oder Schultergeschirr befestigt wird, genau inspizieren, denn hier wird oft gepfuscht. Viele dieser Clips sind nicht stärker als ein billiger Schlüsselring; was Sie aber brauchen an Ihrer Katzenleine ist einer der üblichen soliden Patenthaken, die man an Hundeleinen sieht, nur etwas kleiner. Der Haken soll also einerseits vollkommen sicher schließen und andererseits auch nicht zu schwer sein.

Öffnen und schließen Sie den Haken zur Probe ein paar Mal. Er sollte sich gut, aber nicht zu leicht öffnen lassen und fest schließen. Sie werden selbst merken, was ich meine, wenn Sie ein paar verschiedenen Verschlüsse ausprobiert haben.

2. Schritt: Mizzi soll es bequem haben
Und schon sind wir beim Thema, das Ihnen sicher am meisten auf dem Magen liegt. Wie um alles in der Welt soll Mizzi sich mit Halsband oder Schultergeschirr und Leine wohl fühlen? Dazu brauchen Sie etwas Geduld und einen sicheren »Übungsplatz« im Haus, denn bevor Sie und Mizzi sich hinauswagen, muß jeder Schritt sitzen.

Holla! Was soll das?!
Nehmen wir einmal an, Ihr Mizzi habe noch nie in seinem Leben so etwas wie Leine oder Halsband gesehen. Als erstes legen Sie also das zukünftige Ausgehzubehör irgendwohin, wo Mizzi sich gerne aufhält (aber so, daß er sich nicht in den Sachen ver-

fangen kann) und lassen es etwa eine Woche so liegen, so daß er sich an den Anblick und Geruch gewöhnen kann. Mizzi soll ruhig daran herumschnüffeln und das komische Ding bepfoten, damit er merkt, daß es nichts Bedrohliches ist. Als nächstes können Sie das Halsband oder Geschirr ein paar Mal pro Tag für eine, zwei Sekunden leicht auf Mizzis Rücken oder Schulter legen, ohne es überzuziehen, bis er es sich entspannt gefallen läßt. Dann können Sie Mizzi das Halsband oder Geschirr für ein paar Minuten pro Tag anziehen und ihn damit frei im Haus herumgehen lassen. Die meisten Katzen winden sich zuerst ein wenig, finden sich aber in der Regel dann schnell damit ab. Denken Sie daran, Mizzi jedes Mal, wenn er das Geschirr oder Halsband trägt, mit etwas besonders Angenehmen – Kraulen an der Lieblingsstelle oder auch mal ein Häppchen Lieblingsfutter – zu belohnen, so daß Ihre Katze mit der Zeit das Geschirr mit einem freudigen Ereignis verknüpft. Werden Sie nicht nachlässig, sondern ziehen Sie diese Übung mitsamt Belohnung konsequent eine Zeitlang durch. Wir alle lernen, indem wir Dinge und Ereignisse miteinander verknüpfen, und so sollte diese Verknüpfung für Mizzi eine durch und durch positive werden.

Wenn Mizzi sich sichtlich wohl zu fühlen beginnt mit dem Geschirr oder Halsband, können Sie die Zeit, während der er es trägt, allmählich ausdehnen. Sie sollten aber dabei immer im Haus sein, um eingreifen zu können, wenn die Katze sich z.B. irgendwo verfängt und in Panik gerät.

3. Schritt: Jetzt wird' ernst

Mizzi hat also unterdessen richtig Freude an dem Halsband/Geschirr und kann es kaum erwarten, die Sachen angelegt zu bekommen. Dann ist es jetzt Zeit, die Leine miteinzubeziehen. Zu Beginn machen Sie die Leine wiederum nur für eine oder zwei Minuten am Geschirr oder Halsband fest. Setzen Sie wieder die positive Verstärkung ein, die ich beim Gewöhnen ans Geschirr beschrieben habe (liebkosen, kraulen, ev. füttern). Versuchen Sie jetzt vor allem noch nicht, mit Mizzi herumzuspazieren, sondern tun Sie, was Mizzi will. Der wird u.U. einfach dasitzen und ziemlich ratlos aus der Wäsche gucken, dann stehen Sie halt so lange daneben. Üben Sie das jeden Tag ein paar Minuten. Lassen Sie Mizzi mit der nachschleppenden Leine frei herumgehen, aber achten Sie auch hier wieder sorgfältig darauf, daß sie sich nirgends verheddert. Dehnen Sie die Zeit mit Halsband/Geschirr und Leine jeden Tag ein wenig aus.

4. Schritt: Folgen Sie Mizzi an der Leine
Sobald sich die Katze mit der Leine im Schlepptau wohl zu fühlen scheint, können Sie erste Versuche machen, zusammen zu gehen. Das heißt, Sie gehen, wohin Mizzi geht. Nehmen Sie einfach das Ende der Leine locker in die Hand und folgen Sie Mizzi durchs Haus. Üben Sie dies ein paar Tage lang. Wenn Mizzi auch damit locker zurechtkommt, können Sie beginnen, ihn zu lehren, *mit Ihnen* zu gehen.

Lösen Sie sich von der »Katzen-sind-unerziehbar-Mentalität«

Wenn Sie finden, eine Katze zum Gehen an der Leine auszubilden, sei ein fast unmögliches Unterfangen, dann überlegen Sie einmal folgendes: Auch ein junger Hund muß sich erst an Leine und Halsband gewöhnen, und manch einer benimmt sich dabei wie ein kleiner Stier. Die Ausbildung zur Leinenführigkeit einer Katze unterscheidet sich demnach kaum von der Situation mit einem Hund. Sie haben sicher auch schon Hunde gesehen, die sich vehement gegen das Leinentraining sträubten. Was es bei dem Lernprozeß braucht, ist immer wieder dasselbe: Geduld, Liebe, und *kleine* Schritte pro Mal. Der Aufwand ist nicht einmal besonders groß – ein paar Minuten pro Tag, und jedermann, der einem Hund das Gehen an der Leine beibringen könnte, kann dies auch mit einer Katze. So einfach ist das. Denn Katzen sind längst intelligent und anpassungsfähig genug, um diese Lektion zu lernen. Wer ihnen das nicht zumutet, tut ihnen unrecht.

5. Schritt: Jetzt sagen Sie, wo's langgeht
Nachdem Mizzi sich daran gewöhnt hat, daß Sie ihm plötzlich

wie ein Schatten überallhin im Haus folgen, können Sie dazu übergehen, ihm langsam das Gegenteil beizubringen: er folgt Ihnen. Reden Sie also in den süßesten, verlockendsten Tönen auf Mizzi ein, während Sie in eine von Ihnen gewünschte Richtung gehen. Ihre Stimme sollte schmeichelnd, zärtlich, verführerisch und möglichst hoch sein (Männer müssen üben!). Wahrscheinlich wird Mizzi ein paar Schritte auf Sie zu machen, bevor er mit Schrecken realisiert, daß er ja dorthin geht, wo Sie wollen, statt dahin, wo er will. Jede bestandene Katze – und jeder bestandene Hund – wird jetzt alle vier Pfoten in den Boden stemmen und Sie mit einem Blick anschauen, der besagt: »Zieh du nur – du kriegst mich keinen Zentimeter von der Stelle!« Aber lassen Sie sich nie auf einen Kampf um den härteren Schädel ein und ziehen Sie Mizzi nicht gewaltsam dahin, wo Sie wollen. Ich bin überzeugt, daß jede Katze so viel von Physik versteht, daß sie weiß: Je mehr er zieht, desto kräftiger muß ich zurückziehen!

Mein ganz spezieller Trick, wenn Mizzi alle Viere in den Boden stemmt
Die Methode, die ich in diesem Fall anwende, nenne ich »Ziehen-Nachgeben". Ziehen Sie also die Leine einen kleinen Moment lang straff – aber leicht, nicht reißen! – und lassen Sie dann gleich wieder lose durchhängen. Wenn nichts passiert, wiederholen Sie das mit kleinen Pausen von vier bis fünf Sekunden zwischen jedem Anziehen. Reden Sie bei jedem leichten Zug auf Sie zu wieder liebevoll und verlockend auf Mizzi ein.

Sie können sich ruhig auch auf Hände und Knie hinunterlassen, um Ihre Katze von ihrem eigenen Blickwinkel aus zu locken. Seien Sie nicht enttäuscht, wenn der Kleine zunächst vielleicht nur zehn Zentimeter oder so auf Sie zukommt. Versuchen Sie es immer wieder, dann werden Sie sehen, wie sich Mizzis Widerstand langsam abbaut. Und eines Tages wird er Ihnen anstandslos durchs ganze Haus folgen. Sie werden den Durchbruch natürlich feiern wollen und den gesamten Freundeskreis einladen, um Ihr Wundertier zu bestaunen. Und schon sitzt Mizzi wieder mit diesem »Du-kannst-mich-mal«-Blick da und tut keinen Wank. Verzweifeln Sie nicht. Das ist ganz normal bei intelligenten Lebewesen: Sie probieren die Grenzen aus, um zu sehen, wie weit sie mit ihrem Widerstand gehen können. Wenden Sie jedes Mal wieder die »Ziehen-Nachgeben«-Methode an, aber immer auf leichte, freundliche Art.

Fangen Sie nicht an, die Katze an der Leine herumzuzerren. Lassen Sie uns noch einmal die »Ziehen-Nachgeben«-Methode durchgehen, denn wenn sie falsch angewendet wird, kann sie sich kontraproduktiv auswirken. Das Ziehen muß wirklich ganz *sanft* sein, es darf nie in ein Zerren oder Reißen ausarten und muß immer sogleich vom Nachlassen der Leine gefolgt sein, so daß auf dem Geschirr oder Halsband keinerlei Druck mehr ist. Sie können sogar leise vor sich hinsagen »ziehen – nachgeben, ziehen – nachgeben...«. Leider kommt es oft vor, daß das Nachgeben nach dem Zupfen einfach vergessen wird, und gerade das bringt uns nicht ans Ziel. Wir wollen ja die Katze nicht einem Zwang unterwerfen, sondern ihr nur eine kleine Idee von dem Gewünschten geben. Üben Sie bitte mehrmals täglich für kurze Zeit, denn eine einzige lange Session pro Tag ist für den Lernprozeß nicht förderlich, sondern ermüdet nur. Und außerdem passen diese kurzen Lektionen sicher auch besser in Ihren ausgefüllten Arbeitstag. Vergessen Sie das Loben nie, es ist unbedingt nötig, auch wenn Mizzi nur langsame Fortschritte machen sollte. Es ist natürlich, daß Ihnen die Lust aufs Loben vergeht, wenn Sie nicht zufrieden sind mit den Fortschritten Ihrer Katzenausbildung, aber gerade eine widerstrebende Katze braucht unbedingt Ihre verbale Unterstützung.

Falls Sie wirklich einmal frustriert sind, lassen Sie Ihren Ärger bitte nicht an Mizzi aus. Verhauen Sie von mir aus Ihr Kopfkissen, trinken Sie eine Tasse Tee oder Kaffee oder genehmigen Sie sich ein Gläschen Wein. Gönnen Sie sich eine Pause und gehen Sie dann frischen Mutes noch einmal daran.

Nicht verzagen...
Ein letzter Trost für alle, deren Katze nur langsam Fortschritte macht: Katzen haben eine Art, sich gerade dann doch noch kooperativ zu erweisen, wenn man kurz davor ist, alles hinzu-

schmeissen. Wirklich: An dem Tag, an dem Sie sich schwören, dies sei das letzte Mal, weil Ihr Mizzi es ohnehin nie kapieren wird, steht dieser Mizzi wahrscheinlich auf und marschiert wie ein König mit Ihnen durch die ganze Wohnung. Mizzi wußte eh schon, was Sie von ihm wollten – er wollte bloß noch ein bißchen zuwarten, um zu sehen, ob es Ihnen wirklich ernst ist damit...

6. Schritt: Jetzt geht's in die große Freiheit
Falls Mizzi noch nie draußen war, heißt es jetzt langsam vorgehen, denn die große weite Welt ist furchteinflößend mit all ihren fremden Gerüchen, Geräuschen und Ansichten. Falls Ihre Katze eher schreckhaft ist, könnten Sie ihr vor dem ersten Ausgang eine Tonbandaufnahme mit Geräuschen von Autos, Menschen u.ä. leise vorspielen. Drehen Sie dann die Lautstärke allmählich über mehrere Wochen etwas höher, bis sie dem Lärmpegel auf der Straße entspricht und Mizzi sich nicht mehr daran stört. Erwarten Sie beim ersten Mal im Freien nicht gleich, daß Mizzi einen richtigen Spaziergang mit Ihnen macht. Oftmals ist es das Beste, man setzt sich beim ersten Mal mit Mizzi an der Leine einfach mal vor dem Haus auf eine Treppenstufe und läßt Mizzi die neuen Eindrücke aufnehmen. Besonders, wenn Sie inmitten einer großen Stadt oder nahe an einer verkehrsreichen Straße wohnen, ist dieses Vorgehen angebracht. Wenn Mizzi sich ein bißchen an das Neue gewöhnt hat, werden sein Blick und seine Körperhaltung Ihnen das durch ihre Entspanntheit mitteilen. Die nervösen Schwanzzuckungen werden aufhören, und vielleicht wagt sich Mizzi sogar ein paar Schritte vor, um seine wachsende Neugier zu befriedigen. Wenn es soweit ist, können Sie den ersten, kurzen Spaziergang wagen, wobei Sie vorgehen sollten wie beim Training im Haus und Ihrer Katze dorthin folgen, wo sie geht. Erst nach mehreren Übungstagen sollten Sie sachte dazu übergehen, Mizzi nach Ihrem Willen zu führen. Dabei braucht Mizzi jede Menge positive Unterstützung; machen Sie sich nichts daraus, wenn Passanten Ihnen schräge Blicke zuwerfen, weil Sie in den höchsten Tönen auf Ihre Katze einreden und immer wieder in überschwengliches Lob ausbrechen. Schließ-

lich tun Sie etwas Wunderbares für Ihre Katze – Sie geben ihr ein Stück der verlorenen Freiheit wieder.

7. Schritt: Lassen Sie sich von eventuellen Rückschritten nicht entmutigen
Geben Sie Ihre Bemühungen keinesfalls auf, wenn Sie oder Ihre Katze bis dahin an irgend einem Punkt mit Schwierigkeiten zu kämpfen hatten. Das bedeutet lediglich, daß Sie ein bißchen zu schnell vorwärts gegangen sind. Fangen Sie also nochmals dort an, wo die Probleme begannen und nehmen Sie sich diesmal etwas mehr Zeit, damit jeder Lernprozeß auch wirklich sitzt.

Die Mühe lohnt sich!
Meine Ratschläge für das Leinentraining einer Katze mögen Ihnen ungewohnt vorkommen – aber bedenken Sie nur, wie ungewohnt das alles vor ein paar Jahren war, als ich diese Idee zum ersten Mal in der Öffentlichkeit vorbrachte! Damals erlebte ich aber auch eine der schönsten Belohnungen für meine Bemühungen. Ich demonstrierte in einem Samstagmorgen-Programm im New Yorker Fernsehen, daß Katzen an einer Leine gehen lernen können und sollten. Ein paar Wochen später war ich mit dem Wagen unterwegs in den Norden des Staates New York. Bei einer Raststätte hielt ich an, um etwas zu essen, und was sah ich da: Eine Katzenbesitzerin mit Katze an der Leine, die sich beide genüßlich die Beine vertraten! Und schon hatte mich die Frau erkannt: »Sie sind doch Warren Eckstein vom Fernsehen!« rief sie freudig. »Ohne Sie wäre Sylvester jetzt nicht hier. Ich wäre nie auf die Idee gekommen, ihn in die Ferien mitzunehmen, sondern hätte ihn ins Ferienheim gegeben, das er so haßt. Er kam immer ganz abgemagert und unglücklich zurück. Aber jetzt! Sehen Sie nur, wie glücklich er ist, daß er mit der ganzen Familie gemeinsam in die Ferien fahren darf! Ist das nicht wunderbar?«

Ja, das war es tatsächlich. Ganz überwältigt ging ich zurück zu meinem Wagen. Wenn man so viele Radio- und Fernsehsendungen macht, weiß man ja, daß einem viele Leute zuschauen und -hören, aber es ist doch noch etwas ganz anderes, wenn man den Erfolg seiner Bemühungen so hautnah erleben darf.

Also denn. Schenken auch Sie Ihrem kleinen Sylvester ein besseres, spannenderes Leben. Wenn er sich erst mal an Leine und Geschirr gewöhnt hat, wird er Ihnen für seine bereichernden Ausflüge außer Haus ewig dankbar sein.

Nicht nur Hunde kommen, wenn man sie ruft – auch Katzen können das

Hunde kommen herbei, wenn man sie ruft. Mizzi kann das auch lernen, denn Mizzi ist intelligent genug, um verschiedenste Aufforderungen und Befehle zu begreifen. Alles, was es dazu braucht, sind Üben, Geduld und eine Portion Know-how. Weil die meisten Leute aber immer noch fest im Glauben sind, Katzen Appell beizubringen, sei ein Ding der Unmöglichkeit, habe ich hier zehn simple Schritte aufgelistet, die dieses Ziel für jedermann in den Bereich des Möglichen rücken sollen.

Ecksteins 10-Schritte-Programm, um Mizzi den Appell beizubringen
1. Sagen Sie deutlich Mizzis Namen, um ihr Interesse zu gewinnen: »Mizzi, komm her!«
2. Benutzen Sie den Namen nur, wenn Sie der Katze etwas Positives zu sagen haben.
3. Rufen Sie Mizzi nie, um ihr etwas Unangenehmes zu sagen oder zu tun. Wenn Sie ihr z.B. ein Medikament verabreichen müssen, sollten Sie zu ihr hingehen und nicht umgekehrt.
4. Am Anfang des Trainings ist es besser, wenn Sie sich auf Augenhöhe zu Mizzi hinunterlassen, damit sie besser Kontakt mit Ihnen herstellen kann.
5. *Loben Sie Mizzi überschwenglich, wann immer sie zu Ihnen kommt!* Diese positive Verstärkung durch Sie darf niemals nachlassen.
6. Sprechen Sie den Befehl »Komm« nur dann aus, wenn Sie ihn auch konsequent zu Ende führen können, falls Mizzi nicht von sich aus kommt. Es wirkt sich sehr kontraproduktiv aus, wenn

Mizzi merkt, daß Sie auf einer bestimmten Aufforderung nicht immer bestehen und sie deshalb gehorchen kann oder auch nicht.

7. Sprechen Sie sich mit den anderen Familienmitgliedern ab, damit nicht dauernd jemand hinter Mizzi herruft und sie dann ignoriert, wenn sie nicht herkommt (oder, noch schlimmer, wenn sie herkommt). Widersprüchliche Haltungen innnerhalb der Familie verwirren das Tier und vermindern die Aussicht auf Erfolg erheblich.

8. Üben Sie nicht zehn Minuten lang immer dasselbe mit Mizzi. Das ist langweilig für sie, und ihr Interesse wird in der Folge schnell erlahmen.

9. Rufen Sie sie vielmehr ein paar Mal am Tag bei Gelegenheit, vielleicht ein- oder zweimal, und das bis zu rund sechsmal pro Tag, d.h. üben Sie ein bißchen, wenn die Umstände gerade günstig sind.

10. Auch wenn Mizzi sehr lange nicht zu Ihnen kommt, obwohl Sie sie immer wieder zärtlich gelockt haben, müssen Sie sie unbedingt ganz herzlich loben, wenn sie sich schließlich doch zu Ihnen bequemt.

Es mag nicht immer ganz leicht sein, den angestauten Ärger nach dem x-ten Mal vergeblichen Rufens und Lockens hinunterzuschlucken, aber es ist ganz wichtig, denn ohne Ihr Lob und Ihre Streicheleinheiten lohnt es sich für Mizzi das nächste Mal nicht mehr, auf Ihr Rufen zu reagieren. Verhauen Sie von mir aus nachher Ihr Kopfkissen, aber lassen Sie Ihren Ärger um Gottes Willen nicht Mizzi spüren!

Der 5. Schritt ist der entscheidende
Von diesen zehn Schritten ist jeder einzelne wichtig. Überspringen Sie einen, reduzieren sich die Erfolgschancen um 10%, überspringen Sie mehrere, schwinden Ihre Erfolgschancen entsprechend. Wenn ich aber die ganze Übung auf einen einzigen Schritt reduzieren müßte, der nun wirklich für den Erfolg entscheidend ist, dann fiele meine Wahl auf diesen fünften. Und der heißt: *Jedes Mal*, wenn Mizzi zu Ihnen kommt, gibt es Lob und Liebe in rauhen Mengen!

Wenn Mizzi die Erfahrung macht, daß jedes Mal, wenn sie zu Ihnen kommt, die wunderbarsten Dinge geschehen, kommt sie natürlich nach kurzer Zeit schon voller Freude zu Ihnen gehüpft, kaum sieht sie Sie. Und als Gegenleistung müssen Sie dafür jedes Mal alles, was Sie gerade tun, stehen und liegen lassen und Mizzi überschwenglich willkommen heißen. Liebkosen und streicheln Sie sie, massieren Sie sie vielleicht ein wenig, wenn sie das mag, kraulen Sie sie hinter den Ohren, und geben Sie ihr von Zeit zu Zeit auch ein Häppchen ihres Lieblingsfutters (aber nicht zu oft, denn Mizzi soll nicht von Futterbelohnungen abhängig werden und Sie sollen nicht so werden wie manche arme Leute, die immer erst mit einer Schachtel Trockenfutter durch die Nachbarschaft rennen müssen, bis ihre Katze sich nach Hause bequemt). So oder so: Geben Sie Mizzi das Gefühl, sie sei soeben Lottokönig geworden, machen Sie ein riesiges Aufhebens um sie, immer wieder, sobald sie zu Ihnen herkommt.

Indem Sie der Katze Ihre Freude so deutlich mitteilen, machen Sie sich für sie attraktiv, so daß sie immer gerne zu Ihnen kommen wird. Aber Achtung: Auch wenn Ihre Mizzi absolut zuverlässig immer sofort zu Ihnen kommt, wenn Sie rufen, dürfen Sie sie draußen auf der Straße nie von der Leine lassen. Sie braucht sich nur einmal zu erschrecken oder Ihr Rufen nicht zu hören – und schon ist vielleicht ein Unglück geschehen.

Mizzi lernt, sich hinzusetzen

Das Sitzen auf Befehl ist sicher nicht das Allerwichtigste für eine Katze. Bei einem großen Hund kann dieser Befehl sehr nützlich sein, wenn er ungestüm durch die Wohnung galoppiert und die Gäste terrorisiert – aber bei Mizzi sieht das ja ein bißchen anders aus.

Vielleicht möchten Sie diese Übung aber dennoch mit Ihrer Katze machen, sei es, weil es auch in Ihrem Alltag manchmal Situationen gibt, in denen die Anwendung dieses Befehls sehr nützlich ist, sei es, weil Sie einfach finden, Mizzi tue ein bißchen Üben gut. Hier also die einzelnen Schritte für diese Übung.

Abhauen gilt nicht

Damit Sie Mizzi besser unter Kontrolle haben während dieser Übung, sollte sie dabei immer ein Halsband oder Geschirr tragen.

Wenn Sie Mizzi nämlich nirgends festhalten können, wird sie sich garantiert sehr geschickt aus den Fängen jedes menschlichen Wesens winden, der die vermessene Idee hat, ihr das Sitzen auf Befehl beizubringen!

7 einfache Schritte

1. Knien Sie so neben Mizzi auf den Boden, daß Sie einander gegenüber sind.
2. Mit zwei Fingern einer Hand halten Sie Mizzi am Halsband fest.
3. Die andere Hand legen Sie von hinten an Mizzis Hinterbeine, zwischen dem Schwanzansatz und dem großen Gelenk etwa in der Mitte des Beines. Falls Ihre Katze sich nicht gerne berühren läßt, finden Sie Hilfe im Abschnitt über das Massieren (Kapitel 6).
4. Nr. 4 und Nr. 5 müssen miteinander geschehen. Die Hand am Halsband zieht ganz sachte und leicht nach oben/hinten, so daß das Gewicht der Katze nach hinten verlagert wird. Aber bitte wirklich ganz sachte und leicht – eigentlich ist es nur ein kleiner Druck, der Mizzis Bewegung in die richtige Richtung lenken soll.
5. Die andere Hand drückt gleichzeitig Mizzis Hinterbeine ebenfalls sachte und leicht nach vorn, so daß sich das Gesäß absenkt.
6. Sagen Sie dazu »Sitz« mit scharfem »tz", so daß Mizzi dieses »Sitz« gut von anderen, ähnlich klingenden Wörtern unterscheiden kann. Erwähnen Sie bei dieser Übung Mizzis Namen nicht; sie könnte dadurch eventuell eher zum Aufspringen stimuliert werden als zum ruhig Sitzen.
Das ist auch der Unterschied zu einem Befehl, der eine aktive Bewegung beinhaltet wie etwa »komm!« und der immer von Mizzis Namen begleitet sein sollte.
7. Sprechen Sie während der ganzen Übung beruhigend zu Mizzi.

Seien Sie darauf gefaßt, daß Mizzi »nicht mit mir!« sagt
Es ist völlig normal, wenn Ihre Katze erst mal findet, sie wolle mit diesem ganzen Unsinn nichts zu tun haben. Haben Sie Geduld und sorgen Sie dafür, daß die Übung auch Mizzi Spaß macht. Wenn Sie der Katze ihre Handkante in die Hinterbeine bohren, wird sie natürlich um so mehr Widerstand leisten. Wenn Sie hingegen ganz leichtfüssig an die Sache herangehen, ergibt es sich viel schneller und leichter. Sagen Sie Mizzi, wie toll sie ist, streicheln, kraulen Sie sie. Sie kennen das ja langsam: viel Lob und Liebe.

Es kann eine Weile dauern, bis sich erste Erfolge einstellen. Das liegt aber wahrscheinlich mehr daran, daß Sie noch nicht so viel Übung im Arbeiten mit einer Katze haben, als daran, daß die Katze lernunfähig wäre. Aber geben Sie nicht auf; auch wenn Sie ein paar hundert Mal üben müssen – am Ende wird es doch einmal klappen (und denken Sie daran, daß auch manche Hunde so lange brauchen und viele Hundebesitzer nicht fähig sind, ihrem Hund das Sitzen auf Befehl ohne fremde Hilfe beizubringen). Also: Geduld und Ausdauer werden sich am Ende auszahlen.

Mizzi lernt, stillzustehen

»Bleib!« ist wahrscheinlich ein Befehl, den Sie mit Hunden in Verbindung bringen. Aber Fido ist nicht der einzige im Haus, der diesen nützlichen Begriff lernen kann; Mizzi ist dazu genau so fähig und sollte es auch lernen, denn es wird sicher Situationen geben, in denen Sie nur zu gern zu diesem Befehl greifen.

Der praktische Anwendungsbereich
1. Wenn Mizzi beim Tierarzt etwas ängstlich ist und sich gerade überlegt, wie er am schnellsten zur Tür hinauskommen könnte, kann ihn das vertraute Wort »bleib« davon abhalten und wird ihn zudem beruhigen, weil es aus dem Mund seines geliebten Menschen kommt und er es schon Hunderte von Malen zuvor außerhalb jeder bedrohlichen Situation gehört hat.

2. Sie erwarten Besuch. Mizzi steht nahe der Tür, als es läutet. Er wittert die große Chance, den ewigen vier gleichen Wänden zu entkommen. Kaum öffnet sich die Tür, will Mizzi zur Tür hinaus schnellen – da holt ihn Ihr »Bleib!« in die Wirklichkeit zurück. Weil Sie ihm beigebracht haben, bei diesem Wort auf der Stelle stillzustehen, passiert nichts.

3. Mizzi tummelt sich irgendwo, draußen vielleicht, und Sie sollten ihn dringend einfangen, z.B. um zum Tierarzt zu fahren. Mizzi spielt ein einseitiges »Hasch mich« mit Ihnen; jedes Mal, wenn Sie fast bei ihm sind, rennt er wieder weg. Aber da gibt es doch dieses Zauberwort – »bleib«! Es erspart Ihnen eine Menge Mühe.

4. Mizzi ist in Not. Er hat sich mit einem Bein in etwas verfangen. Oder ein Stück Schnur gefährlich um den Hals gewickelt, oder sich eine Reißzwecke in die Fußsohle getreten. Je heftiger er sich gegen den Schmerz wehrt, desto mißlicher wird seine Situation. »Bleib« – diesem Wort kann Mizzi vertrauen, der vertraute Befehl lenkt ihn von seinem Kampf ab und Sie können endlich ruhig Erste Hilfe leisten. Sie sehen – eine klare Verständigung hilft immer.

5. Mizzi hat einen Fremdkörper im Auge und fährt mit der Pfote immer wieder völlig außer sich über das Auge. Ihr »bleib« beruhigt ihn, so daß Sie ihm helfen können.

6. Mizzis Krallen müssen geschnitten werden, aber er wehrt sich so sehr gegen den Tierarzt, daß es blutet. Mit dem Wörtchen »bleib« können Sie das Krallenschneiden selbst zu Hause und in aller Ruhe durchführen.

»Bleib« ist eine leichte Übung

Noch einmal möchte ich hervorheben, daß Katzen eine Menge Befehle und Begriffe lernen und verstehen können. Das größte Problem dabei ist, daß viele Katzenbesitzer einfach nicht daran glauben und deshalb schon mit einer negativen Einstellung an die Übungen herangehen – wenn überhaupt.

Ihre Zweifel übertragen sich aber auf das Tier, denn es spürt sehr sensibel, wie Sie sich fühlen, und wenn Sie unsicher sind, wird auch Mizzi unsicher. Wenn Mizzi also spürt, daß Sie glauben, sie werde den Befehl nie im Leben lernen, dann passiert eben genau das: Sie tut sich schwer mit dem Lernen.

Denken Sie daran, daß auch all die so wunderbar gehorchenden Hunde nicht über Nacht gelernt haben, was »bleib« bedeutet. Auch sie mußten während Wochen oder Monaten sorgfältig ausgebildet werden, denn kein Meister fällt vom Himmel.

Nun aber an die Arbeit

Sie sollten Mizzi wieder an der Leine oder am Geschirr festhalten, denn Sie wollen ihr ja beibringen, daß diese Übung eben gerade nicht »auf Nimmerwiedersehen« heißt und sich Mizzi nicht nach Lust und Laune aus dem Staub machen kann.

Knien Sie sich vor Mizzi hin und halten Sie sie am Halsband oder an der Leine nahe am Hals fest. Wenn Sie wollen, können Sie Mizzi gleichzeitig mit dem gesprochenen Befehl das Handzeichen für »bleib« lehren – es ist m.E. eine nützliche Erleichterung. »Herrje«, denken Sie jetzt vielleicht, »jetzt will dieser Eckstein auch noch, daß ich mich mit Handsignalen mit meiner Katze verständige!« Aber warum denn nicht? Mizzis Vorfahren in der freien Wildbahn waren fürs Überleben darauf angewiesen, daß sie vielerlei Körpersignale von anderen Tieren richtig interpretierten, und was diese Katzen konnten, kann auch Mizzi.

Das Handzeichen für »bleib« sieht so aus: Sie halten die ausgestreckte Hand mit der Handfläche gegen Mizzi und den Fingern gegen den Boden gewandt vor Mizzis Gesicht. Gleichzeitig sagen Sie ein bestimmtes »bleib!«, ohne Mizzis Namen anzufügen, da sie dadurch in eine zu aktive Stimmung geraten könnte, wo sie doch ruhig stehen bleiben soll. Mizzis Namen sollten Sie ja konsequent nur dann einem Befehl beifügen, wenn es sich um eine aktive Bewegung wie etwa herkommen handelt.

Ein kleiner Trick

Bei der »Bleib«-Übung kann es hilfreich sein, wenn Sie das Wort möglichst gedehnt aussprechen, etwa »ble-eii-b«. Dadurch merkt die Katze, daß eine gewisse Zeitdauer mit dem Befehl verbunden ist, daß es sich nicht um eine rasche Bewegung handelt, und daß sie eine Weile stehen bleiben soll. Sie können diesen Trick auch bei Ihrem Hund anwenden, dort funktioniert er ebenso gut.

Wiederholen Sie sich!
Sprechen Sie den Befehl während der Übung immer wieder ruhig aus, und zwar immer in derselben Tonart. Es ist etwa dasselbe wie damals, als Sie das Alphabet oder Einmaleins auswendig lernten – nur durch häufiges Vorsichhinsagen und Hören konnten Sie es lernen, denn auch der Mensch lernt sowas nicht in einer einmaligen Übung. Ich jedenfalls nicht.

Aha! langsam, *aber sicher begreift Mizzi*
Wenn Sie den Eindruck haben, Mizzi habe langsam kapiert, was Sie von ihr wollen, lockern Sie jetzt sachte die Hand, die sie bis jetzt am Halsband oder an der Leine festgehalten hat – aber langsam, nicht abrupt! Mizzi fühlt natürlich den nachlassenden Druck, und wenn sie eine normale Katze mit durchschnittlichem Temperament ist, wird sie wahrscheinlich die Gunst der Sekunde nutzen und davonwischen. Das heißt, daß Sie ihr nach und nach beibringen müssen, daß der nachlassende Druck auf ihren Hals nicht heißt, daß sie gleich davondüsen kann. Wiederholen Sie also geduldig und ruhig »bleib – bleib - ble-ei-b«, und vergessen Sie das Loben nicht!

Mizzi bringt es zur Meisterschaft
Wenn Mizzi den Befehl »bleib« schließlich verinnerlicht hat, können Sie dazu übergehen, die Sache etwas interessanter zu machen. Aber beginnen Sie damit wirklich erst, wenn Ihre Katze mit hundertprozentiger Zuverlässigkeit auf Ihr »Bleib« reagiert und auch wirklich still steht. Wenn Sie jetzt zu rasch weitergehen, wirkt sich das bei den fortgeschrittenen Übungen negativ aus. Üben Sie z.B. den Bleib-Befehl, während Sie einen leichten Gegenstand an der stehenden Katze vorbei werfen. Bitten Sie Ihre Familienmitglieder, an der ruhig stehenden Katze vorbeizugehen, später vorbeizulaufen, ohne daß sie sich rührt. Ich weiß, daß solche Übungen nicht jedermanns Sache sind, und viel-

leicht denken Sie jetzt, es sei doch wirklich nicht wichtig für Ihr Zusammenleben, ob Mizzi zuverlässig auf Ihr »bleib!« reagiere oder nicht. Ist es doch. Lesen Sie noch einmal die sechs wirklichkeitsnahen Situationen, die ich am Anfang des Kapitels aufgezählt habe (und es gäbe noch eine Menge anderer guter Gründe aufzuzählen). Sie sehen: »Bleib« hat durchaus seine Berechtigung in Mizzis Leben.

So verhindern Sie, daß Mizzi bei der erstbesten Gelegenheit zur Tür hinauswetzt

Wenn ich für jede Katze, die zu einer offenen Haustür hinaus auf Nimmerwiedersehen entwischt ist, einen Dollar bekäme, wäre ich ein gemachter Mann. Aber lieber als auf diese Art reich zu werden ist mir schon die Gewißheit, daß all die Mizzis sicher im Haus versorgt sind und friedlich vor sich hindösen.

Aber wenn es in Mizzis Augen verdächtig blitzt, dann wissen Sie, daß sie im Geist soeben ihre Koffer gepackt und die Rennhose griffbereit hat – ihr steht der Sinn offenbar nach einem kleinen Ausflug in die große Freiheit. Es gibt auch die eher schleichenden Typen unter den Katzen – solche, die man eigentlich nie auch nur in der Nähe der Haustür sieht, bis sie sich eines Tages so weit unauffällig herangeschlichen haben, daß die Tür nur noch einen Spalt breit aufgehen muß und – sssssss – fort sind sie.

Zu dieser letzeren Sorte gehörte auch Pepe. Seine Spezialität bestand wie gesagt darin, sich unauffällig in der Nähe der Haustür herumzutreiben und bei der erstbesten Gelegenheit hinauszuwetzen, als ob der Leibhaftige hinter ihm her wäre. An der Geschichte war nur ein Schönheitsfehler: Einmal zur Tür hinaus, rührte sich Pepe nicht mehr von der Stelle. Oder fast nicht. Er spielte nämlich folgendes Spiel: Da er genau wußte, daß jetzt gleich Herrchen oder Frauchen mit einer Tüte Katzenleckerbissen auftauchen und ihn damit locken würde, verschob er seinen Standort jedes Mal, wenn sich eine menschliche Hand nach ihm ausstreckte, ein paar Zentimeter nach links oder rechts, um sich ihrem Zugriff zu entziehen. Die Lockhäppchen, die man ihm deshalb vor die Füße warf, fraß er genüßlich in sich hinein, bis die Tüte leer war. Dann erhob er sich, spazierte gemütlich zur Tür hinüber, bat die heranrennenden Menschen lautstark um Einlaß, wanderte ins Schlafzimmer und machte es sich auf dem Bett bequem, wo er sich nach vollbrachter Tat von oben bis unten wusch, um sich anschließend das verdiente Nickerchen zu gönnen. Und so ging das jedes Mal. Ein Spiel, dessen Spielregeln Pepe ganz allein ersonnen hatte.

So ähnlich verhielt sich am Anfang auch mein Mowdy. Es war für den streunenden Kater nicht leicht, sich an die eingeschränkte Freiheit bei mir zuhause zu gewöhnen. Immer wieder versuchte er, zur Tür hinaus zu entwischen, aber als es ihm schließlich einmal gelang, wußte er plötzlich nicht mehr so recht, was er da draußen anfangen sollte. Wahrscheinlich wollte er nur ausprobieren, wie weit er mit mir gehen konnte. Aber in meinem Haus werden keine solchen Spielchen gespielt. Es war höchste Zeit, daß Mowdy lernte, offene Türen zu ignorieren.

Jede Katze kann und sollte lernen, eine unsichtbare Grenze rund um ihre Haustür zu respektieren. Es ist gar nicht schwer, das Ihrer Katze beizubringen, und Sie haben dabei zwei Möglichkeiten zur Wahl.

Nutzen Sie das, was Mizzi bereits kann
Wenn Sie Ihrer Katze das »Bleib« beigebracht haben, können Sie den Befehl jetzt anwenden. Dazu ist es nicht einmal nötig, daß Mizzi zur Statue gefriert, wenn Sie das Kommando hört – es genügt, wenn sie ungefähr weiß, was das Wort bedeutet.

Suchen Sie sich in einigem Abstand zur Haustür etwas Auffälliges aus, das geeignet ist, als Grenzpfosten zu einer gedachten Grenzlinie zu dienen, z.B. den Übergang des Teppichs zum nackten Fußboden oder einen Garderoben- oder Schirmständer, die Ecke eines Möbels, etc. Dann stellen Sie Mizzi ruhig auf diese »Grenzlinie«, die natürlich auch für sie wahrnehmbar sein muß, und sagen ein deutliches »Bleib!«. Wenn Mizzi über die Linie hinaus schreiten will, sagen Sie scharf »nein!«. Die ganze Sache ist nur eine Sache der Übung und des Lobens, sobald

Mizzi richtig reagiert. Wenn Sie oft genug üben, wird Mizzi lernen, diese unsichtbare Grenze zu respektieren.

Die Alternative
Auch wenn Ihre Katze mit dem Befehl »bleib« nicht vertraut ist, können Sie ihr Respekt vor der Haustür beibringen. Dazu lesen Sie am besten noch einmal das Kapitel übers Kratzen und Krallenwetzen nach und wenden dann dieselbe Methode an wie damals, als Sie Mizzi von bestimmten Gegenständen fernhalten wollten (also z.B. den Trick mit der Aludose, mit den Ballons oder mit dem Alarmsystem – was immer bei Ihrer Katze am erfolgversprechendsten ist). Den gedachten Tabu-Bereich zwischen der Tür und der »Grenze« bestücken Sie also mit einem oder mehreren dieser Gegenstände, die Mizzi gar nicht liebt. Leider wird diese »Dekoration« ein paar Wochen lang Ihr Heim schmücken müssen, bis Mizzi gelernt hat, diesen Bereich auch ohne Abschreckmittel zu meiden (wahrscheinlich werden Sie auch Ihre Einladungen auf später verschieben wollen, es sei denn, Sie sind dem wiehernden Gelächter Ihrer Freunde gegenüber unempfindlich...).

Entfernen Sie die abschreckenden Gegenstände Schritt für Schritt, vielleicht einen pro Woche, bis alles wieder normal aussieht und Mizzi sich daran gewöhnt hat, daß diese Zone für sie nicht attraktiv ist.

Lob, Liebe, Ohrenkraulen und andere Zärtlichkeiten
Ich weiß, ich weiß, Sie können's schon gar nicht mehr hören. Aber es kann einfach nicht oft genug gesagt werden, *wie wichtig* ein positives Echo auf das erwünschte Verhalten ist. Sie sollten den weitaus größten Teil der Zeit damit verbringen, Mizzi zu sagen, wie wunderbar und gut er ist, und nur sehr wenig Zeit damit, auf seinen Fehlern herumzureiten. Also: Lob, Liebe, Ohrenkraulen, Bauch massieren, herumtragen, zärtlich mit ihm reden – all das in Mengen, die Sie nie für möglich gehalten hätten. Wenn Mizzi so viel positive Verstärkung und liebevolle Aufmerksamkeit von Ihnen bekommt, verhält er sich nämlich fast von selbst nach Ihren Wünschen.

Wenn Mizzi das Gedächtnis im Stich läßt

Wenn Sie nach Mizzis Ausbildungsprogramm wieder alle Lernhilfen entfernt haben, kann es vorkommen, daß Mizzi vorübergehend Gedächtnisschwund vortäuscht und so tut, als hätte sie alles Gelernte wieder vergessen. Aber es ist ganz normal, daß Mizzi ausprobiert, wie weit sie mit Ihnen gehen kann. In diesem Fall wiederholen Sie halt die eine oder andere Übung nach Bedarf, und vielleicht müssen Sie bei der einen oder andern auch nochmals die grundlegenden Schritte mit Mizzi durchgehen. Manchmal hilft es, wenn man eine der Lernhilfen noch eine ganze Weile nach Abschluß des Lernprozesses am Ort läßt, um Mizzi daran zu erinnern, was erlaubt ist und was nicht.

Oh Gott – so viel Aufwand!

Sie haben den Eindruck, daß dieses ganze Erziehungsprogramm viel Arbeit und Mühe koste? Allerdings, es steckt ein ganz schöner Aufwand dahinter. Aber es lohnt sich. Sie können damit erreichen, daß Ihre Katze und Sie sich miteinander wohlfühlen, und unter Umständen sogar verhindern, daß Ihre geliebte Mizzi zur Tür hinaus entwischt und nie mehr zurückfindet oder ein Opfer des Verkehrs wird. Und dafür ist Ihnen doch bestimmt kein Aufwand zu gross.

6. Katzen-Aerobics

Auch Katzen müssen körperlich fit sein

Nicht nur dicke Katzen brauchen Bewegung

Natürlich braucht Mizzi weder einen Jogginganzug noch eine Aerobicslehrerin, die im Takt der ohrenbetäubenden Musik »und eins und zwei und drei ...« diktiert. Was Mizzi braucht, ist ein persönlicher Fitness-Berater – und das sind Sie. Sie müssen dafür sorgen, daß Mizzi mindestens drei Mal pro Woche so richtig außer Atem kommt, damit ihr Kreislauf fit bleibt. Ein allzu träger Lebensstil wirkt sich auch auf das Leben und die Gesundheit einer Katze nachteilig aus. Gesundheit will verdient sein.

Jede Katze, die der Tierarzt für gesund erklärt hat, sollte regelmäßig ihre Muskeln mit Stretchingübungen lockern und ihren Kreislauf mit Aerobicsübungen trainieren können.

Eine Katze, die sich rundum wohl fühlt, genießt das Leben ganz allgemein mehr – auch das Zusammensein mit Ihnen! Das heißt, daß Sie von einer gesunden, fitten Katze noch mehr Zuneigung und Zärtlichkeit erwarten können. Und wenn das kein attraktiver Nebeneffekt ist!

Übergewicht muß ernst genommen werden

»Meine Mizzi ist zu dick. Ich versteh' das einfach nicht!« Dies und ähnliches muß ich etwa ein Dutzend Mal pro Woche hören. Was ist denn daran so unverständlich? Soviel ich weiß, haben die meisten Katzen noch nicht gelernt, mit dem Dosenöffner selbständig eine Dose zu öffnen (es gibt allerdings ein paar Schlaumeier, die es schaffen, selbständig den Kühlschrank zu plündern!). Mit anderen Worten: Nicht die Katze füttert sich, sondern der Mensch füttert sie; der Mensch allein ist demnach verantwortlich, wenn Mizzi Gewichtsprobleme bekommt (s. auch Kapitel 8, den Abschnitt über Diäten).

Zu wenig Bewegung kombiniert mit allzu reichlicher Ernährung hat bei allen Lebewesen dieselben Folgen: fette Katzen, runde Hunde, dicke Leute. Welche Diät auch immer gerade »in« sein mag – der einzige zuverlässige Weg, der den Bauch schwinden läßt, heißt »mehr Bewegung und weniger Kalorien«.

(Elizabeth Noce)

Bitte nicht necken!
Mizzi hat natürlich gar keine Freude an all den Witzen und Cartoons, die über fette Katzen gemacht werden. Sie dürfen nicht glauben, eine Katze könne sich nicht verletzt und ausgelacht fühlen. Die meisten unserer Haustiere merken sehr genau, wenn man über sie spricht, und können dem Tonfall nach in etwa erspüren, was gesagt wird. Deshalb kann es durchaus Mizzis Gefühle verletzen, wenn alle über die zusätzliche Spur im Schnee lachen, die ihr Hängebauch hinterläßt. Oder wenn sie

190

zum Gespött der Familie wird, weil der Sprung aufs Sofa an ihrem Körperumfang scheitert.

Viel zu viele Katzen mit Übergewicht
Die Statistiken betreffend übergewichtige Katzen variieren, aber so oder so gibt es viel zu viele Katzen mit Übergewicht. Sie müssen unbedingt dafür sorgen, daß Ihre Katze gesund und schlank bleibt; sie fühlt sich dann besser und sieht auch hübscher aus. Übergewichtige Katzen haben ein erhöhtes Krankheitsrisiko und eine kürzere Lebenserwartung, weil durch das zusätzliche Gewicht der Bewegungsapparat und die inneren Organe überstrapaziert werden.
Alle Besitzer von übergewichtigen Katzen, die ich kenne, lieben ihre Katze abgöttisch und täten alles für sie; sie stellen sogar Steighilfen vor das zu hoch gewordene Sofa! Was ich nicht begreife, ist der Mangel an Einsicht dieser Katzenhalter, die doch sehen müßten, daß das Übergewicht ihres Lieblings dessen Gesundheit und Leben gefährdet und einschränkt. Aber vielleicht verdrängen sie diese Tatsache einfach.

»Action« ist gefragt
Eine gesunde Katze muß aktiv bleiben. Keine noch so gute Diät läßt die Pfunde so schmelzen wie ein gesundes Maß an Bewegung kombiniert mit gesunder, maßvoller Ernährung. Abnehmen ist kein Kunststück – es bedeutet lediglich, daß Mizzi mehr Kalorien verbrennen muß, als sie aufnimmt. Eine einseitige, strenge Hungerdiät hingegen wäre völlig falsch. Viel natürlicher und erfolgversprechender ist es, wenn Sie Ihrer Katze ausreichende, aber nicht zu üppige Mahlzeiten füttern und dafür sorgen, daß sie mit viel Bewegung auch wieder genügend Energie verbrennt.
Dieses Buch strotzt ja vor Vorschlägen, wie Sie Mizzi aktiv am Leben teilhaben lassen können, statt ihr nur ein gänzlich passives Leben auf der sonnigen Fensterbank zu sichern, und so sollen Sie auch jetzt wieder Mizzi zur Aktivität ermuntern. Basteln Sie ihr z.B. ein Katzenparadies aus Pappkartons (s. Kapitel 5), nehmen Sie sie auf einen Spaziergang mit, bauen Sie ihr einen

eigenen Fitnessraum (s. unten). Tun Sie etwas, irgendwas, damit Ihre Katze auf Trab bleibt!

Gesundheitskontrolle
Vor dem Fitnessprogramm müssen Sie Mizzi allerdings vom Tierarzt untersuchen lassen. Sagen Sie ihm, daß Sie mit Ihrer Katze ein Fitnessprogramm im Sinn haben. Bei bestimmten Alters-, Gewichts- oder Gesundheitskonditionen wird er vielleicht gewisse Beschränkungen auferlegen oder sogar ganz davon abraten.

Bauen Sie langsam auf, übertreiben Sie nicht
Muten Sie Ihrer Katze nicht von heute auf morgen ein Hochleistungssportprogramm zu. Fangen Sie ganz sachte an und erhöhen Sie die Anforderungen nur alle zwei bis drei Wochen stufenweise. Versuchen Sie bitte nicht, jetzt die verlorene Zeit nachzuholen – das könnte Mizzi gesundheitlich sehr schaden und im schlimmsten Fall sogar tödlich für sie enden. Da jede Katze wieder anders reagiert, müssen Sie wirklich zuerst mit Ihrem Tierarzt über das vorgesehene Programm sprechen. Das Vorgehen hängt ganz von Mizzis momentanem körperlichen Zustand ab. Brechen Sie die Übungen auf jeden Fall ab, bevor Mizzi schwer atmet, und achten Sie aufmerksam auf körperliche Alarmsignale wie z.B. das Dunklerwerden der Ohreninnenflächen, der Zunge, des Gaumens oder der Augen – dies sind Anzeichen von Überanstrengung, die mehr schadet als nützt. Achten Sie auch darauf, ob die erwähnten Partien plötzlich einen gräulichen Farbton annehmen, denn auch dies ist ein Warnsignal des Körpers. Wenn Sie irgendwelche Zweifel haben, hören Sie lieber zu früh als zu spät auf.

Wir basteln ein Katzen-Fitnesscenter

Jeder Haushalt mit Katze sollte über ein Katzen-Fitnesscenter verfügen... oder jedenfalls eine Katzen-Turnhalle... oder doch zumindest einen Parcours in einer Zimmerecke... Mizzi braucht weder Gewichtshanteln noch Hometrainer, aber etwas Platz und einige Utensilien sind schon nötig.

Nehmen Sie zum Basteln z.B. wieder Pappkartons und Papptüten. Kaufen oder zimmern Sie Mizzi ein hohes Regal als Klettergerüst. Falls Mizzi mehr der Boxertyp ist, hängen Sie verschiedene Spielsachen an Schnüren an die Decke, die Mizzi nach Herzenslust bearbeiten kann. Mit allen Schnüren, Fäden und ähnlichen Dingen an Spielsachen ist aber Vorsicht angebracht, weil eine Katze darin hängen bleiben und u.U. darin ersticken kann. Bieten Sie solche Spielsachen also nur an, wenn Sie zuhause sind.

Ergänzen Sie die »Fitnessgeräte« mit ein paar Kratzgelegenheiten, an denen Mizzi die Muskeln dehnen kann.

Hinter geworfenen Gegenständen herjagen ist für Mizzi eine gute Methode, ihr Herz auf Hochtouren zu bringen; machen Sie also eine kleine »Piste« frei für dieses Katzenaerobics, damit keine Möbel im Weg stehen und Mizzi nicht im Eifer ins Sofa hineinrennt. Ein unsanfter Zusammenstoß mit einer harten Sofaecke könnte Mizzi nämlich für immer die Lust am Turnen verderben.

Für sportlich Ambitionierte

Spielen Sie mit Mizzi Katzen-Baseball, wenn sie das mag. Viele Katzen laufen auf Höchstform auf, wenn man ihnen kleine Papierbällchen zum Auffangen zuwirft!

Falls Ihr Mizzi eher auf Eishockey steht – auch gut! Über Eisfeld, Schlittschuhe, Tor und Kopfschutz brauchen Sie sich keine Gedanken zu machen; was zählt, ist der Puck! Traubenbeeren sind sehr beliebt, aber auch Eiswürfel, die aber beide den Nachteil haben, daß sie eine ziemliche Sauerei auf dem Boden hinterlassen; vielleicht denken Sie sich deshalb eine Alternative aus. Was immer Sie wählen, denken Sie daran, daß der Gegenstand entweder zu groß zum Verschlucken sein muß oder dann so beschaffen, daß es Mizzi nicht schadet, wenn er ihn verschluckt.

Beschaffen Sie Mizzi einen tierischen Sporttrainer!
Falls Ihre Katze gerne in Gesellschaft von Hunden oder anderen Katzen ist, könnten Sie regelmäßige »Sporttage« organisieren. Während die Vierbeiner durch die Wohnung jagen, können Sie in Ruhe Kaffee und Kuchen (aber, aber...) genießen – ein vierbeiniger Spielgefährte für Mizzi ist also auch für Sie sehr angenehm. Sie müssen aber sicherstellen, daß Mizzi und ihre Sportgefährten sich gut vertragen und daß alle Tiere gesund und geimpft sind.

Phantasie gefragt!
Es gibt unzählige Möglichkeiten, Ihre Katze fit und aktiv zu erhalten. Alles, was sie in Bewegung bringt, hält sie gesund. Lassen Sie sich also ein paar Spiele und sportliche Herausforderungen einfallen, aber achten Sie immer darauf, daß dem kleinen Fell-

Mit Fäden und Schnüren sollte Mizzi nicht spielen – es könnte ihr zum Verhängnis werden *(Ewing Galloway)*

bündel dabei nichts passieren kann. Und übertreiben Sie nicht. Schließlich wollen wir keine Rambos und Bodybuilders aus unseren Katzen machen, nur gesunde, fröhliche Viecher!

Mizzi massieren

Es gibt nichts Schöneres als eine gute Massage. Das finden auch die meisten Katzen, nachdem sie erst mal über das anfängliche Erstaunen und Mißtrauen hinweg gekommen sind.

Die ersten paar Mal, als ich Mowdy massieren wollte, düste er davon, als sei der Teufel hinter ihm her. Aber ich versuchte es immer wieder angesichts der Tatsache, daß dieser frühere Streuner wahrscheinlich nie von liebenden Menschenhänden berührt worden war und daß er es, einmal daran gewöhnt, sicher sehr genießen würde. Und genau so kam es. Jetzt kann er gar nicht genug davon kriegen.

Mizzi-Massage ist ein kätzischer Luxus, den Sie Ihrem Liebling gönnen sollten, denn er kostet Sie nichts als liebende Hände.

Wozu eine Massage?

Eine Massage für Mizzi hat viele angenehme Nebeneffekte. Mizzi fühlt sich dabei nicht nur wunderbar, sondern gewöhnt sich auch daran, überall berührt zu werden und lernt, das tolle, entspannte Gefühl mit den menschlichen Händen, die ihn berühren, in Verbindung zu bringen. Das wiederum kann sich sehr bezahlt machen, wenn Mizzi beim Tierarzt, im Schönheitssalon oder sonstwo berührt werden muß. Das Berührtwerden, auch von fremden Personen, ist dann nichts Außergewöhnliches mehr.

Ein sanftes Streicheln und Massieren tut auch einem Tier mit Arthritis, mit einem schmerzenden Bein, Hüftgelenk oder sonst einem chronischen Schmerz immer gut, solange Sie sich vorher mit dem Tierarzt besprechen.

Ruhiges Massieren kann eine hyperaktive Katze beruhigen und dazu beitragen, daß sich ihr Verhalten positiv verändert.

Unter Umständen entspannt sich die Katze bei der Massage so schön, daß sie hinterher in seligen Schlummer fällt.

Massieren kann auch als eine Form von Lob und positiver Verstärkung eingesetzt werden. Es stärkt Mizzis Selbstwertgefühl, denn Ihre sanften Berührungen sagen ihr, daß Sie sie lieben.

Und ich habe *noch* eine gute Nachricht übers Streicheln und Massieren, diesmal vor allem für Sie persönlich: Neuere Studien haben gezeigt, daß Menschen, die ein Tier liebevoll streicheln, gesünder und zufriedener sind und daß dabei ihr Blutdruck auf ein ideales Niveau sinkt!

So, und da ich jetzt Ihr Interesse sicher geweckt habe und Sie nicht mehr denken, ich sei übergeschnappt, können wir zur Handlung schreiten.

Was jeder Mizzi-Masseur wissen muß
Vielleicht tönt es banal: Sie können diejenige »Massagetechnik« anwenden, die Ihnen am besten von der Hand geht, vorausgesetzt, Sie beachten die folgenden zwei Punkte:
– Eine Katze hat einen kleinen Körper, Sie müssen also sehr vorsichtig und sanft vorgehen.
– Die Wirbelsäule darf nicht berührt werden.

Führen Sie trotzdem zuerst einmal dem Tierarzt vor, was Sie im Sinn haben, um ganz sicher zu gehen, daß Ihre Technik Mizzi nicht schadet.

So wird es gemacht
Beginnen Sie die Massage mit einigen Minuten Streicheln und ganz leichtem Massieren, während Sie ruhig mit Mizzi sprechen. Streichen Sie vom Halsansatz seitlich der Wirbelsäule bis zum Schwanz. Über den Hüftgelenken müssen Sie besonders sanft sein. Von dort aus streichen Sie die Hinterbeine hinunter bis zu den Pfötchen. Nach dieser Aufwärmphase können Sie mit der eigentlichen Massage, d.h. mit kreisenden Bewegungen der Finger, beginnen. Arbeiten Sie wieder vom Halsansatz über den Rücken nach hinten, immer seitlich der Wirbelsäule und nie darauf. Nehmen Sie die Hände nie vom Körper der Katze weg und

lassen Sie die Finger schön regelmäßig über die Haut kreisen. Dann kommen die Hinterbeine dran, die Sie wie einen kleinen Brotteig ganz sanft kneten dürfen – aber wirklich sanft bitte, denn die Beine sind besonders empfindlich.

Zum Abschluß mag es Mizzi vielleicht, am ganzen Körper gekratzt und gekrault zu werden.

Falls Ihre Katze so viel Körperkontakt nicht gewohnt ist, müssen Sie entsprechend vorsichtig vorgehen und sie vielleicht ein paar Tage oder Wochen lang nur leicht streicheln, bevor Sie dann ein paar Sekunden lang Massage anfügen. Reden Sie währenddem liebevoll mit ihr. Ihre beruhigende Stimme wird ihr mitteilen, daß sie sich nicht zu fürchten braucht. Mit der Zeit können Sie dann die Massage so weit ausbauen, wie sie es toleriert und gern mag.

Sie sehen – es ist ganz einfach!

7. Unterwegs mit und ohne Mizzi

Reisen mit Mizzi

Überlassen Sie Mizzi nicht einfach zuhause seinem Schicksal

Verdirbt Ihnen der Gedanke an Ihren vierbeinigen Liebling, der zu Hause bleiben muß, die Freude an den wohlverdienten Ferien? Sorgen Sie sich in den Ferien so sehr um Mizzis Wohlergehen, daß Sie die Ferien kaum richtig genießen können? Oder vermissen Sie ganz einfach seinen warmen, weichen Körper?

Viele Katzenhalter denken sich vor Freunden und Bekannten alle möglichen Ausreden aus, weshalb sie nicht in die Ferien fahren – wenn sie nur nicht zugeben müssen, daß sie wegen Mizzi nicht fahren. Sie fürchten, zum Gespött der Bekannten zu werden, weil sie sich offenbar von einer Katze tyrannisieren lassen. Falls Sie auch zu diesen Katzenhaltern gehören, sollten Sie sich über die Meinung von Freunden und Bekannten keine zu großen Gedanken machen, denn viele andere Katzenhalter teilen mit Ihnen diese Einstellung zu Mizzi. Die Katzen werden von diesen Menschen als vollwertige Familienmitglieder angesehen und gehören genauso zum (Ferien-)Alltag wie die Kinder. Viele dieser Katzenbesitzer würden Mizzi liebend gerne mit in die Ferien nehmen, getrauen sich aber nicht, weil sie Schreckensvisionen von ihrer reiseungewohnten und völlig verschüchterten Katze am Ferienort haben.

Die 0815-Lösung dieses Problems ist das Katzenferienheim (s. weiter hinten in diesem Kapitel), es sei denn, Sie haben einen Freund, eine Freundin, der/die sich nichts Tolleres vorstellen kann, als ihre Mizzi zu hüten (und Mizzi sich nichts Tolleres, als von der Freundin/dem Freund gehütet zu werden!). Das Ferienheim mit seinen engen Käfigen, den bellenden Hunden, jaulenden Katzen und fremden Leuten ist sicher für viele Katzenfreunde alles andere als eine attraktive Lösung, auch wenn das Ferienheim tadellos geführt wird.

Eine Möglichkeit: Sie nehmen sie mit
Aber wo steht denn geschrieben, daß Sie ohne Mizzi in die Ferien fahren müssen? Sie können Ihren vierbeinigen Freund ohne weiteres mitnehmen, vorausgesetzt, Sie planen und arrangieren alles sorgfältig.

Kurz vor der Abfahrt sind natürlich alle nervös, weil noch so viele Dinge zu erledigen sind. Machen Sie deshalb schon vorher eine Checkliste mit Hilfe der Angaben in diesem Kapitel. So verhindern Sie, daß im letzten Moment alles schief läuft und Mizzi, der ja zu hundert Prozent von Ihrer Voraussicht und Planung abhängig ist, darunter leiden muß.

Gesundheitsvorkehrungen

Vor der Reise muß Mizzi vom Tierarzt untersucht werden, um festzustellen, ob alles in Ordnung ist. Gleichzeitig können Sie ein Gesundheitsattest verlangen, das besagt, daß Ihre Katze vom Tierarzt untersucht wurde und (falls das stimmt) daß er sie für gesund erklärt hat und daß alle nötigen Impfungen gemacht wurden.

Erkundigen Sie sich beim Vertreter Ihres Reiselandes oder dem Reiseveranstalter, wie frisch der gesundheitliche Check-up und die Impfungen für die Einreise sein müssen, denn ein sechs Monate altes Gesundheitsattest ist natürlich nicht aktuell genug. Ein Gesundheitsattest wird immer dann nötig sein, wenn Ihre Katze ins Ausland reist, z.T. und ganz sicher vor jeder Flugreise.

Sorgen Sie dafür, daß Sie die Telefonnummer Ihres Tierarztes auf der Reise zur Hand haben. Außerdem müssen Sie natürlich eventuelle rezeptpflichtige Medikamente für Mizzi dabeihaben, und eventuell ist es ratsam, auch ein zusätzliches Rezept mitzunehmen, das dem am Ferienort ansässigen Tierarzt gezeigt werden kann.

Eine Identitätskarte für Mizzi

Nehmen Sie auf eine Reise mindestens zwei Identitäts »karten«
für Mizzi mit – einen Anhänger fürs Halsband und einen, der diesen ersetzen kann, falls er verloren geht, denn auf einer Reise
machen sich die Dinge ja gerne selbständig. Die Angaben sollten auch Ihre Telefonnummer und diejenige Ihres Tierarztes oder
sonst einer zuverlässigen, informierten Person enthalten, denn
Sie werden ja während der Reise zuhause nicht erreichbar sein.

Da Sie ohnehin schon alles doppelt mitnehmen, packen Sie
auch gleich noch Reservehalsband, -geschirr, -leine und Reser-
ve-sonst-noch-alles ein, was Ihre Katze braucht.

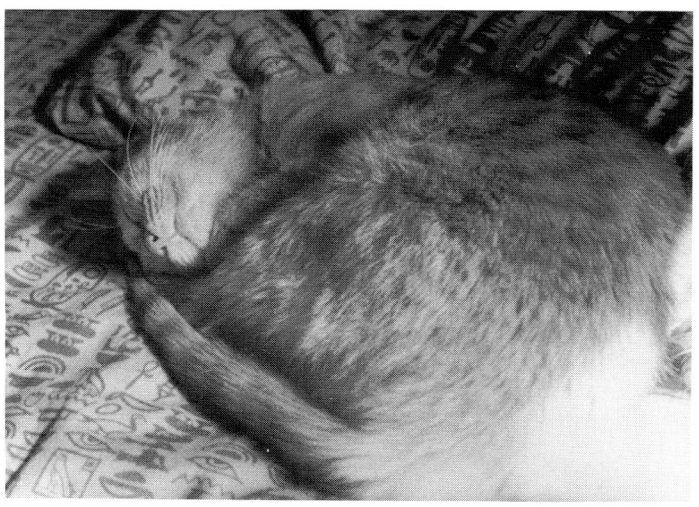

Süße Träume! *(Melanie Neer)*

Süße Träume

Wenn Sie es Ihrem kleinen Freund in der ungewohnten Umgebung gemütlich machen wollen, müssen Sie unbedingt auch
sein übliches Bett oder zumindest das Lieblingskissen, die
Kuscheldecke oder ein besonderes Tuch mitnehmen. Auch

wenn Ihre Katze zu jenen gehört, die überall schlafen können, gibt doch erst die liebe alte Kuscheldecke das richtig wohlige Gefühl von Zuhause.

Spielsachen nicht vergessen!
Genauso wenig dürfen Sie ein paar Spielsachen für Mizzi vergessen. Wenn er mit seinen vertrauten Sachen spielen kann, wird er sich wahrscheinlich in der fremden Umgebung gleich viel sicherer fühlen. Packen Sie aber auch ein paar neu gekaufte, unbekannte Spielsachen ein. Mit all den tollen, aufregenden Dingen, die Sie dann am Ferienort hervorzaubern, wird auch Mizzi Spaß an den Ferien bekommen.

Wo kann Mizzi auf der Reise in Ruhe schlafen?

Oder auch: Wo können *Sie* in Ruhe schlafen? Die Befürchtung, keine Unterkunft zu finden, wenn Sie mit einer Katze daherkommen, ist aber nicht angebracht. Es gibt viele Hotels, die Tiere akzeptieren, und falls Sie doch einmal kein Glück bei den großen haben, können Sie immer noch Bed & Breakfast-Pensionen versuchen, die manchmal flexibler sind als die großen Hotelketten. So oder so müssen Sie vorher anrufen und sich erkundigen und falls gewünscht natürlich unterschreiben, daß Sie für eventuelle Schäden, die Ihr Tier verursacht, voll aufkommen. Manchmal hilft auch das Angebot, ein Depot zu hinterlegen.

Beim Auschecken aus einem Hotel, in dem alles gut gegangen ist und Mizzi willkommen war, können Sie vielleicht fragen, ob man Ihnen eine Bestätigung schreiben würde, daß Ihre Katze keinen Anlaß zu Beanstandungen gegeben hat. Wenn Sie über die Jahre ein paar solche Schreiben sammeln können, wird Ihnen das den Zugang zu den Hotels mit Mizzi sicher noch erleichtern.

Als ich selbst vor mehreren Jahren (damals waren die meisten Hotels noch sehr zurückhaltend, was die Aufnahme von vierbeinigen Gästen betraf) viel mit einem meiner Tiere herumreisen mußte, hatte ich ihm ein paar Tricks beigebracht. Wenn ich in ein Hotel kam und mein Anliegen äußerte, wollte der Manager üblicherweise zuerst das Tier sehen, bevor er sein Einverständnis gab. Dazu mußte er ja hinter dem Tresen hervorkommen, und während er auf mich zukam, schaute ich ihm geradewegs in die Augen und empfing ihn dann mit einem jovialen, festen Händedruck. Dann kam die kleine Show. Ich beugte mich zu meinem vierbeinigen Begleiter und sagte: »Binky, gib dem Chef die Hand.« Und Binky streckte, wie er es gelernt hatte, die rechte Pfote aus zum charmantesten Händedruck, den der Manager je erlebt hatte. Der Trick funktionierte immer.

Bitte tragen Sie Mizzi nach dem Einchecken selbst in Ihr Zimmer hinauf und überlassen Sie ihn nicht dem Gepäckträger, auch wenn Sie noch so müde sind. Mizzi will ja schließlich nicht wie ein Gepäckstück behandelt werden.

Man sollte nie eine Katze allein im Hotelzimmer zurücklassen, aber wenn es sich einmal nicht vermeiden läßt, müssen Sie dies unbedingt an der Reception und beim Hausdienst melden und sicherstellen, daß in dieser Zeit niemand Fremder den Raum betritt. Hängen Sie zudem das »Ruhe«-Schild an die Tür. Es besteht nicht nur die Gefahr des Diebstahls, sondern natürlich auch das Risiko, daß jemand, der den Raum betritt, die Katze entwischen läßt. Am sichersten ist es wohl, wenn Sie Mizzi immer in seinen Transportkorb sperren, sobald er allein im Zimmer sein muß. Auf diese Weise kann er nicht entwischen, falls doch jemand vom Hauspersonal in Ihr Zimmer geht.

Erste-Hilfe-Set für Katzen

Dies ist ein absolutes muß! Eine Katze kann durch ihre Neugier, mit der sie einen neuen Ort erkundet, leicht in eine unbekömmliche Situation geraten. Sie wird wahrscheinlich fremdartige Gegenstände ganz genau untersuchen, und dabei kann es passieren, daß sie etwas ins Maul nimmt und verschluckt. Lesen Sie deshalb das Kapitel über die »Heimlich-Methode« weiter hinten im Buch besonders sorgfältig. Auf Reisen kommt es auch gerne zu Verdauungsstörungen oder anderen Stresssymptomen.

Bedenken Sie aber, daß Erste Hilfe immer nur eine erste Notmaßnahme ist, bis der Tierarzt konsultiert werden kann.
Mizzis Erste-Hilfe-Set sollte folgendes enthalten:
– Gaze
– Verbandstoff
– etwas gegen Durchfall und Verdauungsstörungen
  inkl. Angabe mit der vom Tierarzt empfohlenen Dosis
– ein unzerbrechliches Thermometer
  (die Normaltemperatur bei Katzen liegt bei 38,6 °C, mit 1°
  Abweichung nach unten oder oben, je nach Individuum,
  Tageszeit und Aktivität)
– ein Gleitmittel zum leichteren Einführen des Thermometers
  in den After
– Stift gegen Insektenstiche
– Floh–/Zeckenpuder
– Desinfektionsmittel für Wunden
– Schere
– Pinzette

So verhindert man Verdauungsstörungen
Jede Änderung des Speisezettels, der Wasserqualität und der Umgebung bringt ein erhöhtes Risiko mit sich, daß Mizzi sich den Magen verdirbt oder sonst irgendwelche Verdauungsstörungen bekommt (und Sie Putzarbeit verrichten, die Sie eigentlich nicht in Ihre Ferien eingeplant hatten...). Solchen Störungen können Sie vorbeugen, wenn Sie einen Wasservorrat von zuhause mitnehmen, der entweder für die ganze Reise reicht oder zumindest für ein allmähliches Angewöhnen und Mischen mit dem neuen Wasser. Klären Sie auch vor der Reise ab, ob Sie am Ferienort und unterwegs das von Mizzi gewohnte Katzenfutter bekommen; falls nicht, sollten Sie einen möglichst großen Vorrat davon mitnehmen. Vorsicht aber bei Auslandreisen: Erkundigen Sie sich zuerst, ob Sie Katzenfutter und Wasser in Ihr Reiseland einführen dürfen.

Vom Dosenöffner bis zum Katzenkistchen
Vergessen Sie Mizzis Zubehör fürs leibliche Wohl nicht! Falls sie

zuhause unzerbrechliches Geschirr für Mizzi benutzen (was Sie ohnehin sollten), können Sie dieses mitnehmen. Für reisegewohnte Katzen eignen sich auch leichtere Behälter wie zum Beispiel gereinigte Butter- oder Margarine-Behälter, die das Gepäck nicht unnötig belasten. Wenn Sie Ihrer Katze Dosenfutter geben, müssen Sie unbedingt einen Dosenöffner einpacken – das vergißt man sehr gern.

Nehmen Sie außerdem Mizzis Kistchen und ihre bevorzugte Katzenstreu mit. Viele Katzen sind in dieser Hinsicht sehr heikel und verklemmen sich's lieber, als daß sie ein unvertrautes Katzenklo oder ungewohnte Streu benutzen würden. Falls Ihre Katze aber unkompliziert ist, kaufen Sie vielleicht ein extra leichtes Reiseklo in der Tierhandlung. Versichern Sie sich vor der Reise aber in jedem Fall, daß Sie am Ferienort die gewohnte Katzenstreu bekommen können – anderfalls müssen Sie in Gottes Namen genügend davon mitschleppen.

Ein eigener Koffer für Mizzi?

Wenn Sie jetzt langsam einen Berg von Zubehör für Mizzi vor Ihrem geistigen Auge sehen und das Gefühl haben, Ihre Katze brauche einen Koffer ganz für sich allein, haben Sie völlig recht. Mizzi ist schließlich ein, wenn auch kleines, so doch lebendiges, vollwertiges Familienmitglied, warum sollte sie also nicht ihr eigenes Reisegepäck haben. Versuchen Sie also nicht länger, Mizzis Zubehör in Ihren Koffer zu stopfen, sondern gönnen Sie ihr ihren eigenen.

Vor der Reise füttern oder nicht – das ist die Frage

Sehr oft hört man, daß ein Tier schon sechs bis zwölf Stunden vor einer Reise nicht mehr gefüttert werden sollte. Ich halte mich normalerweise nicht daran, außer wenn ich aus Erfahrung weiß, daß ein bestimmtes Tier mit dieser Regel am besten fährt. Natürlich füttere ich vor einer Reise keine Riesenportionen, sondern reduziere die Menge schon einige Stunden vor der Abfahrt auf ein Minimum (Mizzi soll sich ja nicht überfressen und dann unwohl fühlen oder erbrechen müssen), aber ein kleiner, leichter Snack scheint den meisten Tieren sehr gut zu bekommen.

Wahrscheinlich reguliert sich auf diese Weise die Magensäure besser, die sonst Mizzis ohnehin schon etwas aufgeregten »Reisemagen« übersäuern würde.

Viele Katzenhalter fragen sich auch, ob sie Mizzi während der Reise einen Behälter mit Wasser in den Transportkorb stellen sollen. Natürlich ist es angenehm für die Katze, wenn sie die ganze Zeit Wasser zur Verfügung hat, aber in 99% aller Fälle landet das Wasser nicht in Mizzis Magen, sondern in der ersten Kurve auf dem Boden, so daß sie in der Folge auf einer nassen Unterlage weiterreisen muß. Es gibt in Zoohandlungen natürlich Wasserdispenser, die nur Wasser abgeben, wenn das Tier daran leckt. Wenn Ihre Katze begreift, wie so ein Ding funktioniert, und es gerne mag (Sie können Ihr zum Üben etwas Leckeres dranschmieren, damit sie lernt, wo man lecken muß, um das Wasser zum Fließen zu bringen), können Sie ihr auf der Reise einen solchen Dispenser zur Verfügung stellen.

Autotraining
Eine Autoreise mit der Katze bedingt, daß die Katze sich in dem eng begrenzten Raum des Autos wohlfühlt. Bevor Sie Mizzi auf eine Autoreise mitnehmen, müssen Sie unbedingt mit ihr üben, bis sie sich im Auto völlig zuhause und wohl fühlt. Ich komme später in diesem Kapitel auf diese Vorbereitungen zurück.

Katzen als Flugpassagiere

Ich will es mir hier tunlichst verkneifen, dumme Witze über fliegende Katzen zu machen, und komme sogleich ganz nüchtern zu der Feststellung, daß Katzen ohne weiteres Flugpassiere sein können. Dabei haben sie vor den Hunden – außer vielleicht den allerkleinsten – einen Riesenvorteil: Sie dürfen meist in die Kabine und müssen nicht eingepfercht zwischen Gepäckstücken reisen.

Reservieren Sie früh genug, denn die Fluggesellschaften können pro Flug natürlich nur eine begrenzte Anzahl von Tieren im

Passagierraum befördern. Außerdem brauchen Sie einen speziellen, von der Fluggesellschaft abgesegneten Transportkäfig, an den sich Ihre Katze frühzeitig gewöhnen muß (s. auch das Unterkapitel »Die Wahl des Transportkäfigs«). Befestigen Sie sowohl außen als innen (falls das äußere abgerissen wird) am Transportkäfig ein Etikett mit Ihrer Telefonnummer und einer Nummer, die im Notfall angerufen werden kann. Schlingen Sie keinerlei Schnüre, Seile oder Leinen um den Transporter und befestigen Sie das Etikett nicht mit einem Gummi oder einer Schnur, denn all diese Dinge könnten u.U. ins Käfiginnere gelangen und sich fatal um Mizzi wickeln, im schlimmsten Fall sie sogar erdrosseln.

Schlagen Sie den Boden des Transportbehälters mit etwas Weichem und Saugfähigem aus. Falls Sie sicher sind, daß Ihre Mizzi sie nicht frißt, können Sie dazu Einwegwindeln verwenden. Nehmen Sie von dem Unterlagenmaterial auch als Handgepäck mit ins Flugzeug, und falls Mizzi ein Missgeschick passieren sollte, können Sie die Unterlage auswechseln oder doch zumindest eine frische Lage zwischen sich und den Korb legen, falls es passiert, während Sie nicht aufstehen dürfen; mindestens bleiben dann Sie und Mizzi einigermassen trocken und der Geruch wird teilweise absorbiert.

Es gibt Katzen, die so gut auf ihr Klo trainiert sind, daß der Besitzer einfach diskret einmal während des Fluges mit Kistchen und Katze im WC verschwindet, wo Mizzi wie auf Knopfdruck das Erwartete erledigt. Falls Ihre Katze dazu gehört, sollten Sie aber zuerst herausfinden, ob Sie Katzenstreu ins WC spülen dürfen – andernfalls müssen Sie so viele Tüten zur Verfügung haben, daß Sie Mizzis Geschäft und die Streu entsorgen können, ohne daß es riecht.

Landen, Zwischenlanden
Buchen Sie wenn immer möglich einen Direktflug, denn bei Zwischenlandungen passiert schnell ein Missgeschick, vor allem, wenn Mizzi nicht mit Ihnen im Passagierraum reisen darf. Sicher haben Sie schon die abenteuerlichsten Geschichten über verloren gegangenes Gepäck gehört. Stellen Sie sich vor, Mizzi wäre

ein solches »Gepäckstück«! Denken Sie auch an die jeweiligen Temperaturunterschiede zwischen dem Starten und Landen, vor allem, wenn Mizzi im Gepäckraum fliegen muß. Wenn Sie in ein heißes Land reisen, sollten Sie Abflugs- und Ankunftszeit möglichst auf kühle Morgen- oder Abendstunden verlegen. Damit verringern Sie die Gefahren für Mizzi, falls sie beim Umladen irgendwo an der prallen Sonne oder sonst einem heißen Ort stehen gelassen wird oder tatsächlich verloren geht. Wenn Sie an einen kalten Ort reisen, sollten Sie logischerweise die Reisezeit möglichst in die wärmste Tageshälfte verschieben.

Achtung: Quarantäne!

Erkundigen Sie sich immer im voraus über die Quarantänebestimmungen eines Landes, damit es Ihnen nicht geht wie Liza Minelli, die 1989 Schwierigkeiten mit dem schwedischen Gesetz bekam, weil sie aus Unwissenheit das Quarantänegesetz verletzt hatte!

Es können sogar in ein und demselben Staat verschiedene Einfuhrbestimmungen für Tiere gelten, wie etwa im amerikanischen Hawai, das sowohl für eingeführte Tiere aus dem restlichen Amerika wie für solche aus dem Ausland Quarantäne vorschreibt, während der Rest der USA keine Quarantänebestimmungen kennt.

Zeigen Sie sich großzügig

Falls Sie Ihre Katze trotz allem mit dem Gepäck fliegen lassen müssen (was wirklich nur in den dringendsten Fällen ratsam ist), lassen Sie beim Flughafenpersonal, das Ihre Mizzi in Obhut nimmt, grosszügige Trinkgelder springen.

Warten Sie bis zur allerletzten Minute zu, bevor Sie den Transportbehälter mit Mizzi aus den Händen geben. Möglicherweise wird man sie zusammen mit dem Gepäck schon einige Stunden vor dem Abflug verladen wollen. Seien Sie pünktlich mit ihr am Flughafen, aber versuchen Sie möglichst, bei der Abfertigung tierliebendes Personal aufzutreiben und davon zu überzeugen, daß eine halbe Stunde oder so vor Abflug noch längst früh genug ist, um Mizzi zu verladen.

Katzen im Zug und Bus

Nicht überall sind Tiere im Bus oder Zug willkommen. Erkundigen Sie sich früh genug vor der Abreise. Manche Länder – etwa Frankreich – handhaben diese Frage ziemlich flexibel, andere, z.B. die USA, sind ziemlich stur. Falls Mizzi im Zug oder Bus mitreisen darf, sollten Sie natürlich alle Vorsichtsmaßnahmen und Vorbereitungen treffen, die auch für Autoreisen und Flugreisen gelten.

Eine oder zwei Katzen?
Falls Sie zwei Katzen auf die Reise mitnehmen, sollten Sie sie keinesfalls in denselben Transportkäfig stecken, auch nicht, wenn er groß genug dafür wäre. Abgesehen davon, daß die meisten Fluggesellschaften dies gar nicht erlauben, wäre es auch sonst ein erhöhtes Sicherheitsrisiko. Außer die beiden Katzen sind wirklich unzertrennliche Freunde oder aber so verängstigt, daß die Anwesenheit der anderen beruhigend wirkt, ist die Enge des Käfigs einfach zuviel für sie und könnte in Kombination mit dem Reisestreß leicht zu ernsthaften Streitereien führen. Wahrscheinlich kennen Sie diese beengenden Situationen aus eigener Erfahrung, wenn Sie mit Ihrem Partner oder Ihrer Partnerin auf Reisen waren. *Ich* natürlich kenne nichts dergleichen, ich bin auf Reisen immer ein Ausbund an Liebreiz, nicht wahr, meine Liebe?

Reisepillen

Beruhigungspillen für Katzen sind sehr umstritten. Ich persönlich wende sie bei meinen Katzen nie an, sondern sorge dafür, daß meine Katzen sich vorher langsam an den Reisestreß gewöhnen können. Eine sedierte Katze muß nicht nur mit dem Reisestreß fertig werden, sondern dazu auch noch mit dem komischen Gefühl, das die Pillen verursachen und das sich das Tier natürlich nicht erklären kann. Manche Tiere leiden auch unter Nebenerscheinungen der Medikamente.

Obwohl ich wie gesagt nie mit einem eigenen Tier gereist bin, das nicht ohne Reisepillen mit dem Streß fertig geworden wäre, kann ich begreifen, daß der eine oder andere unter Ihnen sich eine Reise mit Mizzi ohne Tranquilizer nicht vorstellen kann. In diesem Fall müssen Sie die Art und Anwendung des Medikamentes aber unbedingt mit Ihrem Tierarzt besprechen.

Mizzis seelische Vorbereitung auf die Reise

Ein paar Tips im Umgang mit reiseungewohnten Katzen

Wenn Mizzi noch nie zuvor verreist ist oder wenn Sie befürchten, daß die Aufregung für sie sehr groß sein wird, können Sie mit den folgenden Alternativen zu Beruhigungstabletten sicher einiges erreichen.

Statten Sie zum Beispiel dem Flughafen zusammen mit Mizzi einen Besuch ab. Bei dieser Gelegenheit kann sie sich an die Geräusche und die allgemeine Unruhe dort gewöhnen; ihre empfindlichen Ohren können sich mit dem Lärm und ihre Nase mit den vielerlei Gerüchen vertraut machen.

Falls ein solcher Ausflug zum Flughafen aus irgend einem Grund für Sie nicht möglich ist, sollten Sie sich zumindest eine Tonbandaufnahme mit Geräuschen von Menschenmengen und Flugzeugen besorgen. Spielen Sie das Tonband zuerst nur leise ab und drehen Sie die Lautstärke nur langsam auf, während Mizzi über einige Wochen hinweg Zeit hat, sich daran zu gewöhnen. Auf dieselbe Weise können Sie Ihre Katze auf eine Autoreise vorbereiten, indem Sie ihr ein Band mit Verkehrslärm abspielen.

Gute Manieren

Falls Ihre Katze an der Leine geht, führen Sie sie bitte weit genug vom Hotel weg, um ihr Geschäft zu verrichten, und nehmen Sie den Kot auf. Wenn Mizzi ihr Katzenklo im Hotelzimmer benützt, sollten Sie es mit der Sauberkeit besonders gründlich nehmen. Denken Sie daran: Auch wenn Sie selbst vielleicht nicht mehr so empfindlich auf die Gerüche aus dem Katzenklo reagieren –

andere Leute denken da vielleicht anders. Falls Sie den Inhalt des Kistchens nicht ins Klo spülen können, sollten Sie Mizzis Hinterlassenschaft keinesfalls einfach im Papierkorb in Ihrem Zimmer »entsorgen« und dem Personal das Wegräumen überlassen. Auf diese Weise macht man sich als Tierhalter Feinde. Wickeln Sie Mizzis Geschäft stattdessen gründlich in Papier oder Folie ein und fragen Sie, wo der hoteleigene Müllcontainer steht. Überlassen Sie die Beseitigung von Mizzis Geschäft also bitte nicht anderen Leuten.

Katze und Wassersport

Falls Sie mit Mizzi zusammen ein Boot besteigen, sollten Sie vorher wenn möglich eine spezielle Schwimmweste für Katzen kaufen, die man in einigen Fachgeschäften bekommt, allerdings längst nicht überall. Die Weste müssen Sie genau wie das Ausgeh-Geschirr und die Leine an die Katze anpassen, so wie es im entsprechenden Kapitel beschrieben wurde.

Sorgen Sie auf dem Boot dafür, daß Mizzi immer im Schatten Zuflucht suchen kann, daß er immer an einer Leine festgemacht ist und daß immer jemand ein Auge auf der Katze hat, der sich bewußt ist, daß eine Bootsfahrt für eine Katze vielerlei Gefahren bergen kann.

Falls Sie angeln, denken Sie bitte daran, daß ein Angelhaken, der sich in Mizzis Pfote oder sonstwo verhakt hat, sehr schmerzhaft ist. Auch ohne Ihr Dazutun kann es passieren, daß Mizzi diesem glänzenden Ding am Ende der Angelschnur einfach nicht widerstehen kann und danach hascht – und schon steckt der Haken in Mizzis Pfötchen.

Vergessen Sie auch nicht, daß Mizzi kaum Freude an einer Cola, einem Bier oder einem Saft haben wird, wenn er auf hoher See Durst bekommt. Deshalb: immer eine Thermosflasche mit kühlem, frischem Wasser mitführen!

Bedenken Sie all diese Hinweise auch, wenn Sie nicht auf einem Boot sind, sondern sich mit Mizzi einfach in der Nähe von Wasser aufhalten – sei dies ein Schwimmbad, ein See, ein

Meeresstrand oder auch ein Hafenbecken. Außerdem bekommt der heiße Sand Mizzis empfindlichen Sohlen nicht gut, vor allem, wenn er sonst nur weiche, kühle Teppiche gewohnt ist.

Bereit zur Fahrt?
Wenn Sie nun also beim Kofferpacken plötzlich Ihren kleinen vierbeinigen Freund mit traurigem Blick inmitten des Gepäcks sitzen sehen, dann wissen Sie jetzt, daß Sie ihn ja nicht allein zu Hause zurücklassen müssen, während Sie in die Ferien fahren!

Ungetrübtes Fahrvergnügen – so machen Sie Mizzi mit dem Auto vertraut und verhindern Übelkeit

Hurra! Kein Geschrei mehr im Auto, keine spitzen Krallen mehr, die sich in Ihren Nacken bohren, kein Würgen und Brechen mehr hinten im Wagen! Mizzi kann nämlich lernen, ein wohlerzogener, angenehmer Fahrgast zu werden, dem das Autofahren mit der Zeit sogar Spaß macht. Auch wenn Sie im Moment noch skeptisch sind – glauben Sie mir: Eines Tages wird sich Mizzi richtig freuen, wenn es ans Autofahren geht.

Der größte Fehler
Machen Sie bitte nicht den Fehler, Mizzi erst und nur dann ins Auto zu nehmen, wenn Sie mit ihm zum Tierarzt fahren müssen. Denn hätten Sie nicht auch etwas gegen das Autofahren, wenn Sie jedes Mal nach einer Autofahrt eine unangenehme medizinische Untersuchung und einen Stich aus einer riesengroßen Spritze über sich ergehen lassen müßten? Mich jedenfalls brächte man nach ein paar solchen Erfahrungen nicht mit hundert Pferden in ein Auto.

Die meisten Katzen verbinden aber mit einer Autofahrt eben ausschließlich solche negativen Erfahrungen. Wie können sie denn wissen, daß es diesmal nur auf eine harmlose Ausflugsfahrt gehen soll? Wenn Mizzi das Auto nur von weitem sieht, klickt in ihm der Alarm: Achtung, Doktor! Und so wird er beim ersten Anzeichen auf eine Autofahrt zuhinterst unter dem Bett verschwinden, schließlich ist man ja nicht blöde, und sich sagen: Jetzt versucht mal, mich hier raus zu bringen!

Bringen Sie Ihre Katze hingegen soweit, daß sie eine Autofahrt auch einmal genießen kann und nicht nur mit einem schrecklichen Besuch beim Tierarzt assoziiert, dann können Sie auch wunderbare Ferien zusammen mit Mizzi genießen. Und außerdem kann auch einmal eine Notfallsituation eintreten, in der Mizzi längere Zeit im Auto verbringen muß. Lassen Sie mich hier erzählen, was Mowdy und mir in dieser Hinsicht geschah.

Mowdys großes Autoabenteuer
Voller Respekt ziehe ich meinen Hut vor Mowdy in Erinnerung an ein Ereignis, das sich aus einer Notfallsituation heraus ergab; jedenfalls mußte ich ihn und seinen hündischen Gefährten Tige Hals über Kopf im Wagen verstauen, weil ich im MGM-Studio in Disney World in Florida einen Fernsehauftritt hatte. Disney World und das Filmstudio waren damals noch brandneu, die offizielle Eröffnung hatte noch nicht stattgefunden, und dies war die erste Woche der Filmaufnahmen für »The New Mickey Mouse Club«. Ich bin in diesem Club für die Tiere zuständig und sollte einen Auftritt mit Dalmatinern haben, in Anlehnung an den Disney-Film »101 Dalmatiner«. Die Filmarbeiten fanden an einem Mittwoch statt, und mein Flugticket war für Dienstag gebucht. Am Montag wurde New York von einem der häufigen Schneestürme überrascht, so daß alle Flüge verspätet waren. Dazu kam noch, daß zur selben Zeit die Piloten mancher Fluglinien streikten. Nun, ich wollte und konnte diese Aufnahme im Disney Club unter keinen Umständen verpassen, und so packte ich in Gottes Namen am Montag abend Katze, Hund und Ehefrau (die Reihenfolge ist willkürlich!) in den Vierrad-Geländewagen und los ging's – im Schneckentempo. Der Schneesturm und anschließend Eisregen hielt durch den ganzen Staat Virginia an. Ich rechnete mir aus, daß wir die ganze Nacht hindurch fahren und dann früh genug in Florida eintreffen würden, um uns am Nachmittag auszuruhen und eine erholsame Nacht zu verbringen. Denkste. Für die ersten 500 Kilometer brauchten wir

wegen des Schneesturms neun Stunden. Unsere vierbeinigen Mitreisenden hielten sich vorzüglich.

Als wir endlich im Staat Georgia waren, überfiel mich aus heiterhellem Himmel ein höllisches Zahnweh, wie ich es noch nie gekannt hatte. Halb betäubt vor Schmerz beschloß ich, gleichwohl weiter zu fahren, aber als wir Georgia zu etwa zwei Dritteln durchquert hatten, stand fest, daß ich diesen Zahn jeden Moment eigenhändig ausreißen würde, wenn nicht ganz schnell etwas damit geschah. Mowdy und Tige, die sich wohl über mein seltsames Benehmen wunderten, saßen wie zwei Engel hinten im Wagen und taten keinen Mucks, verlangten nicht einmal, daß sie sich die Beine vertreten konnten.

Wir waren unterdessen irgendwo im Hinterland von Georgia angelangt, die nächste größere Stadt war Jackson in Florida. Ich war halb tot vor Schmerzen. Um zehn Uhr nachts – 25 Stunden nach unserer Abfahrt in New York – machten wir endlich einen Zahnarzt ausfindig, der sich bereit erklärte, einen dahergelaufenen Fremdling mitten in der Nacht zu untersuchen. Mowdy und sein Kumpan benahmen sich nach wie vor tadellos. Der Zahnarzt gab mir eine Schmerzspritze und ein Rezept, das mir über die nächsten paar Tage helfen sollte. Mit etwas Glück fanden wir auch noch eine Apotheke, die bis Mitternacht geöffnet war. Und immer noch saßen Hund und Katze wie zwei Engel hinten im Wagen. Wir machten uns wieder auf den Weg nach Orlando, das nochmals drei Stunden weit entfernt war, was ich zum Glück nicht realisierte.

Nun, um drei morgens rollten wir schließlich an unserem Bestimmungsort ein – 30 Stunden nach unserer Abfahrt in New York! Morgens um sieben mußten wir im Studio sein, und so standen wir denn nach nur drei Stunden Schlaf wieder auf, packten Mowdy und Tige abermals ins Auto und fuhren ins Studio,wo die beiden lieben Kerle den ganzen Tag brav im Schminkraum blieben, mit nur ein paar kurzen Spaziergängen zwischendurch. Erst abends um sechs waren die Aufnahmen vorüber. Mowdy und Tige waren die ganze Zeit dabei, ohne irgendwelche Zwischenfälle, ohne einen Laut der Klage oder Ungeduld. Ich hätte es ja begreifen können, wenn mich die beiden nie mehr angeschaut hätten, aber sie waren ungemein verständnisvoll und nahmen mir das Marathon nicht übel. Was kann ich da noch beifügen außer, daß die beiden einfach goldig sind?

Dieses Abenteuer war ein Erlebnis für die ganze Familie, über das wir später noch oft lachten. Wären Mowdy und Tige aber nicht so versierte Autopassagiere gewesen, wäre die ganze Sache noch viel unangenehmer gewesen.

Mizzi auf Ferienfahrt

Auch eine Katze, die sich auf einer fünfminütigen Autofahrt vorzüglich hält, wird wahrscheinlich mit einer fünf*stündigen* Fahrt etwas Mühe haben. Und die Ausdauer eines Mowdy brächten wohl nur die allerwenigsten Katzen auf. Psychologisch gesehen ist die Katze mit einer solchen Situation überfordert, d.h. es kommt zuviel aufs Mal auf sie zu. Deshalb muß man die zeitliche Dauer einer Autofahrt langsam aufbauen; das ist auch ratsam bei Katzen, die im Prinzip sehr gerne autofahren.

Anschnallen bitte!

Vor der ersten Autofahrt gilt es die Sicherheit von Katze und Mitfahrern zu bedenken, deshalb muß Mizzi auf die eine oder andere Weise an einem Ort festgehalten werden, und das aus zwei Gründen.

Erstens kann ein Unfall passieren oder auch nur ein heftiger Stoppriß nötig sein, so daß Mizzi kopfvoran nach vorne fliegen, im schlimmsten Fall sogar aus dem Auto herausgeschleudert würde. Auch wenn er nicht verletzt – oder tot – ist, würde er im Schock wahrscheinlich davonrennen in ein ungewisses Schicksal und wahrscheinlich auf Nimmerwiedersehen. Und zweitens ist es genauso wichtig, daß die Katze nicht eine Gefahr für den Fahrer wird, indem sie im Auto herumklettert und womöglich zwischen Gas- und Bremspedal gerät. Ich habe schon von mehr als einem Unfall gehört, der passierte, während der Fahrer verzweifelt versuchte, die Katze zwischen seinen Füßen loszuwerden.

Korb oder Gurte?

Sie haben mehrere Möglichkeiten bei der Wahl der Sicherheits-vorkehrungen im Wagen. Manche Leute stecken die Katze prin-zipiell bei jeder Autofahrt in einen Transportkorb, anderen ist die-ses Einsperren zuwider und sie lehren ihre Katze, in einem Sicherheitsgurt stillzusitzen (Sie haben richtig gelesen – es gibt tatsächlich Sicherheitsgurte für Tiere), während andere wieder-um es vorziehen, wenn Mizzi an der Leine von einem Mitfahrer auf dem Schoß gehalten wird.

Wenn Sie sich für Gurte oder Leine und Schoß entscheiden, sollten Sie nochmals im Kapitel über das Leinentraining nachle-sen, wie man das Geschirr richtig anpaßt. Einen Sicherheitsgurt für Mizzi aufzutreiben, dürfte allerdings nicht ganz leicht sein; vielleicht haben Sie Glück bei einem Autozubehör-Händler oder einer Zoohandlung, die immer das Neueste auf dem Markt führt.

Der richtige Transportkorb

Die Vielzahl von Transportbehältern, die auf dem Markt sind, ist verwirrend. Viele Leute stehen hilflos vor der Auswahl und wer-den dann noch von Verkaufspersonal irregeführt, das es oft auch nicht besser weiß. Sie sollten bei Ihrer Wahl vor allem dar-an denken, wozu, für welche Art von Transport, Sie den Behäl-ter brauchen werden. Fast jede Variante hat ihre Vor- und Nach-teile, eine absolut beste Wahl gibt es deshalb nicht. Zu guter Letzt aber muß sich die Katze darin wohlfühlen; wenn ihr der Transporter nicht zusagt, ist er nichts wert.

Denken Sie voraus!

Wenn Sie also schon Ihr hart verdientes Geld in einen Trans-portkäfig investieren, dann denken Sie nicht nur an die Autorei-se von morgen, sondern auch an die eventuelle Flugreise von übermorgen. Wenn Sie jetzt die bestmögliche Wahl treffen, müssen Sie nicht in nächster Zukunft schon wieder einen neuen Korb kaufen. Mein Vorschlag ist deshalb, daß Sie als erstes dar-auf achten, ob der gewählte Transporter sich einerseits für

Autoreisen eignet, andererseits aber auch den Standards der Fluggesellschaften entspricht. Diejenigen, die ich am besten mag, sind ziemlich durchschnittlich im Aussehen und aus Kunststoff. Achten Sie vor allem auch auf die Masse des Käfigs, damit er bei Bedarf unter einem Flugzeugsitz Platz findet. Nicht jede Fluggesellschaft hat dieselben Anforderungen an Tiertransporter; erkundigen Sie sich deshalb vor dem Kauf nach den allgemeinen Regeln.

Wenn Mizzi nicht fliegen soll, tut's auch ein anderer Behälter
Falls Ihre Flugangst jede Flugreise von Mizzi von vornherein zu hundert Prozent ausschließt, tut's natürlich auch ein Transportbehälter, der nicht flugtauglich ist. Achten Sie aber auf jeden Fall darauf, daß der Transporter stark genug und gut gearbeitet ist; kontrollieren Sie vor allem Nähte und Schlösser darauf, ob sie auch halten, und kaufen Sie nichts mit eckigen Kanten, an denen sich Mizzi verletzen könnte. Testen Sie den Verschluß auf Zuverläßigkeit und leichte Handhabung und begutachten Sie sorgfältig den Tragegriff, der doppelt genäht respektive mit starken Ösen ausgerüstet sein sollte. Weist der Behälter auch genügend Luftlöcher auf? Bei geflochtenen Körben habe ich persönlich ständig Angst, es könnte sich im dümmsten Moment das Geflecht irgendwo lösen, obwohl ich sonst nichts gegen Weidenkörbe habe. Falls Sie ganz unkonventionell eine Schultertasche bevorzugen, in die Mizzi so ganz nebenbei hineinhüpfen kann, muß es aber eine mit verstärktem Boden und ziemlich starren Seiten sein, weil die arme Katze sonst völlig zusammengestaucht wird, wenn Sie die Tasche über der Schulter tragen.

Manche Katzen, vor allem die neugierigen unter ihnen, mögen am liebsten Transportbehälter mit durchsichtigem Dach, so daß sie alles, was um sie herum läuft, mitbekommen. Für eine etwas schüchterne oder ängstliche Katze ist ein durchsichtiger Transporter aber keine gute Idee – sie fühlt sich darin völlig ausgeliefert und wird von den vielen Eindrücken erdrückt. Außerdem müssen Sie daran denken, daß ein Behälter mit durchsichtigem Plastikdach keinen Schutz vor Hitze bietet; sogar die Wintersonne, die durch die Autoscheiben scheint, kann in einem solchermassen ungeschützten Transporter höllisch heiß sein.

Testen Sie also vor dem Kauf verschiedene Transportbehälter, aber lassen Sie sich niemals einen aus Pappe aufschwatzen. Sie mögen zwar billig und leicht sein, sind aber für die kostbare lebende Fracht in ihrem Innern viel zu unsicher.

Die richtige Grösse

Als allgemeine Regel kann gelten, daß der Transporter etwas länger als Mizzis ausgestreckter Körper und etwas höher als sie selbst sein sollte, wenn sie steht. Die Katze muß ohne Mühe aufstehen und sich drehen können. Es wäre aber falsch zu glauben, Sie täten Mizzi einen Gefallen, wenn Sie einen extra großen Behälter kaufen; Mizzi würde darin während der Reise nur unnötig hin- und herschliddern.

So machen Sie es Mizzi im Korb bequem

Manche Leute haben regelrechte Schreckensvisionen, wenn sie sich vorstellen, wie sie ihre Katze in den Transportbehälter kriegen sollen. Da stemmt sich Mizzi mit allen Vieren laut kreischend gegen den Korb, während der Mensch verzweifelt versucht, alle Beine aufs Mal in die Öffnung zu stopfen, und inständig hofft, daß Mizzi, endlich drinnen, nicht wieder hinausschießt, bevor die Tür verschlossen ist. Und daß das ganze Prozedere beidseits ohne Schrammen abläuft. Falls Ihre Mizzi besonders clever ist oder aber dieses Ritual schon kennt, wird es gar nicht erst so weit kommen: Sie verschwindet Null Komma nichts unter dem nächsten Bett, bevor Sie nur den Korb abgestellt haben. Ich nehme an, daß dieses Szenario vielen von Ihnen nur zu bekannt ist. Aber es geht auch anders!
Also: Überfallen Sie Mizzi nicht einfach so mit einem Transporter. Gehen Sie sachte vor, Schritt für Schritt. Als erstes lassen Sie den Transportbehälter einfach dort herumstehen, wo sich Mizzi viel und gern aufhält. Lassen Sie ihn offen und schlagen Sie den Boden mit etwas Warmem, Weichem aus, falls Mizzi hinein-

liegen möchte, und deponieren Sie ein paar attraktive Spielsachen im Korb. Dann überlassen Sie die ganze Sache erst einmal Mizzi.

Das heißt, daß Sie sie nicht etwa zum Korb hinüber tragen oder sie sonstwie auf den Behälter aufmerksam machen sollen. Lassen Sie das Ding einfach eine, zwei oder auch mehrere Wochen lang (bei Katzen, die echt Angst haben vor Transportbehältern) stehen, bis Mizzi das Gefühl hat, das Ding sei Bestandteil der Inneneinrichtung.

Wenn Mizzi soweit ist, daß sie sich ohne Angst in nächster Nähe des Korbes aufhält oder auch mal ihr neugieriges Näschen hineinsteckt, können Sie sie ganz beiläufig mal kurz für eine, zwei Sekunden hineinstellen. Aber versuchen Sie in keiner Weise, sie zurückzuhalten, falls sie gleich wieder hinausspringen will. Loben und liebkosen Sie Mizzi vor, während und nach jeder Erfahrung mit dem Korb ausführlich. Geben Sie Mizzi das Gefühl, daß sie jedes Mal, wenn sie in die Nähe dieses Korbes kommt, mit soviel Liebe und Aufmerksamkeit bedacht wird, daß sie die Sache mit dem Korb das Tollste findet, was ihr passieren konnte.

Übereilen Sie nichts. Wenn Sie langsam vorgehen, können Sie nur gewinnen, durch überstürztes Handeln jedoch können Sie viel verlieren. Wenn alles gut geht, Mizzi sich im Korb wohlfühlt, wiederholen Sie die ganze Prozedur des Hineinstellens, schließen aber diesmal ganz kurz die Tür – nur für eine oder zwei Sekunden. Dann öffnen Sie rasch wieder und lassen Mizzi hinausspringen. Machen Sie ein Versteckspiel oder Fangspiel daraus und halten Sie dabei Mizzi mit Ihrer besten Spielstimme bei Laune. Wenn Ihr Transporter eine Öffnung hat, die man wegschrauben muß, dann können Sie jetzt den Deckel wieder anschrauben, bevor Sie Mizzi in den Korb stellen; lassen Sie die Öffnung aber vorerst noch offen, wenn sie drin ist, so daß sie jederzeit hinausspringen kann. Geht das gut, schließen Sie die Öffnung für eine oder zwei Sekunden. Spielen Sie immer wieder das Versteckspiel, damit Mizzi Spaß an dem Ganzen hat.

Wenn Sie einmal so weit sind, ist der Rest ganz einfach. Sie verlängern jetzt einfach langsam die Zeitdauer, die Mizzi im Korb verbringt. Aber langsam bitte – in kleinen Minuten-Schritten. Legen Sie auch immer etwas Gutes oder Interessantes für Mizzi in den Behälter und vergessen Sie nie, sie überschwenglich zu loben. Wenn Sie Mizzi auf diese Weise dahinbringen, daß sie den Transporter mit lauter positiven Erlebnissen in Verbindung bringt, haben Sie so gut wie gewonnen, und Ihrer gemeinsamen Reise steht nichts mehr im Weg.

Reisen im Geländewagen oder Wohnmobil

Falls Sie im Sinn haben, mit einem geräumigen Geländewagen oder Bus zu verreisen, entscheiden Sie sich vielleicht dafür, weniger Gepäck mitzunehmen und dafür eine grosse Transportbox für Mizzi im Auto einzubauen, in der nebst Mizzi ein Katzenklo, ein Bett und Spielsachen Platz haben und die somit ein eigenes kleines Heim für Mizzi darstellt. Der einzige Nachteil ist der, daß bei einem abrupten Stopp auch viel Platz vorhanden ist, in dem Mizzi herumgewirbelt werden kann.

So nehmen Sie Mizzi die Angst vor dem Auto

Das Vorgehen ist dabei immer dasselbe, ob nun Ihre Katze zu denen gehört, die noch gar nie im Auto gefahren sind, die panische Angst davor haben oder aber das Ganze mehr oder weniger langmütig hinnehmen, ohne den geringsten Spaß daran zu haben. Nur eins dürfen Sie auf keinen Fall tun: Mizzi unvorbereitet ins Auto verladen, den Motor starten und losfahren ins Ferienglück – es sei denn, Sie möchten sich eine traumatisierte Katze *und* ein verkleckertes Auto einhandeln... Wann immer man es mit einem psychologischen Problem Mizzis zu tun hat – besser gesagt, wann immer man ein solches Problem vermeiden möchte – ist es am besten, man teilt die problematische Situation in möglichst kleine Teilstücke auf und nimmt sich jedes Teils einzeln an.

Kleine Schritte beim Autotraining

Als erstes müssen Sie Mizzi im Auto mit demjenigen Hilfsmittel, das Sie gewählt haben – Box, Leine und Hilfsperson, Sicherheitsgurte – sicher versorgen. Lassen Sie bei dieser ersten Übung die Autotüren offen, damit Mizzi sich nicht eingeschlossen fühlt. Nach wenigen Sekunden im Auto erlösen Sie sie aus der Situation und bringen sie ins Haus zurück. Vor, während und nach dem Prozedere: viel, viel Lob, Liebkosen, Streicheln.

Wenn Mizzi nichts mehr dabei findet, schnell mal ins Auto verladen zu werden, wiederholen Sie das Ganze mit geschlossenen Wagentüren. Nach einer bis zwei Minuten öffnen Sie die Wagentüren wieder und bringen Mizzi ins Haus zurück. Und auch hier: loben und liebkosen.

Als nächstes setzen Sie Mizzi ins Auto, schließen die Türen und stellen kurz den Motor an, den Sie vielleicht eine Minute lang laufen lassen. Dann geht's zurück ins Haus. Seien Sie überenthusiastisch mit Loben und Streicheln! Wenn Sie merken, daß das Geräusch des laufenden Motors Mizzi sehr zusetzt, beschaffen Sie sich eine Tonbandaufnahme von Motorengeräusch und spielen ihr die Kassette im Haus drinnen mit langsam zunehmender Lautstärke vor, bis Mizzi sich an das Geräusch gewöhnt hat. Dasselbe können Sie mit allgemeinem Verkehrslärm tun, falls Mizzi sich dadurch beunruhigt zu fühlen scheint. Es kann eine, zwei oder auch mehrere Wochen brauchen, bis Mizzi sich an die Geräusche auf dem Tonband gewöhnt hat.

Wenn Sie soweit sind, daß Mizzi ruhig im Wagen bleibt, während der Motor läuft, können Sie an eine erste Fahrt denken, die aber nicht länger als eine Garageneinfahrt oder einen halben Häuserblock lang dauern sollte. Dann müssen Sie wenden und Mizzi stracks nach Hause fahren. Auch in diesem Lernstadium müssen Sie unbedingt ganz langsam vorgehen, denn die Bewegung des Autos ist vielleicht vorerst noch des Guten zuviel für Mizzi. Wenn sie sich allmählich daran gewöhnt hat, können Sie schon mal einen ganzen Häuserblock entlangfahren und mit der Zeit eine kurze Rundfahrt durch die Nachbarschaft machen. Falls ein guter Freund Mizzis in nächster Nähe wohnt, können Sie ihm bei einer solchen Gelegenheit vielleicht einen Besuch abstatten. Durch diesen Unterbruch und das positive Erlebnis bei ihrem Freund oder ihrer Freundin wird Mizzi das Autofahren mit Spaß und Abwechslung assoziieren. Falls Ihre Katze an der Leine gehen kann, können Sie sie auch an einen hübschen Ort fahren, wo Sie etwas spazieren kann. Mit zunehmender Sicherheit können Sie Mizzi vielleicht sogar auf einen Picknickausflug mitnehmen! Was immer sie sich an Abwechslung für Mizzi ausdenken – es soll ihr Spaß machen und ihr das Gefühl geben, daß eine Autofahrt immer eine gute Überraschung für sie bereithält.

Dauert das alles nicht schrecklich lange?
Natürlich klingt das alles nach schrecklich viel Aufwand, aber im Grunde genommen brauchen Sie nicht mehr als ein paar Minuten pro Tag. Und wenn Sie sich bewußt machen, wie viele Probleme während der Autoreise Sie damit verhindern können, dann ist es den Aufwand sicher wert. All diejenigen unter Ihnen, die schon einmal eine Katze im Wagen hatten, die Auto, Transportkorb und alles Drum und Dran hasst, wissen, wovon ich rede. Eine solche Katze wird oft nicht einmal regelmäßig zum Tierarzt gebracht, weil die ganze Aufregung ein zu großes gesundheitliches und psychologisches Risiko mit sich bringen würde. Es lohnt sich also unbedingt, die Zeit aufzubringen, um Ihre Katze zu einer gelassenen Reisegefährtin zu machen.
Es kann sein, daß sich Mizzi nur langsam ans Autofahren gewöhnt, und eine ausgewachsene Katze hat unter Umständen schon so viele schlechte Erfahrungen mit Autofahren gemacht, daß die Angst sehr tief sitzt. Aber geben Sie nie auf in der irrigen Meinung, eine ältere Katze könne nicht mehr dazulernen – haben Sie Vertrauen in sie.

Absolut verboten ist es,
– Mizzi zu erlauben, den Kopf aus dem Wagenfenster zu strecken, sobald der Wagen in Bewegung ist. Auch wenn Mizzi den Fahrtwind genießen möchte, sind die Gefahren viel zu mannigfaltig: Allerlei, was so auf der Straße herumliegt, könn-

te ihr in Auge, Ohren oder Nase wehen und sie verletzen, und ein plötzlicher Fluchtversuch Mizzis würde sehr wahrscheinlich tödlich enden;
– eine Schnur, ein Seil oder eine Leine im oder auf dem Transporter liegen zu lassen – Mizzi könnte sich unglücklich darin verfangen und sich erdrosseln;
– Mizzi auch nur eine Minute lang ohne Aufsicht allein im Auto zu lassen. Erstens nehmen Diebstähle von Tieren ständig zu, andererseits besteht für das Tier im Auto tödliche Gefahr durch Überhitzung. Auch ein im Schatten geparktes Auto wird nach einiger Zeit aufgrund der Sonnenwanderung zumindest teilweise von der Sonne beschienen und dann innert kürzester Zeit zu einer glühenden Todesfalle. Ganz besonders auf eine kühle Umgebung achten müssen Sie bei Katzen mit eingedrückten Nasen, wie sie z.B. die Perserkatzen haben, denn sie haben durch den verkürzten Nasen-/Rachenraum besondere Atemprobleme bei Hitze. Aber auch bei kaltem Wetter ist Vorsicht geboten, denn da wird es im Wageninnern ebenfalls innert kurzer Zeit gefährlich kalt für ein Tier.

Auf geht die Fahrt!
Wenn Mizzi erst einmal ans Autofahren gewöhnt ist, können Sie ihn ohne Probleme regelmäßig dem Tierarzt vorführen. Aber nicht nur das: Mizzi kann dann vielleicht den Großeltern einen Besuch abstatten, oder bei seinen Geschwistern vorbeischauen – oder mit Ihnen den nächsten Picknick-Ausflug genießen! Und er kann Sie in die Ferien begleiten!

Katzenferienheime

Die richtige Wahl, die nötigen Vorkehrungen
Falls Sie sich dafür entschieden haben, Ihre Katze im Urlaub zu Hause zu lassen, gibt es einiges, das Sie wissen und bedenken müssen.
Vor Jahren habe ich selbst ein Tierferienheim geführt und weiß daher, was so alles passieren kann - auch im bestgeführten

Heim. Tiere zu hüten ist in manchem sehr ähnlich wie kleine Kinder zu hüten – es ergeben sich einfach immer wieder unvorhergesehene Situationen, auch wenn man noch so vorausschauend ist. Um aber solchen Situationen dennoch möglichst gut vorzubeugen, sollten Sie sich an die folgenden Vorbereitungen halten.

Sehen Sie sich das Ferienheim persönlich an und gehen Sie auch unangemeldet vorbei, um einen Augenschein zu nehmen.

Besuchen Sie mehrere Heime, damit Sie Übung in der Beurteilung bekommen. Mit mehreren Vergleichsmöglichkeiten wird es Ihnen leichter fallen, die richtige Entscheidung zu treffen.

Bestehen Sie darauf, die Boxen und Ausläufe der Tiere zu sehen; lassen Sie sich nicht im Empfangsraum abwimmeln.

Gehen Sie so früh am Morgen wie möglich hin, damit Sie einen Eindruck davon bekommen, wie die Tiere nachts versorgt werden. Gleichzeitig können Sie feststellen, wie bald die Tiere am Morgen gefüttert und ihre Boxen gereinigt werden.

Bekommt Mizzi eine Box, in der sie sich wohlfühlen kann und genügend Bewegungsfreiheit hat?

Es ist sicher wichtig, die Leiter des Tierheims kennenzulernen; mindestens so wichtig ist es aber, diejenigen Leute zu sehen, die sich täglich um die Tiere kümmern, mit ihnen umgehen, sie füttern, die Käfige putzen etc. Von ihnen hängt es letztendlich ab, wie wohl sich die Tiere fühlen.

Wenn Sie die Sauberkeit der Räumlichkeiten beurteilen, sollten Sie auch einen gründlichen Blick in die Ecken werfen. Tierheime sind natürlich die besten Brutstätten für Ungeziefer, wenn man nicht peinlich sauber arbeitet. Das Personal muß einen geschulten Blick für solche Probleme haben.

Kann Mizzi dasselbe Futter wie zu Hause bekommen? Falls dies von der Heimleitung bestätigt wird, sollten Sie selbst auch noch einen Blick auf den Futtervorrat werfen, um zu sehen, ob die verschiedenen Futtersorten vorhanden sind. Falls das Heim Mizzis besonderes Futter nicht führt, können Sie fragen, ob Sie es mitliefern dürfen.

Verlangt das Heim eine schriftliche Bestätigung für alle nötigen Impfungen respektive einen Impfpass oder nimmt es diesbezüglich telefonischen Kontakt mit Ihrem Tierarzt auf? Es genügt nämlich nicht, daß man den Tierhaltern einfach so glaubt, wenn sie behaupten, ihr Tier habe alle Impfungen erhalten. Auch wenn Sie persönlich wahrheitsgetreu Auskunft geben – andere lügen vielleicht bewußt oder unbewußt betreffend Impftypen und Impfdaten.

Steht für eventuelle Notfälle ein Tierarzt in der Nähe zur Verfügung? Und wenn ja – wie heißt er? Ist er vertrauenswürdig? Würde das Heim wenn nötig auch Ihren eigenen Tierarzt konsultieren?

Mußten Sie ein detailliertes Formular mit verschiedenen Angaben ausfüllen: Wo Sie im Notfall zu erreichen sind; Name und Telefonnummer eines Bekannten, der informiert ist; Mizzis Lieblingshäppchen für den Fall, daß sie die Futteraufnahme verweigert; eventuelle allergische Reaktionen Mizzis auf ein bestimmtes Futter; eventuelle Medikamente, etc.?

Dürfen Sie Mizzi ihr eigenes Bett, ihr eigenes Körbchen von zuhause mitgeben? Es ist zu hoffen. Waschen Sie das Bett nicht vor dem Heimaufenthalt, damit es nach Zuhause riecht und Mizzi sich nicht so verloren fühlt.

Ist das ganze Gelände um das Heim zweckmäßig eingezäunt? Gibt es Doppeltüren? Falls Mizzi trotzdem aus ihrer Box entwischen sollte – kann sie dann ohne weiteres entkommen oder ist das Gebäude ausbruchsicher? Es kommt trotz aller Vorsicht immer wieder vor, daß ein Tier aus seinem Käfig entwischt, und dann ist es entscheidend, ob es auch aus dem Haus entwischen kann oder ob für diesen Fall mit baulichen Maßnahmen vorgesorgt wurde.

Seien Sie gegenüber dem Pflegepersonal grosszügig mit Trinkgeldern. Mit etwas Glück sichern Sie Mizzi auf diese Weise ein klein wenig Extra-Aufmerksamkeit von Seiten des Personals. Auch wenn Sie Mizzi schließlich abholen, sollten Sie den verantwortlichen Personen ein Trinkgeld geben.

Falls Sie länger als eine Woche abwesend sind, wäre es gut, wenn jemand, der Mizzi gut kennt, einmal im Heim vorbeischaut und eventuelle gesundheitliche oder andere Probleme feststellen würde.

Und nicht zuletzt sollten Sie aus Ihrem Ferienort im Heim anrufen und mit dem Heimleiter sprechen; glauben Sie mir, es lohnt sich, auch wenn es ein teures Telefongespräch wird.

Lassen Sie sich nicht dazu verführen zu glauben, alles sei wunderbar, wenn Sie jemand finden, der Mizzi in seinem eigenen Privathaus aufnimmt. Gehen Sie auch da alle beschriebenen Schritte durch, denn Sie müssen eins nicht vergessen: Auch eine solche Privatperson betreibt das Ferienamt nicht zuletzt aus Gründen des finanziellen Zustupfs, und Sie dürfen auch dieses Haus ohne Hemmungen der oben beschriebenen Inspektion unterziehen. Achten Sie insbesondere auf eventuelle Nebenräume, Keller und Estriche. Es kommt vor, daß ein Ferientier in einen solchen Raum eingeschlossen wird, kaum daß seine Besitzer außer Sichtweite sind.

Auch wenn Sie das Glück haben, jemanden zu finden, der Mizzi bei Ihnen zu Hause betreut, müssen Sie dabei genau so vorsichtig und kritisch vorgehen wie bei der Wahl eines Ferienheims. Der Ferienbetreuer sollte mindestens einmal am Tag nach Mizzi schauen (ich persönlich würde allerdings auf zwei- bis dreimal pro Tag bestehen). Mindestens einmal im Tag sollte dieser Besuch von einer gewissen Dauer sein, damit Mizzi auch Gelegenheit zum Spielen und Sozialkontakt hat. Vergewissern Sie sich, daß die Betreuungsperson sich bewußt ist, wie schnell eine Katze durch die Haustür entwischt, wenn man nicht vorsichtig genug ist. Ich könnte Dutzende von Fällen erzählen, in denen es jemandem passierte, daß die anvertraute Katze entwischte und nie wieder gefunden wurde – eine Nachlässigkeit, für die sich die Verantwortlichen begreiflicherweise ewig Vorwürfe machen.

Tränenreicher Abschied
Natürlich werden Sie sich furchtbar Sorgen machen, wann immer Sie Mizzi zuhause zurücklassen müssen. Aber es gibt Situationen, in denen es einfach nicht anders geht. Versuchen Sie, nicht allzu grosse Schuldgefühle zu haben. Wenn Sie alles sorgfältig vorbereitet und durchdacht haben, wird es Mizzi auch während Ihrer Abwesenheit ganz gut gehen.

8. Mizzi und die Gesundheit

Zahnpflege

Als ich in den frühen 70er Jahren zum ersten Mal Katze und Zahnpflege in einem Atemzug erwähnte, lachte man mich aus. Und als ich zehn Jahre später am Fernsehen die Vorteile einer regelmäßigen Zahnpflege bei Haustieren pries, schüttelte die Haustierindustrie noch immer ungläubig den Kopf über diesen Spinner.

Heute endlich stellt man ein Umdenken fest – ist aber auch höchste Zeit! Jetzt hat man Statistiken über den Zahnzustand unserer Haustiere, und die besagen, daß 90% aller Haustiere vom fünften Lebensjahr an Probleme mit den Zähnen oder dem Zahnfleisch haben. Und das ist absolut skandalös!

Was können Sie nun tun, um Ihre Katze davor zu bewahren? Ganz einfach: Pflegen Sie Mizzis Zähne regelmäßig.

So putzen Sie Mizzis Zähne zuhause

Das Wichtigste an der Zahnpflege ist das Verhindern von Plaque. Zum Reinigen eignet sich eine Kinderzahnbürste, aber mit einem Waschlappen oder einem Stück fester Gaze geht es auch. Die Hauptsache ist, daß eine gewisse Reibung auf die Zähne ausgeübt wird, damit sich keine Plaque aufbauen kann.

Mizzi, der Deckel gehört auf die Zahnpastatube!
Bei der Wahl von Mizzis Zahnpasta müssen Sie vorsichtig sein. Nehmen Sie keine Zahnpasta für Menschen, sie könnte Mizzi schaden, zum Beispiel in Form einer Magenverstimmung, wenn sie etwas davon schluckt. Beraten Sie sich mit Ihrem Tierarzt über Zahnpflegeprodukte, die speziell für Tiere entwickelt wurden (das gibt es!); vielleicht empfiehlt er Ihnen auch einfach Wasserstoffsuperoxid oder ein bewährtes Hausmittel.

Wird Mizzi die Zahnreinigung gelassen über sich ergehen lassen?

Nun, im allgemeinen dürfen Sie nicht von Ihrer Katze erwarten, daß Sie vor Freude einen Luftsprung macht, wenn Sie sich mit Bürste und Paste nähern. Aber ich glaube, den meisten Kindern geht es auch nicht anders. Mit der Zeit gewöhnen sich aber die meisten Kinder an dieses Ritual und wehren sich nicht mehr dagegen. Mizzi wird zwar nie selbst zu Zahnbürste und -seide greifen, aber auch sie wird sich mit der Zeit an die Prozedur gewöhnen und Sie gewähren lassen.

Allerdings sollten Sie nie versuchen, Ihrer Katze die Zähne zu putzen, bevor Sie und Mizzi nicht sonst völlig vertraut sind miteinander und Mizzi es gewöhnt ist, daß Sie allerhand Dinge mit ihr machen. Solange Sie Ihre Katze nicht einmal auf dem Schoß halten können, ohne daß sie sich wehrt, hat es natürlich keinen Sinn, irgendwelche Zahnpflegeversuche zu machen. Erst wenn Mizzi Vertrauen in Sie hat und Sie mit Hilfe der Erziehungsmethoden in diesem Buch soweit sind, daß Sie Mizzi unter Kontrolle haben, können Sie sich ans Zähneputzen machen.

Ein paar Ratschläge bei Problemkatzen

Wenn Ihre Katze vorerst ganz deutlich »Nein!« zum Zähneputzen sagt, legen Sie die Zahnbüste am besten fürs erste wieder weg und gewöhnen Mizzi daran, daß Sie sich mit den Händen an seinem Maul zu schaffen machen. Setzen Sie wie üblich Belohnungen in Form von Leckerbissen, Streicheleinheiten, Worten oder auch einer Massagesitzung ein, damit Mizzi merkt, daß sie keine Angst vor dieser Situation zu haben braucht.

Lassen Sie Zahnbürste, Waschlappen oder Gaze, mit denen sie später Mizzis Zähne reinigen wollen, etwa eine Woche lang unter Mizzis Spielsachen herumliegen, damit er sich in einer entspannten Situation an diese Gegenstände gewöhnt.

Wenn sich Mizzi dann beim zweiten Versuch immer noch wie wild gegen das Zähneputzen wehrt, können Sie es mit einem gutriechenden Köder probieren, mit dem Sie das Reinigungsinstrument einstreichen, z.B. etwas Hühnerbouillon oder Katzenfutter. Die meisten Katzen reagieren darauf sehr positiv.

Beginnen Sie damit, daß Sie Mizzis Mäulchen vorerst nur außen berühren, am Kinn und an den Lippen, und fahren Sie beim ersten Mal noch nicht ins Maul hinein; warten Sie damit zu, bis Mizzi sich beruhigt und etwas an diese neue Situation gewöhnt hat.

Wenn Sie schließlich zum ersten Mal über Mizzis Zähne fahren, sollte es nicht länger als eine oder zwei Sekunden sein. Unmittelbar danach müssen Sie Mizzi überschwenglich loben. Nach jeweils fünf bis zehn Mal auf einer Lernstufe können Sie die Dauer des Bürstens sekundenweise verlängern.

Muß nach jeder Mahlzeit geputzt werden?

Es ist nicht nötig, daß Sie Mizzis Zähne zwei-, drei- oder gar viermal pro Tag putzen; einmal pro Tag genügt vollständig. Falls das für Sie nicht machbar ist, sollten Sie es doch jeden zweiten Tag versuchen.

Gurgeln bitte!
Nun, gurgeln wird Mizzi nicht. Aber vielleicht beißen und kratzen! Sie meint es natürlich nicht böse, aber Sie können natürlich nicht erwarten, daß Mizzi sich in ihrem Maul herumbürsten läßt, wenn Sie sie nicht von Anfang an im Umgang mit Menschen und Situationen vertraut gemacht haben. Nur dort, wo gegenseitiges Vertrauen zwischen Mensch und Tier da ist, wird so etwas wie das Zähneputzen überhaupt möglich.

Und damit hat sich's, ja?
Falsch. Auch wenn Sie regelmäßig zuhause Mizzis Zähne putzen, muß der Tierarzt von Zeit zu Zeit mit seinen professionelleren Methoden nachhelfen, d.h. vor allem die Zähne vom Zahnstein befreien. Geschieht das nicht, besteht weiterhin das Risiko, daß Mizzi mit zunehmendem Alter Zahn- und Zahnfleischprobleme bekommt.

Zahnprobleme im Alter

Diese können zu einem großen Problem werden, wenn man sich nicht darum kümmert. Eine Infektion zum Beispiel kann sich vom Mundbereich im ganzen Körper ausbreiten und Mizzi sehr krank machen. Zahnprobleme können sich aber auch folgendermassen äußern: Wenn Mizzi speichelt, wenn sie unschlüssig neben dem vollen Futterteller steht und zwar am Futter interessiert scheint, jedoch nicht frißt, wenn sie verschiedentlich zur Futterschüssel geht, ohne zu fressen wieder wegläuft und wieder hingeht, dann ist die Vermutung naheliegend, daß sie nicht fressen *kann*, weil etwas im Mundbereich nicht stimmt. Die Idee, einer Katze die Zähne zu putzen, mag zuerst komisch klingen, aber es ist nichts Komisches daran, sondern gehört ganz eindeutig zu Mizzis Gesundheitsvorsorge.

Der katzensichere Haushalt

Nehmen Sie sich einen Moment Zeit und kriechen Sie einmal auf allen Vieren durch Ihre Wohnung, um die Welt aus Mizzi Perspektive zu sehen. Achten Sie auf Dinge, die Mizzi zum Verhängnis werden könnten. Ich wette, Sie finden das eine oder andere, das Ihnen vorher nie aufgefallen ist. Verlängerungskabel zum Beispiel, die verlockend irgendwo herunterhängen, könnten Mizzi zum Spielen verleiten. Die schöne, hochgiftige Dieffenbachia könnte Mizzi zum Verhängnis werden, wenn er spielerisch hineinbeißt. Und so gibt es Dutzende von kleinen Dingen, die selbst vorausschauende Katzenhalter gerne übersehen. Lassen Sie sich von Ihrem gesunden Menschenverstand leiten. Sehen Sie sich alles an, was irgendwie zu Mizzis Leben gehört, und überlegen Sie bei jedem dieser Dinge, ob es Mizzi in irgendeiner Weise schaden könnte. Wenn Sie nach der Inspektion Ihrer Wohnung auf nichts gestoßen sind, haben Sie sehr wahrscheinlich nicht genau hingeguckt.

Lassen Sie keine scharfkantigen Gegenstände auf Tischen oder im Badezimmer herumliegen, auch nicht im Waschbecken. Wenn Mizzi neugierig hinaufspringt, könnte er sich daran die Pfote verletzen. Achten Sie nicht nur auf Messer und Scheren, sondern auch auf Rasierklingen.

Wo versorgen Sie Putzmittel und gifthaltige Lösungen? Steht nicht ein ganzes Arsenal davon unter dem Spülbecken oder auf einem Regal, wo Mizzi ohne weiteres hinkommen kann? Es braucht erstaunlich wenig Gift, um eine Katze umzubringen. Lagern Sie also jegliche gifthaltigen Produkte und auch alle Reinigungsmittel an einem Ort, den Mizzi wirklich nicht erreichen kann oder installieren Sie kindersichere Türschlösser. Ich verzichte hier darauf, Ihnen zu schildern, was mit der armen Katze geschah, die sich an einem Abflußentkalker vergriff. Ich glaube kaum, daß Sie im Detail wissen möchten, wie dieses Zeug Mund, Kehle und Magen dieser armen Kreatur herrichtete.

Fast in jeder Familie gibt es jemanden, der rezeptpflichtige Medikamente schlucken muß. Wo steht die Flasche mit dem Medikament normalerweise? Hoffentlich nicht offen auf dem Nachttisch oder sonst einem Tisch, auf den Mizzi springen kann.

Haben Sie Knochen von Ihrer Mahlzeit in den Müll geworfen? Ist der Müll so verstaut, daß Mizzi nicht dran kommt? Ein kleines Knöchelchen, zum Beispiel vom Huhn, kann sich so unglücklich in einer Katzenkehle verhaken, daß die Katze jämmerlich erstickt. Natürlich dürfen Sie Mizzi überhaupt nie Knochen zum Fressen geben.

Wußten Sie, daß auch herumliegendes Kleingeld zur Todesfalle für Mizzi werden kann? Viele Münzen enthalten Metalle, die auch in kleinen Mengen (etwa wenn Mizzi daran herumschleckt) eine Vergiftung zur Folge haben können.

Behandeln Sie Ihren Rasen mit Unkrautvertilgern, setzen Sie irgendwelche Chemikalien im Garten ein? Damit können Sie nicht nur Ihre eigene Katze umbringen, sondern auch freilebende Tiere oder die Katze Ihres Nachbarn. Es genügt schon eine kleine Menge dieses Giftzeugs, das die Katze sich von den Pfoten schleckt, um sie tödlich zu vergiften.

Geben Sie Ihrer Katze niemals Aspirin (es sei denn, Ihr Tierarzt hat gute Gründe zur Verschreibung). Aspirin kann auf Katzen eine toxische Wirkung haben.

Frostschutzmittel können zu einer großen Gefahr werden, denn der süßliche Geschmack verleitet Tiere zum Schlecken.

Wahrscheinlich muß ich Ihnen nicht mehr sagen, was die Folgen davon sind.

Unzählige Pflanzen im Garten und in der Wohnung sind für Tiere gefährlich, da giftig. Manchmal genügt es bereits, wenn das Tier ein bißchen daran herumnibbelt. Erkundigen Sie sich beim Kauf jeglicher Pflanzen, ob sie giftig sind.

Weihnachtsbäume können für Mizzi eine Gefahr darstellen, wenn sie umfallen oder wenn Anhänger aus Glas oder mit Spitzen und Kanten herunterfallen. Befestigen Sie den Weihnachtsbaum auf jeden Fall mit einer Schnur, so daß er nicht kippen kann, wenn Mizzi ihn neugierig bepfotet. An solchen Festtagen denkt man auch zu wenig an die zusätzlichen Verlängerungskabel, die dann oft benutzt werden. Der Gefahren sind an Weihnachten viele: herunterfallende brennende Kerzen können Mizzi verletzen, Lametta kann ihm in die Luftröhre geraten, dekorative Glasnippes können kaputtgehen und Mizzis Pfoten zerschneiden, und vom Festmahl sind oft auch mehr Knochen übrig als normalerweise. Und nicht zuletzt bedeuten die vielen Besuche, das heißt, das Hin und Her mit offenen Haustüren eine erhöhte Ausreißgefahr.

Füttern Sie einer Katze nie Hundefutter – Hunde und Katzen haben ganz verschiedene Ansprüche, weshalb das entsprechende Futter auch verschieden zusammengesetzt ist.

Wie wir alle wissen, können Katzen auch nicht fliegen (außer in Flugzeugen!). Warum nur enden dann trotzdem so viele Katzen als elendes Häufchen aus Knochen und Fell auf dem Asphalt vor dem Haus? Um Mizzi vor dem Herunterfallen vom Fenstersims zu schützen, müssen Sie unbedingt Netze oder Gitter vor Ihren Fenstern installieren, und zwar so, daß Mizzi sich nicht hindurchzwängen und trotzdem auf den Sims gelangen kann, wenn das Fenster offen steht.

Und noch einmal möchte ich Sie bitten, Ihre Katze niemals unbeaufsichtigt in einem Auto zu lassen. Ein Auto heizt sich schon bei wenig Sonneneinstrahlung schnell so auf, daß ein Tier darin einen jämmerlichen Tod mittels Hitzschlag erleiden kann. Und umgekehrt kann das Autoinnere bei kalten Außentemperaturen auch sehr schnell zum tödlichen Eisfach werden.

Alle Katzenhalter, die mit ihrer Katze nicht zum Tierarzt gehen, gefährden das Wohlergehen ihres Tieres. Die jährliche Routineuntersuchung und das regelmäßige Impfen werden leider nur allzu oft verschoben oder ganz vernachlässigt. Viele Erkrankungen, die in einem späteren Stadium zum Tod führen können, sind aber nur erkennbar, wenn man das Tier regelmäßig einem Tierarzt vorführt.

Beobachten Sie auch, ob Mizzi auf dem Kistchen offensichtlich Mühe hat oder ob eventuell Blut im Urin ist. Harnwegserkrankungen kommen recht häufig vor und entgegen der allgemeinen Annahme nicht nur bei Katern, sondern gelegentlich auch bei Weibchen. Beim geringsten Verdacht auf Harnwegserkrankungen muß die Katze notfallmäßig behandelt werden, denn dabei geht es oft um Leben und Tod.

Werfen Sie einen Blick in Ihre Waschmaschine, Ihren Tumbler, bevor Sie die Maschine starten. Wäschetrommeln sind ein beliebtes Versteck bei Katzen.

Gartengeräte haben vielerlei Zacken und Haken, die leicht ein zartes Katzenpfötchen verletzen oder – schlimmer noch – gar ins Auge gehen können.

Beim Grillieren sollten Sie immer auf Ihre Katze achten, denn angezogen von den wohlriechenden Düften, könnte es ihr einfallen, auf den heißen Grill zu springen. Falls ein Kamin Ihr Heim schmückt, sollten Sie ihn mit Gittern wirklich dicht abriegeln können, so daß die neugierige Mizzi sich nicht etwa in der glühenden Asche verbrannte Pfoten und versengte Haare holen kann.

Vor allem bei kaltem Wetter sollten Sie einmal zünftig auf die Motorhaube Ihres Wagens schlagen, bevor Sie ihn starten, um eine eventuell darunter versteckte (und Wärme suchende) Katze hervorzuscheuchen.

Die meisten Katzen machen sich zwar nichts aus Schokolade, und das ist auch gut so, denn Schokolade enthält Theobromin aus den Kakaobohnen, das einer Katze bei zu großen Mengen schaden kann. Vorsicht deshalb vor allem an Ostern und Weihnachten!

Machen Sie einmal einen Rundgang durch Ihre Garage, Ihren

Keller, Ihren Gartenschuppen. Es stehen sicher überall viele Dinge herum, die Mizzi in irgend einer Weise gefährlich werden könnten. Beruhigen Sie sich nicht mit dem Gedanken, daß Mizzi zur Garage, zum Keller, zum Gartenschuppen ja eh keinen Zutritt hat – einmal könnte es eben doch passieren, daß sie hineinwischt.

Seien Sie vorausschauend
Handeln Sie als Tierhalter verantwortungsvoll und vorausschauend. Versuchen Sie, Risikofaktoren zum vornherein auszuschließen. Gefahrenquellen gibt es aber wie gesagt überall, und man kann nie *alles* voraussehen, deshalb heißt es immer wieder: Augen auf, wenn Sie durchs Haus gehen. Denn Sie möchten doch sicher nicht das Leben Ihres Lieblings auf fahrlässige Weise aufs Spiel setzen.

Ernährungsberatung

Eine gesunde Ernährung ist wichtig

Heutzutage hat eine Katze die Qual der Wahl: Trockenfutter, Dosenfutter, Frischfleisch, Trockenfutter zum Anrühren, Futter mit Magnesium angereichert, ohne Magnesiumzusatz, biologisch-dynamisch, ohne Farbstoffe, ohne Konservierungsmittel, mit pflanzlichen Fetten, mit tierischen Fetten, Kraftfutter, kalorienarm, salzarm, ohne Fisch, mit Rind, mit Geflügel... etc. etc.

Haben Sie sich in letzter Zeit wieder einmal das Angebot an Katzenfutter im Supermarkt angesehen? Du meine Güte! Wie soll man da noch wissen, was für Mizzi gut ist und ihr schmeckt?

Die Antwort auf diese Frage wird wirklich immer schwieriger. Es ist eine gute Sache, daß die Futterhersteller und -berater mehr und mehr ernährungswissenschaftliche Aspekte berücksichtigen, und auch viele Tierärzte sind in dieser Hinsicht sehr gut informiert. Das einzige Problem ist, daß wir so lange so wenig über Tierernährung gewußt haben, daß es wahrscheinlich einige Zeit dauern wird, bis wir uns in diesem Angebot einigermassen zurechtfinden. Das soll natürlich keine Kritik an den Futterherstellern und den Tierärzten von früher sein. Schließlich wurde ja auch viel Geld in die Ernährungsforschung gesteckt. Aber eben – das Bewußtsein, daß Gesundheit und Wohlergehen sehr eng mit gesunder, angemessener Ernährung gekoppelt sind, ist noch relativ neu.

Ich bin mir bewußt, daß die folgenden Ratschläge fast samt und sonders bereits mit der nächsten Publikation der neuesten Forschungsergebnisse in der Tierernährung überholt sein mögen und diese ihrerseits wieder von noch neueren Erkenntissen rasch abgelöst sein werden. Trotzdem – bleiben Sie am Ball, lesen Sie die Etiketten auf den Packungen, sprechen Sie mit Ihrem Tierarzt und – last but not least – lassen Sie Ihren gesunden Menschenverstand zu Wort kommen.

Fortbildung ist das halbe Leben

Die meisten Futterhersteller betreiben eine umfangreiche PR-Abteilung und Kundenservice, die Ihre Anfragen beantworten und Ihnen auch weitere Unterlagen über Ihre Produkte senden. Informieren Sie sich möglichst gründlich, fragen Sie nach, geben Sie sich nicht mit oberflächlichen Antworten zufrieden, machen Sie auf Mißstände aufmerksam. Ich glaube fest ans Sprichwort: Steter Tropfen höhlt den Stein.

Achten Sie darauf, ob Ihr Tierarzt Ernährungsfragen auch wirklich ernst nimmt. Falls nicht – wechseln Sie den Tierarzt. Ein Tier kann nur so gesund und kräftig sein wie die Nahrung, die es aufnimmt. Mangelzustände jeglicher Art können zu gesundheitlichen Problemen führen.

Informieren Sie sich über die vorher erwähnten Harnwegserkrankungen. Viele Tierärzte setzen Katzen mit diesem Krankheitssymptom oder dem Risiko dafür auf Spezialdiät.

Für Jungkatzen, alte Katzen, übergewichtige Katzen und solche mit Herz- oder Nierenschäden können Diätfutter angebracht sein. Verabreichen Sie aber keinerlei Diätfutter ohne gründliche Rücksprache mit dem Tierarzt. Scheuen Sie sich nicht, Ihre Meinung kundzutun und Verantwortung zu übernehmen. Sowohl Sie wie auch der Tierarzt müssen Mizzis Ernährung die angemessene Aufmerksamkeit schenken.

Abwechslung macht das Leben süß

Abwechslung ist unter Umständen die beste Garantie dafür, daß Mizzi eine ausgewogene, gesunde Ernährung genießt. Katzen, die tagein, tagaus immer dasselbe Futter bekommen, sind hundertprozentig davon abhängig, daß dieses Futter immer alle Nährstoffe in ausgewogenen Mengen enthält. Falls Mizzi es verträgt und mag, sollten Sie ihr ruhig drei- bis viermal pro Woche verschiedene Geschmackssorten füttern.

Betteln am Tisch

Als anerkannter Katzenexperte sollte ich jetzt eigentlich ganz streng sagen: Nie und nimmer dürfen Sie Ihrer Katze Essensreste geben! Aber als ebenso erprobter Katzenhalter muß ich in Gottes Namen zugeben, daß Mowdy von Zeit zu Zeit Essensreste von mir bekommt, damit der Hausfrieden erhalten bleibt. Ausschlaggebend ist hier das Maß der Vernunft. Ein Häppchen von Zeit zu Zeit kann sicher nicht schaden, wenn die Ernährung ansonsten ausgewogen und katzengerecht ist. Absolute Zurückhaltung ist allerdings nötig bei stark gewürzten und sehr fetthaltigen Speisen. Wenn Sie also wieder einmal Mizzis großen, bittenden Augen neben Ihnen am Tisch nicht widerstehen können, sollten Sie nicht ein allzu schlechtes Gewissen haben. Achten Sie nur darauf, daß Sie Maß halten.

Garfield versus Suppenkaspar

Bitte sorgen Sie dafür, daß Mizzi nicht Gewichtsprobleme wie der Comics-Kater Garfield bekommt. Falls es schon passiert ist, lassen Sie Mizzi vom Tierarzt gründlich untersuchen und füttern Sie dann weniger (dafür öfter). Sorgen Sie für mehr körperliche Bewegung in Mizzis Leben. Informieren Sie den Tierarzt immer über etwelche Diäten, denen Sie Mizzi unterwerfen, denn er hat vielleicht Grund zu besonderen Anregungen oder Einschränkungen. Wenn Mizzi andererseits fit und fröhlich scheint, Sie jedoch den Eindruck haben, er sei ein schlechter Esser, können Sie beruhigt sein. Offensichtlich genügt die aufgenommene Nahrungsmenge vollständig, um Mizzis Organismus gesund zu halten.

Ob eine Katze zu dick oder zu dünn ist, kann man auch ungefähr erfühlen, indem man sie um den Körper faßt und die Rippen ertastet. Ideal ist, wenn Sie die Rippen eben gerade spüren können, d.h. sie sollten weder spitz hervorstehen noch in ein gewaltiges Fettpolster einbettet sein.

Welch eine Pracht! So machen Sie das beste aus Mizzis Typ.
(Elizabeth Noce)

Wenn Ihnen Ihre Katze wirklich zu mager vorkommt und Sie sich deswegen Sorgen machen, wird sie der Tierarzt auf eventuelle Krankheitssymptome untersuchen. Wenn er daraufhin Mizzi als gesund erklärt, können Sie versuchen, ihren Appetit anzukurbeln, indem Sie pro Tag fünf bis sieben Mahlzeiten füttern. Das gibt zwar etwas mehr Arbeit, aber bei Katzen, die pro Mal nur kleine Portionen fressen mögen, ist es sehr zweckmäßig. Sie können dann ihrer Vorliebe gemäß an dem immer frischen Futter knabbern und kleine Häppchen davon genießen, anstatt sich angewidert von einem Teller voll Futter abzuwenden, das seit zwei Stunden herumsteht.

Trinkt Mizzi auch genug?
Viele Katzen trinken zuwenig, was zu verschiedenen Gesundheitsproblemen führen kann. In diesem Fall können Sie über das Dosenfutter ein bißchen Wasser spritzen, so daß Mizzi zumindest etwas zusätzliche Feuchtigkeit mit dem Futter aufnimmt, oder das Futter sogar zu einer Suppe verdünnen. Milch ist in Ordnung; die meisten Katzen lieben Milch, aber nicht alle vertragen sie (manche bekommen davon Durchfall). Eventuell hilft es, dem Wasser ein bißchen Milch beizumischen, damit es Mizzi eher zum Trinken animiert.

Nehmen Sie Mizzis Ernährung wichtig
Eine ausgewogene Ernährung ist das A und O für Mizzis Gesundheit und Wohlergehen; nur so bleibt Ihre Katze das quicklebendige, liebevolle, aufmerksame Fellbündel, das Sie kennen und lieben.

Machen Sie das beste aus Mizzis Typ

Sicher haben Sie auch schon Vorher/Nachher-Shows am Fernsehen oder entsprechende Reportagen in Frauenzeitschriften gesehen, in denen sich biedere Berufs- und Hausfrauen im Null Komma nichts mit Hilfe des richtigen Kleiderstils und Makeups in Glamourgirls verwandeln. Das Potential zur Schönheit trägt ja jeder Mensch in sich – es gelingt eben nur nicht allen, das beste aus ihrem Typ zu machen. Dasselbe gilt für unsere Mizzi: Längst nicht allen Leuten ist bewußt, wie schön ihre Katze eigentlich ist und wie sie diese Schönheit mit der richtigen Pflege am besten zur Geltung bringen können.

Wenn Mizzi mal ein Bad nötig hat

Warum nur glaubt jedermann, eine Katze müsse man nie baden? Natürlich sind Katzen an sich sehr reinliche Tiere, die sich ausgiebig und oft putzen, aber das ist kein Ersatz für ein Bad. Und bevor Sie jetzt befinden, mit dem Baden gehe ich eindeutig zu weit, sollten Sie mal einen professionellen Katzenzüchter oder Schönheitsrichter an einer Katzenausstellung nach seiner Meinung fragen – Sie werden sehen, daß mir diese Leute einhellig zustimmen.

Vor dem Bad

Natürlich dürfen Sie Mizzi nicht unvorbereitet ins Wasser werfen und erwarten, daß sie erfreut reagiert. Planen Sie für die Vorbereitung auf das Badeerlebnis genügend Zeit ein.

Als erstes gilt es zu entscheiden, welches Waschbecken Sie dafür benutzen wollen. Dann legen Sie eine rutschsichere Matte auf den Boden der Wanne oder des Beckens, damit Mizzi nicht ausrutscht und in Panik gerät.

Als nächstes legen Sie Mizzi ein Halsband um, damit Sie sie besser festhalten können. Dann stellen Sie sie in die noch trockene Wanne. Dies wiederholen Sie ein paar Tage oder Wochen lang, bis Mizzi nichts mehr dabei findet. Falls nötig können Sie ihr ein paar Spielsachen oder etwas Gutes zum Essen mit in die Wanne geben. Die ersten paar Male wird sie sich aber wahrscheinlich noch nicht für diese Köder interessieren.

Als nächstes lassen Sie ganz wenig warmes Wasser in die Wanne (seien Sie vorsichtig mit der Temperatur; das Wasser sollte handwarm sein); nur soviel, daß es Mizzis Zehen benetzt. Auch das üben Sie wieder einige Male.

Zeigen Sie Mizzi die Brause, ohne sie jedoch schon zu benutzen. Nachdem Mizzi sich in der Wanne einigermassen sicher zu fühlen scheint, können Sie ein bißchen Wasser aus der Brause laufen lassen, während Sie die Brause von der Katze weg halten. Wiederholen Sie das, bis Mizzi sich nicht mehr davor fürchtet.

Ab in die Wanne!
Baden Sie Mizzi eher am Morgen, so daß er abends zur Schlafenszeit kein feuchtes Fell mehr hat. Warten Sie einen warmen, sonnigen Tag ab oder aber sorgen Sie dafür, daß die Wohnung schön warm und gemütlich ist.

Bürsten Sie Mizzis Fell gut durch, um reifes und loses Haar zu entfernen. Dazu brauchen Sie unbedingt eine gute Katzenbürste. Bürsten Sie sowohl mit wie gegen den Strich, und bleiben Sie nicht an der Oberfläche, sondern bürsten Sie gründlich bis zum Haaransatz hinunter. Fahren Sie dann mit einem feuchten Tuch über das Fell, wiederum mit und gegen den Strich; damit entfernen Sie weitere lose Haare.

Schützen Sie Mizzis Ohren mit je einem kleinen, mit etwas Speiseöl gefetteten Wattebausch, damit ihm kein Wasser in die Ohren fließt. Falls Mizzi sich dagegen wehrt, müssen Sie das Einlegen der Wattebäusche so lange außerhalb der Badewanne üben, bis Mizzi sich daran gewöhnt hat.

Manche Leute fetten auch die Umgebung der Augen mit einem Tröpfchen Öl ein, damit diese empfindliche Partie gegen Wasser und Shampoo geschützt ist.

Shampoonieren Sie Mizzi mit einem speziellen Shampoo für Katzen. Es gibt Dutzende davon auf dem Markt, wählen Sie also möglichst ein mildes, das auch nicht in den Augen brennt. Falls Mizzi unter trockener Haut leidet oder vielleicht Flöhe hat, sollten Sie ein entsprechendes Produkt wählen. Lesen Sie vor dem Gebrauch aufmerksam die Gebrauchsanweisung durch. Spülen Sie mit viel klarem Wasser nach, bis auch der letzte Rest aus Mizzis Fell ist.

Falls Mizzi sehr schmutzig war, können Sie das Fell ein zweites Mal shampoonieren und spülen.

Danach müssen Sie die Katze unbedingt mit einem Frottétuch abreiben. Falls Mizzi nichts gegen den Haartrockner einzuwenden hat, um so besser. Gewöhnen Sie ihn daran, indem Sie ihm den Trockner vorerst nur zeigen, ohne ihn laufen zu lassen, und ihn dann in einiger Entfernung von Mizzi laufen lassen. Langsam können Sie dann mit dem Trockner näher heranrücken. Achten Sie immer darauf, daß die Luft nicht zu heiß wird, das heißt, lassen Sie den Trockner nur auf der unteren Stufe laufen.

Bürsten Sie Mizzis Fell während des Trocknens immer wieder locker durch. Und schon sind Sie stolzer Besitzer einer wunderbar sauber-duftigen Katze!

Die Tricks der Berufsfriseure

Zwischendurch, d.h. zwischen zwei Badeterminen, können Sie Mizzis Fell mit etwas Maisstärke (das perfekte Trockenshapmoo!) durchbürsten und luftig glänzend erhalten.

Wenn Ihre Katze ein helles Fell hat und einen hartnäckigen Fleck darin, können Sie es mit verdünntem Zitronensaft versuchen, mit dem Sie den Fleck betupfen. Am besten tun Sie das vor einem Bad. Die Zitronensäure bleicht die meisten Flecken weg.

Mizzis Maniküre

Die meisten Leute haben Angst, Mizzi Zehennägel zu schneiden. Eigentlich ganz grundlos, denn wenn Ihre Katze mit Ihnen gut vertraut ist und sich problemlos berühren läßt (siehe auch das Kapitel über das Massieren), ist auch das Nägelschneiden keine große Sache. Es gibt dabei ein ganz einfaches Rezept: Schneiden Sie immer nur die äußersten Spitzen weg und lassen Sie sich nicht dazu verführen, zuviel aufs Mal wegzuschnippeln. Warten Sie etwa zwei Wochen zu und schneiden Sie dann wiederum nur die äußersten Spitzen weg. Auf diese Weise besteht keine Gefahr, daß man ein Blutgefäß anschneidet, wie so viele Leute befürchten. Vielleicht können Sie (bei einem hellen Nagel) sogar sehen, wo das Blutgefäß endet.

Benutzen Sie einen Clipper, der speziell für Katzen gedacht ist (und ja keine Schere!) und halten Sie für alle Fälle ein blutstillendes Mittel bereit. Beides sollten Sie in einem guten Zoofachgeschäft erhalten. Und wenn Sie einmal wirklich zu tief schneiden und es blutet – es gibt Schlimmeres. Natürlich tut es ein bißchen weh, etwa so, wie wenn wir einen Nagel unterhalb des vorstehenden Randes abreißen. Das ist nicht angenehm, aber es ist zu überleben. Und es kann auch dem besten Profi – Tierarzt oder Tierfriseur – passieren, daß er einen Nagel zu tief schneidet und es blutet.

Der große Vorteil, wenn man Mizzis Nägel selbst schneidet, ist der, daß man sie jederzeit in der richtigen Länge und in gutem Zustand halten kann. Auch der Tierarzt oder Friseur kann viel zu lange Nägel nicht in einer Sitzung auf die richtige Länge zurückschneiden, weil er sonst sicher das Blutgefäß verletzt. Das heißt, daß Sie überlange Nägel in mehreren Sitzungen auf die richtige Länge zurückstutzen lassen müssen, was natürlich nicht sehr praktisch ist.

Das erste Mal können Sie das Nägelschneiden ja im Beisein des Tierarztes oder Katzenfriseurs üben. Nur Mut!

Auch Mizzis Ohren sollten Sie ihre Aufmerksamkeit schenken!

Kranke Ohren riechen in den meisten Fällen ziemlich unangenehm. Deshalb sollten Sie von Zeit zu Zeit Ihre Nase in Mizzis Ohren stecken, um damit eventuell eine beginnende Infektion möglichst früh zu entdecken. Falls Ihnen der Geruch suspekt vorkommt, müssen Sie natürlich den Tierarzt konsultieren.

Zum gelegentlichen Reinigen nehmen Sie am besten wieder einen mit etwas Öl geschmeidig gemachten Wattebausch, mit dem Sie lediglich die Ohrmuschel sanft ausreiben. Fahren Sie bitte auf keinen Fall in den Gehörgang hinein – das ist Sache des Tierarztes, denn die Verletzungsgefahr ist dort sehr groß, und außerdem stoßen Sie nur den Schmalz in den engen Gehörgang und verstopfen ihn.

Falls Ihre Katze überdurchnittlich viele Haare um den Gehöreingang hat und sich immer wieder viel Schmutz und Schmalz darin sammelt, können Sie die Haare etwas schneiden – aber sachte. Und bitte fahren Sie mit der Schere niemals ins Ohr hinein!

Flohbefall

Du lieber Gott – jetzt hat die Katze auch noch Flöhe, und die ganze Familie kratzt sich wund! Nun – versuchen Sie möglichst, Flöhen, Zecken & Co. zuvorzukommen, bevor es so weit ist. Wichtig ist, daß Sie etwas tun, bevor Flöhe und Zecken Ihren ganzen Haushalt bevölkern, d.h. schon dann, wenn Sie den ersten Floh oder die erste Zecke auf Mizzi vermuten respektive sehen. Da Zecken Hirnhautentzündung hervorrufen können, ist ihre rechtzeitige Bekämpfung besonders wichtig.

Jedermann hat wieder sein eigenes Geheimrezept gegen Ungeziefer. Es gibt Flohhalsbänder, Shampoos, Sprays, Puder, Stifte... Was immer Sie benutzen, lesen Sie die Packungsbeilage gründlich und sorgfältig durch. Wenn Sie ein giftiges Produkt benutzen, müssen Sie natürlich besonders verantwortungsvoll damit umgehen. Etwas zuviel des Guten, oder bei einem ganz jungen oder sehr alten Tier angewandt, kann ein solch scharfes Produkt zu schädlichen Nebenwirkungen oder sogar zum Tod führen. Äußerste Vorsicht ist also angebracht.

Leider vergessen viele Leute, daß es ganz wichtig ist, nicht nur das Tier zu behandeln, sondern auch die ganze Umgebung, in der es sich üblicherweise aufhält. Es hilft gar nichts, wenn Sie allen Flöhen in Mizzis Fell den Garaus machen, den Teppichboden, die Polstermöbel und Ritzen in den Wänden aber unbehandelt lassen. Die flinken Flöhe werden aus ihren Verstecken sehr bald wieder den Weg in Mizzis Fell finden, immer wieder. In besonders hartnäckigen Fällen müssen Sie vielleicht einen professionellen Kammerjäger kommen lassen, der dem Ungeziefer von Grund auf zu Leibe rückt. Das heißt natürlich, daß Sie und alle anderen Lebewesen für eine Weile ausziehen müssen.

Saugen Sie die ganze Wohnung eine Weile nach dem Einsatz eines Bekämpfungsmittels gründlich, vor allem Ecken, Ritzen, Spalten und ähnliches. Werfen Sie den Staubsaugerbeutel nach dem Saugen sofort weg.

Falls der Flohbefall im Haus schon extrem hoch ist, müssen Sie das ganze Prozedere wahrscheinlich nach einigen Wochen wiederholen.

Der natürliche Weg
In den letzten Jahren hat sich erwiesen, daß auch manches Produkt auf natürlicher Basis gut gegen Flöhe wirkt, wobei einige dieser Produkte jedoch andere Nachteile haben. Falls Sie sich für ein solches Mittel ohne Chemikalien interessieren, sollten Sie mit einem Tierarzt darüber sprechen, der homöopathisch arbeitet. Beschaffen Sie sich möglichst aktuelle Informationen über das Mittel, das Sie anwenden möchten, bevor Sie sich dafür entscheiden.

Welch eine Schönheit!
Nachdem Sie Mizzi gebadet, gebürstet und eventuell auch von Ungeziefer befreit haben, werden Sie sehen, wie stolz Mizzi ist. Sie glauben mir nicht? Probieren Sie' s aus, machen Sie das Beste aus Mizzi. Sie wird Ihnen die Mühe belohnen.

Erste Hilfe wenn Mizzi einen Fremdkörper verschluckt hat

Wenn Sie Mizzi dabei überraschen würden, wie sie soeben einen Fremdkörper verschluckt hat und keine Luft mehr bekommt, wüßten Sie, was zu tun ist? Der Durchschnittskatzenhalter hat leider keine Ahnung, wie er seiner Katze das Leben retten könnte. Wahrscheinlich haben Sie schon gehört oder gesehen, was man in einem solchen Fall zu tun hat, wenn ein Mensch am Ersticken ist. Bei einer Katze kann man ein ganz ähnliches Verfahren anwenden, und jeder Katzenbesitzer sollte es kennen. Bereiten Sie sich also auf das Unvorhergesehene vor, wenn Sie Mizzi dabei überraschen, wie sie einen Fremdkörper verschluckt oder ihr ganz einfach beim Essen etwas in den falschen Hals geraten ist.

Wenn Erstickungsgefahr droht
Öffnen Sie Mizzis Maul und schauen Sie, ob Sie den Fremdkörper sehen können. Wenn ja, können Sie ihn vielleicht mit den Fingern herausziehen.

Falls Mizzi bei Bewußtsein ist, kann es passieren, daß Sie dabei einen Biß oder Kratzer abbekommen. Ich persönlich mache mir in einer solchen Notfallsituation keine Gedanken darüber, ob ich gebissen oder gekratzt werden könnte, denn ich möchte einfach alles versuchen, um dem Tier das Leben zu retten.

Falls der Fremdkörper ein Faden ist, versuchen Sie sich zu erinnern, ob eine Nadel an dem Faden war. Viele Fachleute sind nämlich der Meinung, es sei in diesem Fall besser, den Faden zu belassen, wo er ist, damit man die verschluckte Nadel finden kann.

Der Heimlich-Griff: Wiederbelebungsversuche bei Erstickungsgefahr

Bleiben Sie möglichst ruhig. Legen Sie Mizzi auf einer festen Unterlage auf die Seite. Lokalisieren Sie die letzte Rippe. (Lassen Sie sich vorher einmal vom Tierarzt zeigen, wo die sitzt). Legen Sie beide Hände knapp hinter dieser Rippe auf Mizzis Körper. Drücken Sie jetzt mit beiden Händen rasch und kräftig nach unten. Lassen Sie sich vorher einmal vom Tierarzt zeigen, wie fest Sie drücken dürfen. Versuchen Sie, die Hände etwas nach vorne zu verschieben, während Sie hinunterdrücken. Nehmen Sie jetzt den Druck rasch weg. Wiederholen Sie das Hinunterdrücken und Loslassen ein paar Mal rasch hintereinander. Öffnen Sie Mizzis Maul und schauen Sie, ob Sie den Fremdkörper jetzt aus Mizzis Kehle angeln können. Wenn Sie Helfer zur

Seite haben, kann jemand Mizzis Brustkorb hinunterdrücken (wie oben beschrieben), während jemand anderes versucht, den verschluckten Gegenstand aus dem Hals zu fischen. Rufen Sie unverzüglich einen Tierarzt an, auch wenn Sie das Gefühl haben, Mizzi sei wieder ganz in Ordnung.

Besprechen Sie Erste-Hilfe-Maßnahmen immer mit Ihrem Tierarzt, bevor der Notfall eintritt. Bitte tun Sie mir, sich selbst und Ihrer Katze einen Gefallen: Legen Sie das Buch einen Moment weg und rufen Sie Ihren Tierarzt jetzt gleich an, um einen Termin mit ihm auszumachen, bei dem er Ihnen zeigen wird, wie die oben beschriebene Technik anzuwenden ist. Wer weiß: Vielleicht ist dieser Termin eines Tages lebensrettend für Mizzi.

Konsultieren Sie bei ernsthaften Gesundheitsproblemen immer einen zweiten Tierarzt

Wenn es ernsthafte Probleme mit Mizzis Gesundheit gibt, sollten Sie grundsätzlich mehr als einen Tierarzt zu Rate ziehen. Viele Tierhalter haben zwar Hemmungen, einen zweiten Arzt zu konsutieren, weil sie ihren Veterinär nicht beleidigen wollen, aber die meisten Tierärzte werden Ihnen deswegen sicher keine Vorwürfe machen, sondern es vom fachlichen Standpunkt her sogar willkommen heißen. Sollte Ihr Tierarzt aber doch ärgerlich reagieren, wenn Sie ihm sagen, daß Sie vor der Entscheidung noch die Meinung eines zweiten Fachmannes beiziehen wollen, ist es sowieso höchste Zeit, den Tierarzt zu wechseln. Schließlich ist Mizzi ja ein vollwertiges Familienmitglied, und bei einem menschlichen Familienmitglied würden Sie bei Bedarf sicher auch die Meinung eines zweiten Arzt beiziehen, oder nicht? Es ist nur gerecht, daß Mizzi dieselbe Chance bekommt wie jedes andere Familienmitglied.

Wann ist eine zweite Meinung sinnvoll?
Auf jeden Fall immer dann, wenn eine Operation nötig wird.

Des weiteren immer dann, wenn es Mizzi trotz tierärztlicher Behandlung nicht besser geht.

Und schließlich immer dann, wenn Ihre innere Stimme Ihnen sagt, daß etwas nicht stimmt mit dem Tierarzt oder seiner Behandlung. Hören Sie auf diese innere Stimme – sie hat meistens recht.

Wer kommt für eine zweite Begutachtung in Frage?
Eigentlich sollte die Frage vielmehr lauten: Wer kommt dafür *nicht* in Frage? Nun, das sind sicher alle Personen, die in derselben Praxis arbeiten wie Ihr Tierarzt, sowie alle, die Ihr Tierarzt von sich aus empfiehlt oder die er einfach ein bißchen zu gut kennt. Ich will damit nicht sagen, daß man Sie bewußt übers Ohr hauen will, aber es ist einfach so, daß Leute, die zusammen arbeiten oder oft zusammen diskutieren, grundsätzlich dieselben Ansichten haben. Was Sie jedoch brauchen, ist eine völlig unbelastete Meinung aus anderem Blickwinkel.

Die Hilfe eines Spezialisten
Sobald es um einen medizinischen Spezialfall geht, sollten Sie einen Spezialisten konsultieren. Es gibt heute für die verschiedensten Fachgebiete Spezialisten: Allergien, Krebserkrankungen, Herz-/Kreislaufprobleme, etc. Es gibt auch Tierärzte, die sich völlig auf Katzen spezialisiert haben.

Am besten erkundigen Sie sich in den Tierkliniken der großen Städte nach den entsprechenden Spezialisten.

Was tun, wenn Sie mit der Meinung des zweiten Arztes nicht einverstanden sind?
Das kommt recht häufig vor. Wenn Sie Ihre Zweifel haben, zögern Sie nicht, noch eine dritte, wenn nötig auch eine vierte Meinung von anderen Ärzten einzuholen. Damit meine ich natürlich nicht, daß Sie wahllos so viele Tierärzte konsultieren, bis Sie genau das zu hören bekommen, was Sie hören *möchten*, und dabei eine Menge Geld verschwenden. Was ich aber damit meine, ist dies: Sehr oft wissen die Halter des kranken Tieres am besten, wo es fehlt, denn sie kennen Ihr Tier; nur fehlt Ihnen halt

das nötige Fachwissen. Und so kommt es, daß die leise innere Stimme eines Tierhalters richtiger rät als alle Fachleute zusammen.

Hören Sie also nicht nur auf die medizinischen Fachleute, sondern auch auf Herz, Verstand und eben diese innere Stimme.

Alternativmedizin: Akupunktur, Chiropraktik und andere ganzheitliche Methoden

Heute ist im tiermedizinischen Sektor einiges im Tun, und ich finde, jeder Tierhalter sollte sich über die neuen Erkenntnisse auf dem Laufenden halten. Manche Ärzte verhalten sich nämlich ein wenig wie Schubkarren: Sie sind zwar Träger des neuesten Wissens, aber man muß sie stoßen, das heißt, der Anstoß, auch mal etwas Neues auszuprobieren, muß oft vom Patienten her kommen. Ich will damit keineswegs sagen, daß diese Ärzte inkompetent sind, aber oft ist es doch so, daß ein gut informierter Besitzer mit seinen Fragen und Anregungen einen Tierarzt erst zur Höchstleistung bringt. Es kann also nicht schaden, wenn Sie den Tierarzt wissen lassen, daß Sie gut informiert und auf dem Laufenden sind.

Und was in letzter Zeit so läuft auf dem medizinischen Sektor ist hochinteressant. Viele neue Methoden (die eigentlich gar nicht neu sind, sondern nur lange Zeit vergessen und totgeschwiegen wurden) stoßen heute auf breiter Ebene auf offene Ohren, und davon können nicht zuletzt unsere Haustierpatienten profitieren.

Ich möchte die konventionelle Medizin keinesfalls missen und finde sie nach wie vor von erstrangiger Bedeutung, aber es gibt Fälle und Situationen, wo die Alternativmedizin die Schulmedizin sinnvoll ergänzen kann.

Ganzheitliche Medizin
Unsere Welt als solche ist etwas Ganzheitliches. Ein Veterinär, der ganzheitlich arbeitet, trägt dem Rechnung, indem er das

ganze Tier anschaut und behandelt und sich nicht bloß auf die auftretenden Krankheitssymptome konzentriert. Er ist der Meinung, daß es für eine erfolgversprechende Behandlung absolut notwendig ist, daß er die Lebensumstände des Tieres miteinbezieht: Ernährung, Bewegung, Gestaltung des Heims, Streßfaktoren, ja, sogar die psychische Struktur der Familie. Das ist sicher ein sehr interessanter Ansatz, und viele Tierhalter glauben zumindest bis zu einem gewissen Grad an die Relevanz dieser Faktoren. Früher hörte man oftmals Klagen darüber, daß den Tiermedizinern der ganzheitliche Ansatz fehlte, während heute ganzheitliche Tiermedizin in aller Munde ist.

Ganzheitliche Veterinäre streichen die Wichtigkeit eines ausgewogenen Verhältnisses von Vitaminen, Spurenelementen und chemiefreier Ernährung hervor. Bei Krankheit verschreiben sie deshalb oft Vitamine und Spurenelemente, um den Heilungsprozeß oder das Immunsystem zu unterstützen. Manche ganzheitlichen Tierärzte arbeiten auch mit Kräutern und Pflanzenextrakten. Das hat nichts mit schwarzer Magie oder ähnlichem zu tun, sondern ist durchaus sinnvoll, denn auch viele traditionelle Medikamente der Humanmedizin gehen auf die heilenden Kräfte von Pflanzen, Wurzeln und Kräutern zurück.

Akupunktur

Jahrhundertelang wollte die westliche Schulmedizin nichts von der östlichen Kunst der Akupunktur wissen. Jetzt scheint man auch hier bereit für dieses Wissen zu sein. Bei der Akupunktur werden feine Nadeln an bestimmten Körperstellen in die Haut gesteckt, um Blockierungen zu lösen und den Heilungsprozeß über gewisse Sinnesbahnen zu ermöglichen. Akupunktur wird heute von der Veterinärszunft allgemein anerkannt, wenn auch nicht überall ohne Skepsis. Aber immer mehr führende Veterinärkliniken arbeiten mit Akupunktur und verhelfen diesem uralten Wissen zu mehr Glaubwürdigkeit.

Chiropraktik

In der Humanmedizin ist die Chiropraktik heute sehr weit verbreitet. Das war vor einigen Jahren noch nicht so: Da mußten sich die Chiropraktoren noch mehrheitlich gegen den Vorwurf der Quacksalberei wehren. Heute schickt auch manch ein Schulmediziner seine Patienten zum chiropraktisch arbeitenden Kollegen, und viele Versicherungen übernehmen die Behandlungskosten. Es überrascht bei einer solchen Kehrtwende eigentlich nicht, daß auch in der Veterinärmedizin vermehrt von der Chiropraktik profitiert wird, nur gibt es noch nicht viele Tierärzte, die in dieser Kunst geübt sind. Dafür gibt es Chiropraktoren, die neben Menschen eben auch Tiere behandeln. Wenn der betreffende Chiropraktor fundierte Kenntnisse der Anatomie des behandelten Tieres hat und unter der Aufsicht eines Tierarztes gearbeitet hat, mag das eine akzeptable Lösung sein. Meine einzige Sorge ist die, daß auch Chiropraktoren ohne gründliche Kenntnisse der tierischen Anatomie sich an Hund und Katz zu schaffen machen könnten.

Seien Sie wählerisch
Zum Glück haben wir heute die Möglichkeit, auch für unsere Tiere die Alternativmedizin hinzuzuziehen, und viele der in ganzheitlicher Medizin spezialisierenden Tierärzte haben sich einen guten Namen gemacht. Aber auch hier gilt, wie auf jedem Gebiet, das sich plötzlicher Popularität erfreut: Augen auf und Vorsicht bei »Spezialisten«, die Ihnen suspekt vorkommen. Halten Sie sich wie gesagt auf dem Laufenden über die Fortschritte in der Veterinärmedizin, denn sehr wahrscheinlich wird auch Ihre Mizzi irgendwann einmal davon profitieren können – aber hüten Sie sich vor den schwarzen Schafen.

Katzen-Senioren: Wie können Sie Mizzi zu einem schönen Lebensabend verhelfen?

Es ist nicht zu übersehen, wenn Mizzi altert, und wenn wir es nicht am tiefer hängenden Bauch bemerken, dann doch spätestens beim Blick auf den Kalender. Immer öfter gönnen sich unsere einst springlebendigen Fellknäuel ein kleines Nickerchen an der Sonne.

Während Mizzi langsam und fast unmerklich in die besten Jahre kommt, geschehen viele Veränderungen in ihrem Körper, wovon manche unvermeidlich sind. Obwohl der Alterungsprozeß irreversible Veränderungen im Körper und manchmal auch im Verhalten mit sich bringt, läuft er doch bei jedem Individuum wieder anders ab. Jede Katze hat ihre eigene biologische Uhr; einige leben zehn bis fünfzehn Jahre, andere werden über zwanzig Jahre alt. Das ist zu einem guten Teil Glückssache und hat mit erblichen Faktoren zu tun. Zu einem kleineren Teil hängt es auch von den Lebensumständen ab, die der Besitzer seinem Tier bietet.

Probleme kann es dann geben, wenn die Besitzer die Anzeichen für das fortgeschrittene Alter ihrer Katze einfach ignorieren, wahrscheinlich unbewußt deshalb, weil sie nicht wahrhaben wollen, daß der geliebte Mizzi älter wird. Wie schön wäre es doch, Mizzi würde unsterblich leben, der letzte Abschied würde nie kommen!

Andere Tierhalter glauben, daß das Leben ein Zyklus ist wie die Jahreszeiten und daß man gewisse Dinge einfach akzeptieren muß, wenn Mizzi im Herbst oder Winter seiner Jahre angelangt ist. Ich persönlich bin jedoch der Meinung, daß man seiner alternden Katze das Leben im Alter auf vielerlei Art und Weise verschönern und erleichtern kann, daß man also durchaus etwas tun kann. Indem Sie Mizzi im Alter speziell sorgfältig und umsichtig pflegen, können Sie sowohl Dauer wie Qualität seiner fortgeschrittenen Jahre positiv beeinflussen.

Der Nächste bitte!
Das Einfachste, was Sie tun können und das Wichtigste, was Sie tun müssen ist etwas, was leider nur zu oft versäumt wird, nämlich die regelmäßige Kontrolle ihrer alternden Katze durch den Tierarzt. Und das heißt von einem gewissen Alter an mehr als einmal pro Jahr; mindestens zweimal sollte es schon sein, besser noch drei- bis viermal. Auf diese Weise ersticken Sie altersbedingte Probleme im Keim. Suchen Sie sich einen Tierarzt aus, der weiß, wie wichtig die Präventivmedizin bei einem alternden Tier ist. Geben Sie sich nicht mit einer oberflächlichen

Untersuchung und der Versicherung zufrieden, daß Mizzi soweit nichts fehlt.

Das erste Organ, das im Alter Probleme ergibt, sind oft die Nieren. Mizzi sollte deshalb bei jeder Tierarztkontrolle einem einfachen Bluttest unterzogen werden, damit die Funktionstüchtigkeit der Nieren überprüft werden kann, denn als Blutreiniger des Körpers sind sie untentbehrlich. Jeder Leistungsabfall sollte so früh wie möglich erkannt werden, damit Maßnahmen ergriffen werden können, bevor die Nieren ganz schlapp machen.

Erkundigen Sie sich betreffend Ernährung der alten Katze. Es kann sein, daß die altersschwachen Organe die Nahrung nicht mehr so verarbeiten können, wie sie eigentlich sollten. Entsprechende Anpassungen mit Hilfe von Spezialfutter und Diäten können deshalb Mizzis Lebensabend äußerst günstig beeinflussen.

Besprechen Sie mit Ihrem Tierarzt auch, ob es sinnvoll wäre, Ihrem Senior zusätzlich etwas Spurenelemente und ein Vitaminpräparat zu geben. Ich bin kein Anhänger von allzu vielen Vitamin- und anderen Zusatzpräparaten, aber ich gebe meinen alten Tieren üblicherweise eine kleine Dosis eines bewährten Multivitaminpräparates. Schließlich funktioniert bei den alten Herrschaften alles ein bißchen langsamer und weniger effizient, und auch die Eßgewohnheiten werden manchmal etwas einseitig. In dieser Situation kann ein gutes Zusatzpräparat genau das sein, was der Organismus zur Stärkung braucht – etwa wie die gute alte Hühnerbouillon, wenn man krank ist. Und wenn es nichts nützt, so schadet es doch nichts. Es kann sein, daß Ihr Tierarzt etwas anderes vorschlägt, vor allem, wenn sich bei Mizzi schon gewisse Symptome zeigen; sprechen Sie also auf jeden Fall zuerst mit ihm, bevor Sie sich für ein Präparat entscheiden.

Ganz wichtig ist auch, daß Sie ein wachsames Auge auf den Zahnzustand Ihrer alternden Katze achten. In diesem Alter kann sich eine Infektion im Mundbereich sehr nachteilig auswirken.

Beobachten Sie aufmerksam, ob Mizzi eventuell plötzlich ein überdurchschnittliches Bedürfnis nach Wärme hat. Natürlich liegen alle Katzen gern an der wärmenden Sonne oder in einem warmen Luftzug, aber wenn es Mizzi plötzlich auffallend öfter macht, sollten Sie den Tierarzt darauf ansprechen; es könnte sein, daß Mizzis inneres Thermometer nicht mehr ganz richtig geht.

Nicht zu dick, nicht zu dünn...
Der Magen einer älteren Katze verträgt oftmals nicht mehr so viel Nahrung aufs Mal wie früher. Offerieren Sie Mizzi deshalb öfter kleinere Mahlzeiten. Manche älteren Semester mögen am liebsten mal hier ein Häppchen, mal da ein Schnäppchen statt einer oder zweier großer Mahlzeiten pro Tag. Achten Sie sorgfältig darauf, ob Mizzi vielleicht Gewicht verliert, denn das könnte unter Umständen ein erstes Anzeichen für eine beginnende Krankheit sein. Etwa einmal pro Woche sollten Sie Mizzi wägen (wägen Sie zuerst sich selbst, dann zusammen mit Mizzi; die Differenz ergibt Mizzis Gewicht). Denken Sie daran, daß schon ein Gewichtsverlust von einem oder sogar einem halben Pfund für ein so kleines Tier ernste Folgen haben könnte.

Eine Katze mit großem Bauch sollte abspecken, aber das gilt nicht für den prallen, runden Bauch einer jungen, gesunden Katze oder den herabhängenden Altersbauch, der eine Folge der erschlaffenden Muskulatur ist und nichts mit Übergewicht zu tun hat.

Alte Katzen trinken oft zu wenig. Es ist aber äußerst wichtig, daß sie genug trinken, um den Organismus durchzuspülen. Fügen Sie dem Dosenfutter etwas Wasser bei – viele Katzen mögen es, wenn das Futter eine suppige Konsistenz hat. Trinkt Ihr Veteran im Gegenteil auffallend viel Wasser, muß der Tierarzt abklären, ob das einen krankhaften Grund hat, wie etwa Diabetes.

Achten Sie auf eventuelle Veränderungen der Seh- und Hörtüchtigkeit. Alte Katzen verlieren oft einen Teil des Seh- oder Hörvermögens. Der Verlust des Sehvermögens äußerst sich manchmal darin, daß das Tier urplötzlich stehen bleibt, wenn es in einen anderen Raum kommt oder wenn das Licht im Raum wechselt, so als ob es sich zuerst wieder zurechtfinden müßte, bevor es weitergehen kann. In schlimmeren Fällen werden Sie natürlich erleben, daß Mizzi auch in Dinge hineinläuft, vor allem, wenn etwas an einem unüblichen Ort steht.

Das Hörvermögens kann zuhause recht einfach getestet werden. Klatschen Sie einmal in die Hände oder schlagen Sie mit einem Löffel gegen einen metallenen Gegenstand, wenn Sie sich hinter Mizzi befinden und sie Sie nicht bemerkt hat; halten Sie das Geräusch so leise wie möglich. Wenn Mizzi das leise Klatschen nicht hört, wiederholen Sie es so lange immer etwas lauter, bis die Katze reagiert.

Ist Ihnen vielleicht aufgefallen, daß Mizzi viel mehr miaut als früher? Es kommt nämlich vor, daß Katzen mit Hörproblemen viel öfter und lauter miauen, weil sie sich einfach nicht mehr so gut hören können wie früher.

Auch wenn Ihr Liebling im Alter unter Hör- oder Sehschwäche leidet, ist das kein Grund zum Verzweifeln. Die allermeisten Haustiere gewöhnen sich erstaunlich gut an eine solche Behinderung. Lassen Sie Ihrer betagten Mizzi nur etwas Zeit, und Sie werden sehen, wie gut sie sich anpaßt.

Knoten und Knötchen
Mit Krebs läßt sich natürlich auch bei Katzen nicht spaßen, vor allem, wenn sie in einem gewissen Alter sind, aber Sie sollten nicht gleich bei jedem kleinen Knötchen, das Sie spüren, in Panik ausbrechen. Viele dieser Knoten sind gutartige Geschwüre. Den Tierarzt konsultieren sollten Sie natürlich dennoch immer. Auch wenn es sich wirklich um einen bösartigen Tumor handeln sollte – es gibt heute so gute Behandlungsmöglichkeiten, daß eine Krebsdiagnose nicht immer gleich das Schlimmste bedeuten muß.

Hoppla – wieder daneben!
Wenn Mizzi im Alter plötzlich neben das Klo macht, obwohl er sonst immer reinlich war, sollten Sie den armen alten Kerl nicht zu hart anfassen. Es kann nämlich sein, daß Mizzi einfach nicht mehr ganz alles unter Kontrolle hat und es dann nicht immer rechtzeitig bis aufs Katzenklo schafft. Sie können Mizzi entgegenkommen, indem Sie je nach Grösse Ihrer Wohnung noch ein

bis zwei zusätzliche Kistchen aufstellen. Stellen Sie auf jeden Fall auf jedem Stock ein Klo auf, denn unser Senior schafft die zwei Treppen in den Keller hinunter vielleicht einfach nicht mehr, wenn ihn im zweiten Stock oben plötzlich ein kätzisches Bedürfnis packt. Und auch wenn Sie noch so irritiert sind: Denken Sie bitte daran, daß es auch Ihrer einst so reinlichen Katze höchst unangenehm ist. Die Scham und Erniedrigung kann Mizzi auch moralisch schwer zusetzen und ihn seelisch aus dem Gleichgewicht bringen.

Wenn die Unsauberkeit permanent wird oder wenn die Katze ihr Geschäft partout nicht im Klo, sondern in nächster Nähe davon verrichtet, sollten Sie ihr ein Kistchen mit niedrigerem Rand zu beschaffen versuchen, denn manchmal schaffen es die älteren Semester einfach nicht mehr, über den hohen Rand zu klettern. Vielleicht müssen Sie sogar selbst Hand anlegen und Mizzi ein altersgerechtes Kistchen mit niederem Rand und bequemem Einstieg basteln. Natürlich wird bei niedrigerem Rand mehr Katzenstreu aus dem Kistchen auf dem Boden rund um das Klo landen, aber wenn Sie dafür nichts Unappetitlicheres mehr auf dem Boden finden, werden Sie diesen kleinen Nachteil sicher gerne in Kauf nehmen. Vor allem aber kann es helfen, Mizzis Selbstwertgefühl aufrechtzuerhalten, und das ich wohl das Wichtigste daran.

Auch Katzen, die ihr Geschäft üblicherweise im Freien erledigen, sollten im Alter ein Kistchen im Haus drinnen haben, am besten in der Nähe ihrer Katzentür. Das kann vor allem nachts sehr willkommen sein, wenn Mizzi zwischendurch mal muß. Außerdem haben Sie so etwas Kontrolle darüber, ob Urin und Stuhl Ihrer Katze normal sind. Vielleicht haben Sie Ihre Zweifel, daß eine Katze, die sich immer draußen versäuberte, noch lernen wird, ein Kistchen zu benutzen. Die meisten Katzen kapieren aber sehr schnell, daß dies eine Alternative zu draußen sein kann, vor allem, wenn sie schon immer sehr auf Sauberkeit bedacht waren. Sollte Ihr Senior aber wider Erwarten nichts mit dem Kistchen anfangen können oder trotz Ihrer Bemühungen unsauber bleiben, konsultieren Sie am besten nochmals den Abschnitt über Katzenklo-Probleme im 5. Kapitel.

Halten Sie die Augen offen für eventuelle drastische Veränderungen in Mizzis Verdauung; wenn Häufigkeit oder Konsistenz ihres Stuhlgangs plötzlich auffallend verändert sind, könnte das ein Anzeichen für verschiedene Gesundheitsprobleme sein. Vor allem Durchfall sollte immer als Signal ernstgenommen werden. Wenn Durchfall auftritt, sollten Sie in jedem Fall mit dem Tierarzt darüber sprechen, denn vor allem die ältere Katze wird dadurch

Ach, diese alten Knochen... *(Melanie Neer)*

sehr rasch geschwächt. Andererseits braucht die Katze vielleicht ein leichtes Abführmittel, weil sie verstopft ist. Auch hier weiß Ihr Tierarzt Rat und Abhilfe. Beobachten Sie auch, wie Ihre Katze uriniert: Wenn sie mehr oder viel weniger Urin ausscheidet als früher oder Mühe und Schmerzen zu haben scheint, muß unbedingt der Tierarzt konsultiert werden.

Das seelische Gleichgewicht der alternden Katze aufrechterhalten

Eine Party!
Organisieren Sie für Mizzi wieder einmal eine Party mit netten Freunden. Nichts hebt die Laune eines Seniors mehr als ein Fest zu seinen Ehren.

Eine Spielwiese fürs Alter
Denken Sie bitte daran, Ihrem kleinen Senior von Zeit zu Zeit etwas Neues zum Spielen heimzubringen. Sie mögen einwenden, daß Mizzi seit Jahren nicht mehr gespielt hat; aber ist es nicht auch so, daß Sie ihm seit Jahren nichts Spannendes mehr nach Hause bringen? Es mag ja sein, daß Sie hin und wieder ein neues Spielzeug heimbrachten, das Mizzi im besten Fall zwischendurch mal kurz zu einem Spielchen aimierte. Aber eigentlich sollten Sie immer wieder Neues und Spannendes ausprobieren, bis das eine oder andere bei Mizzi wirklich ankommt und ihn für längere Zeit zu faszinieren vermag.

So oder so wird es Mizzi freuen, wenn er von Zeit zu Zeit ein paar neue Spielsachen bekommt, auch wenn er sie nicht oft benutzt – ganz ähnlich wie Grossmutter, die vielleicht Freude daran hat, irgendwelche »unnützen« Sachen und Sächelchen zu sammeln. Auch Ihre Grossmutter wird all die kuriosen Aschenbecher oder Schlüsselanhänger nicht benutzen, aber da sie ein Zeichen dafür sind, daß jemand mit Liebe an sie gedacht hat, wird sie sie immer wieder mit Freude hervorholen und betrachten. Es ist eben ein schönes Gefühl, wenn man weiß, daß andere an einen denken.

Massage für die alten Knochen
Alte Knochen und Muskeln sind für eine kleine Massage besonders dankbar (bitte konsultieren Sie das Kapitel übers fachgerechte Massieren).

Wir werden im Alter alle ein bißchen steif und manchmal arthritisch, und eine sanfte Massage ist eines der schönsten Geschenke, das Sie Mizzi jetzt machen können.

Auch Senioren wollen gepflegt sein

Unterstüzen Sie Mizzi bei der Körperpflege, wenn die alten Knochen nicht mehr alle Verrenkungen mitmachen, die zum Putzen nötig sind und die einst so elegant aussahen. Es gibt nichts Schlimmeres, als sich ungepflegt zu fühlen. Glauben Sie mir, eine einst sorgfältig auf ihre Pflege bedachte Katze merkt den Unterschied sehr gut, wenn es mit der Fellpflege hapert. Das daraus resultierende Unwohlsein kann bis zur Depression und Lethargie führen.

Und während Sie Mizzi bürsten und kämmen, können Sie auch gleich die Länge der Krallen kontrollieren. Manche Leute werden in dieser Hinsicht leider ziemlich nachlässig, wenn ihre Katze älter wird, dabei können zu lange Nägel gerade im Alter Haltungsprobleme und Arthritis fördern, weil Mizzi eventuell gezwungen wird, in unnatürlicher Position zu stehen und gehen, weil die überlangen Krallen stören.

Ein Tête-à-Tête

Nur zu schnell nehmen wir Mizzis Dasein als selbstverständlich hin. Mizzi ist jetzt schon so lange Teil unseres Lebens, daß sie ein Teil der täglichen Routine geworden ist. Nehmen Sie sich also wieder mehr Zeit für sie, für ein intimes Tête-à-Tête auf Mizzis Augenhöhe auf dem Fußboden. Auch wenn Mizzi sich immer in luftiger Höhe auf Möbeln aufhalten durfte, müssen Sie daran denken, daß sie jetzt vielleicht nicht mehr so oft und leicht hinaufspringen mag und den Kontakt mit Ihnen auf Ihrer Höhe schmerzlich vermißt.

Wie wär's mit einem jungen Kätzchen für Mizzi?

Manchmal gibt es nichts Besseres, als der alternden Mizzi ein springlebendiges junges Fellknäuel als Gesellschafter ins Haus zu holen. Die Aktivität, die ein junges Kätzchen mit sich bringt, ist oftmals der beste Stimmungsheber für unseren Senior. Wenn die beiden gut auskommen, um so besser. Und wenn sie nicht so gut auskommen, weil sich die alte Mizzi ständig gegen den jungen Plagegeist wehren muß, ist das auch nicht schlecht, denn das hält Mizzi lebendig und beweglich. Und nach einer entsprechenden Eingewöhnungszeit verstehen sich die beiden wahrscheinlich sowieso prächtig.

Ich verstehe gut, wenn Sie jetzt einwenden, daß Sie ihrer geliebten alten Mizzi doch keine junge Konkurrenz vor die Nase setzen wollen. Dieses Argument kann ich auch nicht ganz entkräften. Tatsache ist aber, daß die Vorteile eines aktiveren Lebens für die alternde Katze in den allermeisten Fällen bei weitem überwiegen und daß die beiden Katzen sich schließlich bestens mit der neuen Situation arrangieren.

(Melanie Neer)

Bleiben Sie Mizzis bester Freund!
Bitte geben Sie sich Mühe, Mizzi auch im Alter ein guter Freund, eine gute Freundin zu sein. Es mag ja sein, daß Mizzi ein wenig schwierig geworden ist, und etwas schwächer und steifer wird sie auch sein. Aber Mizzi war Ihnen jahrelang eine treue Freundin, sie hat Sie zum Lachen gebracht, Sie getröstet, wenn Sie

traurig waren. Lassen Sie sie jetzt also nicht im Stich und seien Sie für Mizzi da, jetzt, wo sie Sie am meisten nötig hat. Sie würden sich ewig Vorwürfe machen, wenn Sie Ihre Katze im Alter in irgend einer Weise vernachlässigen. Besonders jetzt, an ihrem Lebensabend, braucht Ihr vierbeiniger Freund unbedingt Ihre ganze Liebe und Unterstützung.

9. Der endgültige Abschied

Wenn es Zeit ist

Wohl der schwerste Moment im Leben jedes Katzenfreundes ist der endgültige Abschied von unserem geliebten vierbeinigen Freund. Auch wenn man es noch so oft durchgemacht hat - es ist immer wieder gleich schwer.

Die Entscheidung, unser kleines Fellbündel auf seinen letzten Weg zu schicken, fällt uns sicher allen unendlich schwer. Manchmal wird sie uns abgenommen, indem Mizzi vielleicht eines Morgens einfach nicht mehr erwacht. Wir können uns dann damit trösten, daß Mizzi einen schönen, schmerzlosen und würdigen Tod starb.

Kämpft Mizzi jedoch seit längerem mit einer heimtückischen Krankheit oder einfach den Gebrechen des hohen Alters, müssen wir entscheiden, wann es Zeit für den letzten Besuch beim Tierarzt ist.

Auch hier sollten wir uns vor allem anderen vom Wort »Würde« leiten lassen. Ich jedenfalls halte mich daran, und ich sorge immer dafür, daß meine Tiere ihre letzten Tage in Würde und mit einer gewissen Lebensqualität verbringen können. Wenn das nicht mehr möglich ist, weiß ich, was ich zu tun habe. Ich würde mir dasselbe für mich selbst wünschen, und es ist das Mindeste, was ich für meine Tiere tun kann.

Hören Sie nur auf sich selbst, wenn es um diese letzte Entscheidung geht. Lassen Sie sich nicht von anderen dreinreden, denn Sie spüren am besten, wann es Zeit ist für Ihre Katze. Und Mizzi hofft nur eins: daß Sie nach bestem Wissen und Gewissen zu ihrem Wohl handeln. Lassen Sie sie also nicht unnötig lange leiden, nur weil Sie sich nicht entscheiden und trennen können. Mizzi möchte ihr Lebensende genauso so würdevoll und besonnen gestalten wir ihr Leben.

Und bitte schämen Sie sich nicht Ihres Kummers und Ihrer Tränen. Vielleicht wollen Sie sogar ein paar Tage freinehmen. Nicht alle werden dafür Verständnis haben, daß Sie den Verlust Ihrer Katze so schmerzlich wahrnehmen. Aber das kann Ihnen gleichgültig sein – schließlich wissen nur Sie, wie speziell Ihre Beziehung zu Mizzi war. Trauern ist absolut in Ordnung und sogar nötig für die seelische Gesundheit, und Sie sind mit diesen Gefühlen nicht allein auf der Welt. Millionen von Menschen trauern beim Verlust ihrer geliebten vierbeinigen Freunde um sie. Reden Sie mit verständnisvollen, tierliebenden Menschen über Ihren Kummer, wenn es Sie erleichtert. Kramen Sie in der Erinnerung, erzählen Sie, was Sie mit Mizzi erlebt haben, all die Geschichten, bei denen Mizzi Sie zum Lachen brachte, all ihre kleinen Macken, die Sie so liebten an ihr. Durchleben Sie in Gedanken oder im Gespräch mit verständnisvollen Menschen noch einmal all die Liebe, die Mizzi Ihnen schenkte, ohne eine Gegenleistung zu verlangen. Glauben Sie mir, die Erinnerungen werden schon wieder das eine oder andere Lächeln auf Ihr Gesicht zaubern.

Und so sagen wir denn: »Laß es dir gutgehen, geliebte Mizzi. Ich werde dich nie vergessen; du hast für immer einen Platz in meinem Herzen. Ich liebe dich über alles!«

Vorhang auf für ein neues Energiebündel!
(© Paula Wright, Animals Animals)

10. Ein neues Willkommen

Wer kommt denn da hereinspaziert?

Noch während Sie überzeugt sind, ein auf immer und ewig gebrochenes Herz zu haben und das nie, nie mehr mit einem anderen Tier durchmachen zu wollen, passiert wahrscheinlich etwas höchst Unerwartetes: Vor Ihrer Tür sitzt eines Tages das allerliebste, süßeste Kätzchen der Welt. Und so winzig noch und so verlassen, keine sieben Wochen alt! Der kleine Kerl braucht doch unbedingt ein liebevolles Heim!

Machen Sie sich bitte keine Vorwürfe. Ihre Mizzi ersetzen oder vergessen können und wollen Sie nicht. Aber das Leben geht weiter. Betrachten Sie es als eine Art Erbe von Mizzi – sie hat diese Welt verlassen, und nun ist die Zeit gekommen, da ein anderes Kätzchen Ihre Liebe und Aufmerksamkeit brauchen kann.

Also: Frischen Sie Ihren Katzensprachkurs auf und erneuern Sie Ihren Vorrat an Katzenspielzeug, denn da sprintet schon dieses kleine Energiebündel durch Ihr Wohnzimmer! Und bevor Sie sich's versehen, rennt der Kleine schon wieder quer vor Ihren Füßen durch und jetzt – kratzt er begeistert auf Ihren Polstersesseln herum. Wupps! Schon fliegt er mit vollendetem Sprung auf die Theke. Ich sehe schon - Sie brauchen dieses Buch gar nicht erst wegzulegen. Sie werden es in nächster Zeit gut brauchen können!

Also alles Gute mit dem neuen Fellknäuel! Ich bin überzeugt, daß Sie beide es prima machen werden.